JN190283

SQ選書
16

天照《アマテラス》の建てた国
☆日本建国12の謎を解く

万世一系の真相

やすいゆたか
YASUI Yutaka

社会評論社

三種の神器

神器名	八咫の鏡	八尺瓊勾玉	天叢雲剣(草薙剣)
図像			
誰の物実	天照大神	月讀命	須佐之男命
所蔵	伊勢神宮内宮	皇居剣璽の間	熱田神宮
形代所蔵	皇居賢所		皇居剣璽の間

須佐之男命と大国主命

饒速日神(生駒稲蔵神社のパネル)

まえがき

本書は、前著『千四百年の封印　聖徳太子の謎に迫る』（ＳＱ選書）を踏まえて、毎日文化センター大阪梅田教室で十二回に渡り、講座『日本建国☆12の謎を解く』の講演を行った際の、全く新たに書き下ろしたテキストを更に手直しし、全体のダイジェストとして「序講」をつけたものです。

受講生には古代史マニアの方も、全く日本古代史に関して予備知識のない方もおられますので、中高生や主婦の方にも分かるように噛み砕き、古代史マニアの方にも知的好奇心を満足させられるように工夫したつもりです。

第一講から第十二講まで、それぞれ日本古代史に興味がある人ならどうしても知りたくなるような謎を、歴史知という「歴史を見るメガネ」で解き明かしています。

本年二〇一九年は奇しくも存命の天皇の代替わりにあたります。天皇家はかつては「万世一系の皇統」というとうたい文句で、統治権を総攬したこともありますが、敗戦後は「人間宣言」を出され、平和と民主主義を国是とする日本国の国民統合の象徴としての在り方を模索されています。本書は、「万世一系の皇統」については、従来とは全く異なったアプローチで論じていますので、その点に注目して読んでいただければ興味深く読んでいただけると考えまして、副題に「万世一系の真相」を入れました。そして本題も日本国のはじまりが天照大神による海降り建国にあり、波乱万丈の上で七世紀に聖徳太子の摂政期にそれが再建されたことを鮮明にするために『天照《アマテラス》の建てた国☆日本建国12の謎を解く』に改めました。

序講はダイジェストですから、全体の趣旨がつかめ、著者の問題意識が良く分かると思います。「神話を知らずに建国史を語れるか」という表題のように、古代史は好きだけれど、神話には興味なしとか、嫌悪を感じるという人が割りに多く、それがかえって日本古代史の理解を困難にしているのです。

日本の初期国家は神政政治として成立しますから、建国史を語る場合にどうしても現人神による建国という捉え方抜きでは語れません。現人神というと天皇のことしか頭に浮かばないようでは、建国史は語れないということです。これは古代史の素人だけの問題でなく、古代史研究の専門家でさえ、天照大神や月讀命《つきよみのみこと》の現人神が建国したという発想には驚いて腰を抜かすかもしれません。戦後の実証史学はその意味では、梅原猛《うめはらたけし》張《ば》りに言いますと「一種の宗教的痴呆」の上で展開されたのです。

神話を重視すべきだと言っても、決して神道を信仰するように勧めているのではありません。あくまで神話の元の形を復元することが、日本建国史の謎を解き、「皇国《すめらみくに》」の万世一系の真相に迫るのに不可欠だということです。その点くれぐれも誤解のないように願います。

序講を読まれたら、後は、第一講から読み進められた方が納得しやすいですが、読者はまず自分の関心のあるものから読まれても、そこで生じた疑問は、別の講義の内容で解けるように成っていますから、先ず一番関心あるのを読まれてから、最初に戻るのもいいでしょう。

目次

円空による天照大神像（神明神社所蔵　郡上市）

武御雷命(鹿島神宮参道のレリーフ)

宇摩志麻遅命像(島根県太田市物部神社所蔵)

引用文について
『日本書紀』の原文（漢文）は次のサイトを参照しました。底本は岩波古典文学大系本(卜部兼方・兼右本）／1990 年発行版
http://www.seisaku.bz/shoki_index.html
『古事記』の原文（漢文）は次のサイトを参照しました。底本は岩波古典文学大系本（訂正 古訓古事記）です。
http://www.seisaku.bz/kojiki_index.html
なお『古事記』『日本書紀』現代語訳は「日本神話・神社まとめ」というサイトを参照しました。
https://nihonsinwa.com/

著者

☆序講

神話を知らずに建国史を語れるか

神話を知らない子どもたちに

1 君は天照大神を見たか？

☆お天道《てんとう》、毎日拝んでいるけれど、その神の顔拝まざりしか

「君は天照大神《あまてらすおほみかみ》を見たことがあるかい？」こう質問しますと九割の大学生は「ありません」と答えます。え、まさか天照大神を知らないなんてわけはあるまいと思いましてね、「では質問を変えよう、天照大神《あまてらすおほみかみ》は何の神だ？」と角度を変えてみました。今度は大概の学生は「太陽の神です。」とまともな返答がかえってまいります。

「じゃあ君は太陽を見たことがないのか？」、ないわけないですよね。真昼の太陽は眩しくて見ないけれど、誰でも日の出、日の入りの太陽は見たことがありますね。

グアムとかハワイなどで日の出を見たら涙が出ると言うじゃないですか。小学校の修学旅行と言えば、昔はお伊勢さんと相場が決まっていましたが、二見ヶ浦の夫婦岩《めおといわ》から昇る太陽も絶品です。ひょっとして自分はこれを見るために生まれてきたのではと思わされるぐらい神々《こうごう》しいです。

「あの太陽が天照大神だよ、毎日拝んでるだろう」と説明してもなにやら腑に落ちない様子なのです。するとこう反論

する学生がいます。「先生、太陽は目に見える物体だけれど、太陽の神は目に見えないのじゃないのですか?」

「それは物体や出来事とそこに宿る神霊は別物だと思ってるからだよ、そういう神観念で捉えるからそう思えるんだ。」すると反論した学生は、「そういう神霊と物体を別物扱いして、様々な自然物や自然現象に神霊が宿っているという捉え方をアニミズム（万物霊有説）というのでしょう。日本の古代は八百万《やおよろず》の神々を信仰していたというけれど、それは万物に神霊が宿るアニミズム的神観念が支配的だったのではないのですか?」と聞き返しました。

「お、おー、なかなか知ってるね。そういう捉え方をする学者も大勢いるから困りものなんだ。でもさ『古事記』をググって見なさい。『古事記』の本文には『霊』という文字が一度も出てこないんだ。日本の古い神道はきちんとした教義体系を説いてない。それで後世の宗教観や神観念で八百万の神々を捉えがちだけれど、元々は自然物がそのまま神だという自然信仰が支配的だったんだよ。」

すると女子学生がいきなり起ち上がって、「『となりのトトロ』の楠の大木なんか、あれってご神木《しんぼく》でしょう。奈良の三輪山と富士山なんかも神山だし、住吉神社は海原を祀っているけれど、海原そのものが神なのでしょう。」と言ってくれたんです。自然信仰に理解を示してくれて嬉しいじゃないですか。

もちろん日本にも未開時代からシャーマニズムがあり、憑物《つきもの》として霊がとりついたりする信仰もあるにはあったんですよ。でも自然物や自然現象をそのまま神として信仰する傾向が強かったわけです。だから天照大神が太陽そのものだというのはその通りなのです。

しかし自然物や自然現象としてだけ神々を捉えていたら、国の起こりを説いたり、歴史の始まりを説明することはできません。この講座は歴史講座ですから、日本の古い神々の捉え方がどう歴史を生んできたのか、そこのところをひとつ噛み砕いて、ガッテン、ガッテンとガッテンボタンを勢い良く叩いてもらえるようにお話致しましょう。

記紀の叙述によりますと、天照大神の孫の邇邇藝命《ににぎのみこと》の曾孫が初代天皇ということになっている磐余彦命《いわれひこのみこと》（神武天皇）で、彼の一族が今の大分に当たる日向から東征して、大和政権を樹立したということです。だから、磐余彦も人間ならその曽祖父の邇邇藝命も人間です。ですから天照大神も人間でないと困りますね。だって太陽から人間が生まれるなんてそんな馬鹿なことはありえませんから。ということは天照大神の現人神も当然いたことになる筈ですね。ところが天照大神の現人神がいたという発想になかなかならないのはどうしてでしょう。

2 現人神とは何か？

☆天照らす日の神のごと人の世に熱と光を与え輝く

神々も単なる自然物や自然現象であっただけでなく、同時に人間でもあったから、歴史を形成できたわけです。歴史は人間の歴史ですから、人間でなきゃ作れっこないですからね。この人間として現れた神を現人神《あらひとがみ》と云います。

だから、自然物と人間と神を別々の引き出しに分類して、神を自然物や人間とは別物で、自然物や人間だったら神ではないという捉え方では理解出来ませんよ。物や人間の崇高なありかたとか、驚くべきあり方が神なのです。江戸時代の一番有名な国学者だった本居宣長さん、ご存知ですね。彼が驚くべき物が神だって言ってたんです。物であれ、人であれね。

現人神のことを「現御神」とか「明神」と書き、「あきつみかみ」と読みます。「明神」は後に「みょうじん」と呼ばれるようになったんです。

住吉明神は海原の神です。自然神としては海原ですが、明神としては海原を制した壱岐・対馬の棟梁《とうりょう》なのです。島の棟梁たちが自らを海原の化身《けしん》として、住吉明神を名乗ったようなのです。住吉明神はこの講座では重要人物なので、お楽しみに。

現人神を名乗ったって、所詮肉体的には人の身体なので、神を自称していても体力に限界があります。それで人智を超えたすごい力であるオカルト的な力を増幅する神器《じんぎ》が必要になってくるんです。ですから天照大神は、自然物としての太陽であると共に、自ら太陽の化身と信じ込んでいる現人神と、彼が光や熱のパフォーマンスに使う神器である鏡がいずれも天照大神のご神体なのです。キリスト教で父なる神ヤハウェと子なる神イエス・キリスト、聖霊なる神イヌマニエルは三位一体《さんみいったい》だという言い方がありますが、それを真似ますと、須佐之男命《すさのをのみこと》も嵐と現人神須佐之男命と天叢雲剣《あめのむらくものつるぎ》などがどれも須佐之男命のご神体で三位一体です。月讀命《つくよみのみこと》も月と現人神と勾玉が三位一体です。

現人神については、近代では天皇に限定されているような誤解がありました。イエス・キリストも人間として現れた神という意味では現人神として信仰されたのですが、それはさておき、近代日本では、現人神は天皇だけだから、他の人を現人神と呼んではいけないという思い込みがあったらしいのです。

それで「満州国」の皇帝溥儀に対して現人神だと報道したことに対して不敬罪に当たるのではないかと問題になったのです。それで折口信夫《おりくちしのぶ》が、『古事記』から息長帯比売《おきながたらしひめ》（神功皇后《じんぐうこうごう》）を助けた住吉明神の例を引きまして、現人神として捉えられていると言って、その報道を弁護したのです。

上田正昭はそのことを紹介した上で、雄略天皇と出会った葛城の一言主神《ひとことぬしのかみ》も現人神だったと解説しています。しかし折口も上田も何か現人神を例外的に扱っていますね。それに四、五世紀の神です。

まさか天照大神の現人神がいただなんて、そんなことを聞いたら折口も上田も腰を抜かすかもしれません。自然神と自己を一体視した人が儀礼によって人々に神と認められると現人神で通ったのです。

ですから朝鮮半島の南端部に高海原《たかうなばら》（五世紀から高天原）を開いた造化《ぞうけ》三神（天之御中主神《あめのみなかぬしのかみ》、高《たか》御産巣日神《みむすひのかみ》、神産巣日神《かみむすひのかみ》）にも、海原（対馬・壱岐）に大八洲《おほやしま》（日本列島）進出の橋頭堡《きょうとうほ》を築いた伊邪那岐《いざなぎ》・伊邪那美神《いざなみのかみ》にも、大八洲に倭人三国を建国した三貴神《みはしらのうずみかみ》（天照大神、月讀命《つくよみのみこと》、須佐之男《すさのお》命《みこと》）などにも現人神は居たのです。

もちろん神話伝承なので古文書や遺跡で存在した物的証拠が見つかっているわけではありませんが、そういう神々を名乗って、高海原（高天原と呼ばれるようになったのは五世紀以降です）、海原（対馬・壱岐）、三倭国（河内・大和、筑紫、出雲）などを拓いた人々が存在したと了解しておこうということです。そうすれば日本建国の歴史を一応筋道だって理解できるということです。

問題は、天之御中主神《あめのみなかぬしのかみ》とか天照大神にも現人神は居たという説を唱えた人は誰もいないじゃないかということです。じゃあ画期的ですごいじゃないかというのは甘いですね。画期的な説のほとんどはトンデモ説みたいに思われ、敬遠される恐れがあるのです。しっかりした物的証拠があれば別ですが。

確かに、物的証拠がないのですが、人間の親は人間という意味では歴史の合理的解釈としては言えないと可怪《おか》しいわけです。こういう歴史に対する了解の方法を《歴史知》というのです。科学的に確定された科学知とは言えないけれど天照大神の現人神は存在したと考えると日本の起源は説明がつくという意味で学問的に使える知識だということです。

でもね、実証史学からシカトされてしまいます。実証史学はあくまで物的証拠が固まったもののみを根拠に歴史を構成すべきだとして、科学的歴史学にこだわります。それで神話伝承はほとんど後世の創作だろうとあまり価値を置かないわけです。

古い時代の伝承程、後の時代に継ぎ足して創作されたと受け止める加上説《かじょうせつ》という歴史の解釈があります。ということは五世紀からはある程度実在だと分かっているとしますと、それ以前は全く創作だとなってしまって、歴史に入れてもらえないのです。この加上説に嵌っている実証史家が多いようです。だから歴史教科書でも四世紀中頃に大和政権が西日本を統合したらしいということを古墳や鏡の分布から国の歴史を説明しているでしょう。きちんと大帯彦大王《おほたらしひこのおほきみ》（景行天皇）の筑紫遠征で、歴史として説明していません。そんなことをしたら景行天皇架空説が有力ですから、科学的な根拠がないと叱られてしまうのです。なお〈おほきみ〉と書いて〈おーきみ〉と発音します。

それで余程架空説に科学的根拠があるのかと思ったら、「大帯彦」という名前が、「大旦那」みたいな意味で普通名詞みたいだから架空だという決めつけなのです。「治《おさむ》」「力」とか「政男」とか「猛」とか単純な名前は現在でもいくらでもあり、だから架空だとはだれも思いませんね。

それ以前は未開社会扱いで、饒速日《にぎはやひ》王国や出雲帝国は歴史教科書に登場しません。結局大和政権一元論に成ってしまっているわけです。しかし本当に古い時代の歴史を後世に加上したかどうかは個々の事例に即して実証が必要です。

無理に加上説を実証しようとして、七世紀末の斉明天皇の新羅侵攻計画をモデルにして四世紀の神功皇后《じんぐうこうごう》の新羅侵攻説話が創作されたと直木孝次郎先生はおっしゃっているのです。それでね、余程似ているのかと思いますでしょう。全然、全く似てません。斉明天皇が神の祟りで死んだのは神木を伐って宮を建ててからですが、神功皇后伝承では新羅侵攻に反対したので仲哀天皇が住吉明神の祟りで死んでいます。それに斉明天皇は新羅に行かなかったわけですが、神功皇后は行ってますね。これでは実証とはとても言えないのであります。

3 天照大神は本当に高天原の主神だったのか

☆海下り大八洲にぞ国建つる御宇の珍子やアマテラス神

『古事記』と『日本書紀』を合わせて記紀と呼びます。よく使われるので「記紀」という言い方は覚えておいてください。記紀では神武天皇からを人代《ひとよ》とし、それ以前を神代《かみよ》として神代の神話と、人代の歴史を区別します。それは神代は神々の話だから、人代の歴史のように実際あった出来事の記録ではなく、空想で構成され、歴史を権威づけたり、ルーツを神々の働きで説明するための創作だというつもりかもしれません。

しかし、神武天皇以後にもそれ以前からの神々は活躍しています。また大和政権ができる前に記紀では河内・大和に教科書に載ってない太陽神饒速日《にぎはやひ》王国が存在しました。紀元前後には大国主命の出雲帝国が大八洲《おおやしま》（日本列島）の大部分を支配していたこともあったわけです。これらを神話だから、歴史ではないと言い切ることは出来ません。邪馬台国《やまたいこく》は『魏志倭人伝』に出てくるので、あったのは確実ですが、大和にあったか、筑紫にあったかで大論争になっています。それより饒速日王国や出雲帝国の方がリアリティがありますね。

記紀の狙いは、大和政権のみを一元的に日本国と捉え、その観点から神武東征によって日本国ができ、発展してきたというようにまとめようとしているのです。そこが記紀の一番の狙いかもしれません。物事の真実を知りたかったら簡単に相手の狙いに嵌《はま》ったら駄目ですね。

ここにとんでもない疑惑が隠れています。饒速日王国というのは、天照大神の孫だとされる太陽神が支配していた国だから日の本の国つまり日本国ではなかったか、その日本国を倒した神武東征というのを日本国の建国というのは全く逆さまではないかという疑惑です。

これに対しては、記紀に則って、「ご心配なく、磐余彦命《いわれびこのみこと》（神武天皇）は天照大神の孫邇邇藝《ににぎの》命《みこと》の曾孫で、天照大神の嫡流《ちゃくりゅう》と認められているからノープロブレムです。」と言われそうですね。それに「記紀でも神武建国は大和政権の確立でしょう、『日本国』という国号は七世紀末からじゃないですか」という反論もありそうです。

ところで河内・大和を支配している饒速日神の祖先と筑紫（九州）から遠征してきた磐余彦命の両方の祖先が同じ天照大神というのはちょっと引っかかりますね。それに同じ祖先なのにどうして饒速日王国は倒されたのでしょう。

記紀では饒速日神と邇邇藝命は兄弟で、先に饒速日神は河内の生駒山の麓にある哮峯《いかるがのみね》に磐《いわ》舟《ふね》で天降り、だいぶ遅れて邇邇藝命が父忍《おし》穂《ほ》耳命《みみのみこと》の代わりに筑紫の高千穂峯に天降ったことになっています。では何故この兄弟が天降りしたのでしょう、そりゃ決まっています。天空にある国とされた、高天原に住んでいたからだとされているのです。

しかし、天空の国となるとまさしくファンタジーですね。そこには水田もありますし、河も流れていますから、実際に「高天原」が存在したとしますと、元々は天空の国ではなかったでしょうね。そこには神々（現人神）がたくさんいて、大八洲の地上の国を支配していたわけです。つまり宗主国的な地位にあったわけです。

当時の海原というのは対馬海峡周辺の海域を指していたようなのです。それで大八洲の倭人たちが、海原の向こう側を高海原《たかうなばら》と呼んだとしたら、任那《みまな》・加羅《から》（伽耶《かや》）は高海原だったことになりますね。実はそうなのです。元々は「高海原」だったのですよ。「高天原《たかまがはら》」じゃなくてね。またまた口から出まかせ言ってるぞと思いますか？

上古の倭人は「海」も「天」も同じ「あめ、あま」と呼んでいたのです。天も水で出来ていて実体としては同じだと考えていたのかもしれません。それで「高海原」を「高天原」と改名して天空に上げ、天空に神々の国である宗主国「高天原」が元々あったことにしたのでしょう。つまり五世紀になりまして任那・加羅が河内王朝の属領となってしまったので、ここが神々の国だったなんて信じられないと思ったのでしょう。

記紀では、天照大神は誕生してしばらくして天上に上げられ高天原を支配することに成ったとされています。それで須佐之男命と高天原の天の安河で宇気比《うけひ》をしまして、天照大神の勾玉を須佐之男命が噛み砕いて噴き出して、天忍穂耳命《あめのおしほみみのみこと》を生んだとされています。勾玉が天照大神の分身とみなされたので、天照大神の子ということになり、天忍穂耳命が天降りして天の下を治めることに成っていたのを、生まれたばかりの邇邇藝命に譲ったことになっています。それで饒速日神は河内・大和の支配者だけれど邇邇芸命は父の大八洲全体の支配権を譲り受けているということで正嫡とされ、その子孫の磐余彦命（神武天皇）も大八洲全体の支配権があるかのようにしているわけです。

しかしこれは記紀に対する極めて根源的な疑問ですが、高天原に天照大神が誕生しばらくして上げられて、高天原の支配者になったというのは疑わしいのです。

なぜなら六世紀末まで大和政権の宮殿内で天照大神を主神や大王家（現皇室の先祖とされる）の祖先神として祭祀した形跡は皆無なのです。むしろ『隋書』俀国《たいこく》伝では「天未だ明けざる時に出て政《まつりごと》を聴く」とあり、太陽神信仰ではなく、星や月を祭祀していたと思われるからです。

それに天照大神を高天原の支配者にしたと記紀にありますが、伊邪那岐神が禊《みそぎ》をして天照大神・月讀命・須佐之男命の三貴神《みはしらのうずみかみ》が誕生しています。伊邪那岐神は高天原を出て、伊邪那美神と海原を拠点に大八洲を国生みしていますから、高天原のメンバーではなく支配者を選ぶ権利は持っていません。

それに高天原は造化三神《ぞうけさんしん》（天之御中主神、高御産巣日神《たかみむすひのかみ》、神産巣日神《かみむすひのかみ》）が仕切っていたと思われます。記紀ではこの三神はすぐに隠れたことになっていますが、これは七世紀の改作でしょう。なぜなら、高御産巣日神は大国主命の国譲り説話や神武東征説話などで活躍しており、神産巣日神も大穴牟遅命《おほなむぢのみこと》（大国主命）を助けるなど活躍しています。七世紀になりまして、天照大神を高天原に上げる設定に伝承を改変したために、有力者がいては天照大神が支配しにくいということで、隠れたことにしたのでしょう。

4 三貴神の三倭国建国

☆三貴神《さんきしん》三つの倭国を建てにけり河内・大和に筑紫、出雲か

元々三貴神《みはしらのうずみかみ》という言い方は、天照大神・月讀命・須佐之男命に共通の貴い面があるからです。それは伊邪那岐・伊邪那美の夫婦神が大八洲の島生み、国生みをして大八洲に文明をもたらしたので、そこを支配する主《あるじ》たる神に当たるから貴いというのが共通しています。そのことを天下を支配する貴い子という意味で、『日本書紀』では「御宇之珍子《ぎょうのちんし》（天の下知ろしめす貴子《うずみこ》）」呼びました。夫婦神は高天原を拓いたわけではないので、高天原の建国神にするわけはありません。だから高天原に上げられたというのは後世の改作なのです。ここが肝心ですから、しっかり押さえておいてください。

『日本書紀』に天照大神が眩しすぎるから高天原に上げたという表現がありますが、自然神としての太陽は地上に置いておけませんが、現人神としての天照大神なら人間なので大丈夫ですね。では天照大神が建国したのは、本当は大八洲《おほやしま》（日本列島）のどこだったのでしょう。太陽神が支配する国ですから、孫の太陽神饒速日神の王国があった河内・大和が最も有力ですね。

最初に宮を建てたのは河内湖畔で生駒山の麓の草香という津（港）です。太陽神の宮なので「日

の下《もと》の草香」と呼ばれていました。これが慣用句になり、「日下」で「くさか」と呼ぶようになったという指摘が谷川健一著『白鳥伝説』にあるのです。地名としては「日下」で「くさか」ですが、この宮を中心に太陽神の支配が広がったので河内・大和に「日の下《もと》の国」が出来たわけです。これが「日本国《ひのもとのくに》」あるいは「日本国《にほんこく》」の起源なのです。「下」を「本」にしたのは本だと太陽神中心、太陽神本位と共に日の昇る処の意味も兼ねられます。それで、七世紀以降に同じ読みで文字だけを変えたのでしょう。

　ですから正妃の瀬織津姫《せおりつひめ》との間に天照大神二世を生みました。その子が饒速日神一世です。天照大神は難波に居たので、高天原で須佐之男命と宇気比《うけひ》などしていません。これでお分かりでしょう。天忍穂耳命《あめのおしほみみのみこと》は天照大神の子ではないのです。七世紀になって大王家の祖先神を天照大神だったことにするために、女神だったことにして須佐之男命と宇気比したことに改変されてしまったのです。

　では須佐之男命と宇気比をして天忍穂耳命を生んだ張本人はだーれだ？　三貴神から選ぶとすると、月讀命だったことになりますね。陰陽原理で伊邪那岐・伊邪那美の夫婦神については神々を生んだ話を展開しているわけですから、陰陽原理で考えますと太陽神が男で月神は女です。宇気比の場所も月讀命が海下りした筑紫北岸です。宇気比で生まれた宗像《むなかた》三女神は筑紫北岸とその沖合いの島ですから。

　月讀命も三貴神の一柱です。「夜の食国《をすくに》」を建国した事になっています。この「夜の食国」はどこか？　どこだったか記紀には書いてありません。その「夜の食国《をすくに》」とは筑紫のことだったのです。博多湾にも草香江がありますから、そのほとりに宮を建てたのかもしれません。恐らく「つくし」は「月地《つくち》」を改変したのでしょう。「その証拠は？」なんて野暮ですよ。三貴神は三倭国をつくる建国神という前提ですから、その三倭国の一つに当時一番開けていた筑紫（特に九州北部）はきっと入っています。それに筑紫北部は海原倭国の中心地であった壱岐からは目と鼻の距離ですね。

　もちろんこの宇気比の差し替えは大王家の祖先神が天照大神だったことにするための改変です。だから磐余彦命は、天照大神の嫡流なので饒速日王国を倒す権利があったというのは大嘘なのです。別の大義名分があったのです。

　だから大王家つまり後の天皇家の祖先神は月讀命だったということですね。つまり天皇家の万世一系はよく途中で紛れているのではないかと言われますが、それどころか、初っ端から差し替えられていたということなのです。これは大発見でしょう。戦前、こんなことを発表すると不敬罪でしょっぴかれました。戦後は昭和天皇の「人間宣言」があり、不敬罪もなくなったので、しょっぴかれる心配はないのに、何故、端緒の差し替えという重大問題に気付こうとしなかったのでしょう。それは神話は歴史ではないとして、単なる作り話だから大王家の祖先が天照大神なんてことも非科学的だけれど月讀命ということも同様にナンセンスだという決めつけがあって、神話自体がシカトされていたからなのです。

しかし三貴神も現人神であり、人間です。大王家のご先祖はやはり現人神だったでしょうから、天照大神や月讀命だったという可能性はあるわけです。神話伝承ですので、その科学的検証には無理がありますが、元の伝承ではどうだったのかに、記紀の矛盾から迫ることはできるのです。

ではもう一柱の須佐之男命はどこに建国したのでしょうか、八岐大蛇を退治して出雲倭国を建国したということですが、そこに至る波乱万丈があるのです。誕生に当たって『古事記』では海原を支配するように言われました。ということは父伊邪那岐神が海原つまり対馬・壱岐を拠点に水運を仕切っていたのですから、その後継です。末子相続になります。しかし須佐之男命は既に亡き母伊邪那美神を慕って泣いてばかりいて、仕事をしません。その上、海の水まで泣き枯らすぐらいなので、様々な災害が起こり、結局追放になったのです。こういう神追放のことを「神逐《かむやら》ひ」と呼びます。

『古事記』では須佐之男命は、姉天照大神に海原を去って母の国に行く報告をしに高天原を尋ねます。須佐之男命の実体は嵐です。だから高天原がぐらついて、侵略だと思って天照大神は武装して出迎えたのです。須佐之男命は悪意のないことを証明しようとして宇気比《うけひ》をしようと提案したのです。互いの物実《ものざね》を噛み砕いて噴き出して子を生む儀礼です。男子を生んだほうが勝とい

三貴神系図

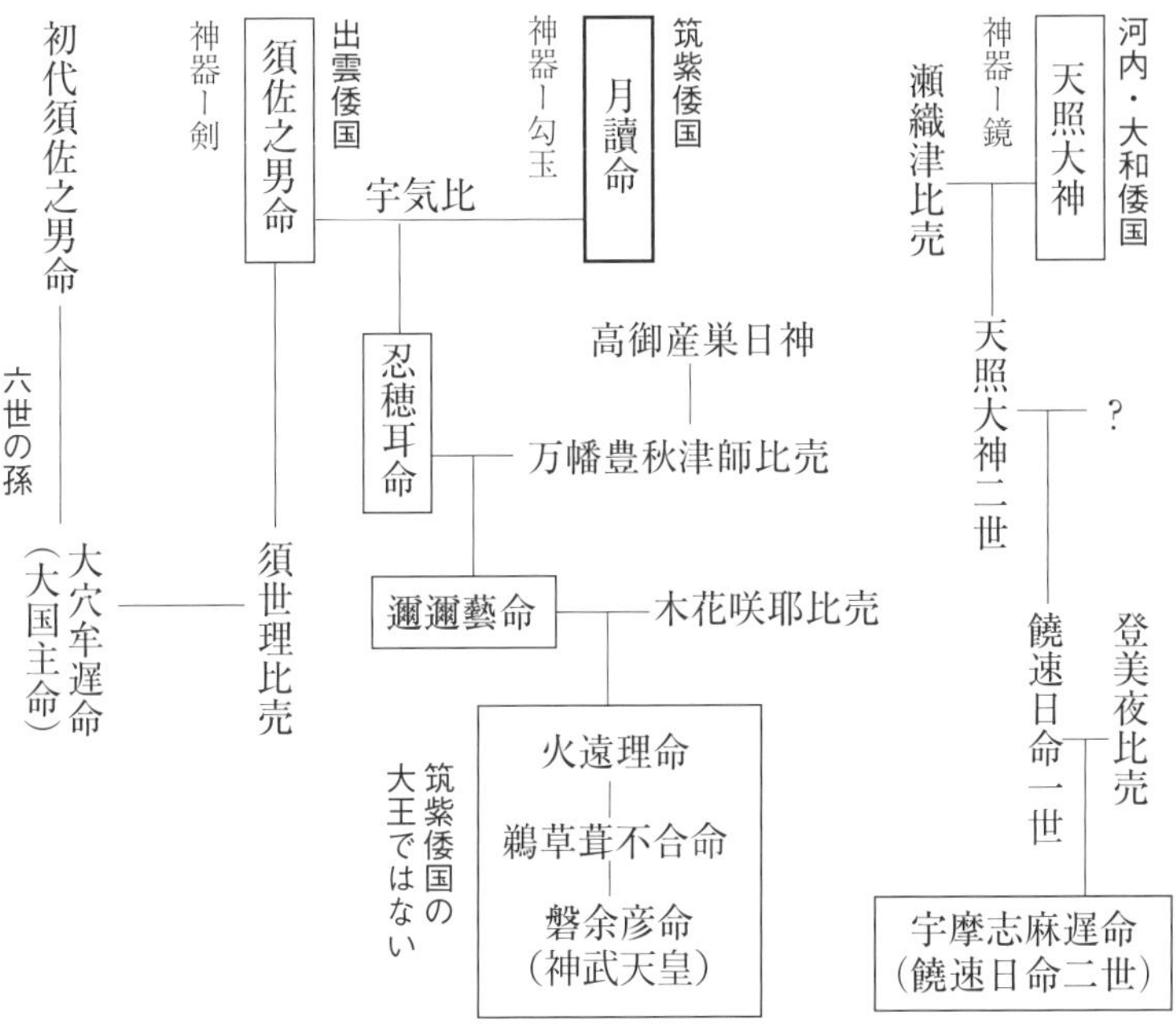

うことで、天忍穂耳命を生んだ須佐之男命が勝なのです。

勝った須佐之男命は高天原に居座って、色々狼藉《ろうぜき》したので追放されます。しかし先に説明しましたように、改変前の話では、天照大神は高天原にはいなかったし、宇気比は筑紫北岸で月讀命としたことになっていたのです。それで狼藉も筑紫でしたのです。筑紫を追い出された須佐之男命は阿波に行き、農業を盛んにします。そしてそこの作物を出雲に運んだりしていました。

出雲は高志《こし》（越）に支配されていて娘を八岐大蛇《やまたのおろち》の生贄《いけにえ》に供出させられるという

ことです。八岐大蛇というのは高志の8つの軍団のことかもしれませんね。ともかくその頭《かしら》たちを酒宴の席で酔わせて殺したということでしょう。奇策を使って、出雲を解放し、出雲の諸部族と姻戚関係を結んで出雲の王になったわけです。

八岐大蛇は多くの山脈からなる大八洲《おおやしま》のシンボルでもあります。そこから取り出された天叢雲剣《あめのむらくものつるぎ》は大八洲の覇権《はけん》のシンボルなのです。元々「海原」という倭人通商圏の水運を仕切っていた国を支配することになっていたので、須佐之男命は、この神剣を得て、自分こそ大八洲統合の使命が与えられていると確信したかもしれません。

しかし出雲国内のまとまりが悪くて、息子たちの王位継承権争いから、結局須佐之男命も殺されてしまったようです。その遺体を隠していた須世理姫が、大穴牟遅命《おおなむぢのみこと》と結婚して、出雲を平定させました。そしてさらに八千矛神《やちほこのかみ》として大八洲統合に乗り出させたわけです。それで大八洲の大部分を支配したので大穴牟遅神は、大国主命と呼ばれるように成ったのです。

実証史学の先生方は須佐之男命や大国主命の伝承をお話であって、歴史とは認めません。もちろんどこまで史実を反映しているかは分かりませんが、八岐大蛇などの象徴的な表現は合理的に解釈して、歴史物語として了解しておくとよいと思います。その上で改めなければならない史料が出てくれば修正していくようにすればいいということです。

5 三種の神器で建国史の謎解き

☆三貴神御宇の珍子に変わらぬをアマテルだけに勾玉贈りし

「三種の神器」と言えば戦後成長を支えたテレビ受像機・電気洗濯機・電気冷蔵庫を指す事が多いです。最新の「三種の神器」は一般的にはロボット掃除機、全自動洗濯乾燥機そして食器洗い機ということになっているようです。

元々は天叢雲剣《あめのむらくものつるぎ》、八咫鏡《やたのかがみ》、八尺瓊勾玉《やさかにのまがたま》で、この三つを揃えて持っていることが大八洲の覇者の資格のごとく捉えられていました。記紀にそのことが明記されているわけではありません。記紀の建前はあくまでも万世一系の皇統に連なっているという血統主義ですね。その上で正式に皇位継承儀礼で承認されていることです。

天照大神の嫡流であることが一番肝心なはずですね。しかし実はこの最も重要な要件が怪しいのです。実は七世紀初めに神話を改変して、大王家の祖先を月讀命から天照大神に差し替えているというのが本書の解釈です。その差し替えた場面が宇気比の場面だという疑いが濃厚なのです。

ですからこの宇気比の場面が差し替えられているという本講座の指摘は、天皇家の支配の正統性の根幹を問うものです。中国では王朝の正統性の印として鼎がありまして、それが本物か偽物かを問うことを「鼎《かなえ》の軽重《けいちょう》を問う」と言いました。そこから転じまして一般に王朝の支配の正統性を問うことを「鼎の軽重を問う」というのです。日本の場合はその最大が万世一系の皇統です。日本史の特徴の一つが天皇家の存続です。もし天皇家の祖先が月讀命だったら支配の正統性の根拠を千四百年間偽ってきたことになるわけです。だからこの問を発すると、戦前だったら、恐ろしいことになりました。こんな著作を発刊すると、特高に捕まったのです。今でも歴史学的には日本史の端緒に関する重要な問ですね。だから私の指摘を簡単に納得し、安易に信じては駄目ですよ。

宇気比では互いの特徴を表す物実《ものざね》が交換されます。須佐之男命の物実は剣です。スサノオというのは自然神としては嵐ですが、その現人神は、暴れん坊という意味ですから、剣を持って暴れまくって権力を打ち立てて建国するわけです。

記紀では天照大神が須佐之男命と宇気比したことになっています。その時の物実が勾玉ですね。ミスマルの勾玉のネックレスです。天照大神は女神ということになっていますから、勾玉のネックレスをしていても可怪しくないじゃないかという解釈も成り立ちます。

実は天照大神には瀬織津姫という清流の女神が正妃にいたようです。それに伊勢神宮には、御杖代《みつえしろ》という神の花嫁が大王の娘から選ばれて斎宮《さいぐう》としてお仕えしているので、男神なのです。それにネックレスだと首に一つ巻くものなのに、宇気比に当たって、両腕、両耳、鬘《かづら》に計五個も巻きつけています。これはお洒落《しゃれ》でないですね、呪術なのです。

天照大神に相応しい呪具は光の神だから鏡ですね。三種の神器の一つである「八咫鏡《やたのかがみ》」も天照大神の鏡です。三種の神器の天叢雲剣は須佐之男命の剣ですから、八尺瓊勾玉《やさかにのまがたま》は月讀命だと気づくべきでしょう、

三種の神器の三つのうち二つまで三貴神関連なのは確実ですね。もう一つの八尺瓊勾玉も三貴神のグッズとすれば、そうなりますね。こんな簡単なことに気づかなかったのはどうしてでしょう。そこに記紀のトリックがあるのです。

三貴神の誕生の際に、父伊邪那岐神は、記念のプレゼントをしたのですが、月讀命や須佐之男命には何もあげないで、天照大神にだけミスマルの勾玉のネックレスを贈っているのです。そ

れで宇気比の際に天照大神が勾玉ネックレスで現れても不自然じゃない印象を与えているわけです。

元々三貴神は大八洲に建国させるための天の下を知《し》ろしめす「御宇《ぎょう》の珍子《ちんし》」です。一貴神でなく、三貴神にしたのは高海原や海原からすれば大八洲は広大でとても一柱の神では治めきれないからでしょう。それにもし大八洲が統合して強盛大国になってしまうと、海原も高海原もコントロールできなくなって、呑み込まれてしまう恐れがあります。ですから一つに統合しないように三貴神に建国させたということなら、三貴神は対等ですから、プレゼントはそれぞれの個性に合わせて贈るべきです。

現人神は人間ですから、オカルト的な力を発揮させるためには、増幅する道具が必要だと考えたので、それぞれに神器を与えたと考えるべきです。須佐之男命には剣を、天照大神には光や熱を反射する鏡を与えたのです。だから月讀命には呪いの道具として勾玉を与えたと考えられますね。

だから記紀は伝承を改変しているのです。天照大神が須佐之男命と宇気比をしたことにするために、須佐之男命や月讀命には何も与えず、天照大神にだけ勾玉ネックレスを与えたことにし、その上で宇気比の場面を月讀命から天照大神に差し替えたということです。

戦後の実証史学の先生方は、神話は作り話で歴史とは無縁と決めつけて、神話伝承がどのように改変されたのかを無視していたために、万世一系が最初のところで紛れてしまっていることに気づくことができなかったわけです。

6 三度日は昇った。

☆神替えの罪を背負ひて厩戸の皇子《みこ》は決しぬ日の本の国

七世紀初めに神話伝承を大改変し、高天原の主神を天之御中主神から天照大神にし、大王家の祖先神を月讀命からこれも天照大神にしたということですが、それをどういうきっかけで、私、やすいゆたかは気づいたのでしょう。

またその神道大改革の意図はなんだったのか問題ですね。そしてそもそもそういう大改革は猛反対もあったでしょうがどのようにして行われ、そして何故神道改革されたことに後世の我々は千四百年間騙され続けてきたのかが論じられなければなりません。

この論稿は、『天照の建てた国☆日本建国12の謎を解く☆万世一系の真相』の序論にするつもりで書いています。ですから本論の部分でそのことは詳しく論じておりますので、ここでは必要最小限にとどめます。

『隋書』俀国伝に「天未明時出聴政（天、未だ明けぬ時に出て政《まつりごと》を聴く）」という七文字があります。天は兄倭王を指します。当時額田部大王《ぬかだべのおほきみ》（推古天皇）です。兄は男と限りません。「兄媛《えひめ》、弟媛《おとひめ》」という言い方があります。つまり額田部大王は未明のまだ暗闇の時に朝廷に出て、祭祀を行い、天意を伺っていたということです。それで主神や祖先神は太陽神でないということに私は気付いたわけです。「朝廷」という言葉は天子は夜明けとともに出廷して政《まつりごと》を行うからいうらしいですが、「日出便停理務（日出ずれば便《すなはち》理務を停《や》む）」とありますから、夜明けには仕事をやめ後は弟に任せているので、日の出の太陽を祀っていたわけでもないわけです。

念のために調べましたが、六世紀末以前の大和政権の日常の祭祀には太陽神の祭祀はないのです。天照大神は大和政権の祟り神として恐れられ、大王の王女を御杖代《みつえしろ》として花嫁として差し出し、祟らないように慰めているわけです。この御杖代は斎宮職《さいぐうしょく》ですが、天照大神の御意向を伺って、それを政治に反映させるような意味での祭祀ではありませんでした。

大和・河内は農業が中心ですので、太陽神信仰が必要不可欠でして、それで先王朝の饒速日神の現人神を物部氏の族長に継がして、物部氏《もののべうじ》が臣下だけれど、太陽神の祭祀を朝廷外で仕切っていたのです。

ところが仏教導入をめぐる蘇我物部戦争で物部氏宗家は滅亡し、現人神の饒速日神は居なくなったので、さあ大変、朝廷として太陽神の祭祀に取り組む必要が生じたのです。ところが大王は、主神が天之御中主神、祖先神が月讀命の祭祀体系を筑紫から持ち込んでいたわけですね。それで主神や祖先神を天照大神に差し替える必要が生じたわけです。

天之御中主神《あめのみなかぬしのかみ》は天の中心の神です。実体は北極星なのです。海洋民は船の操縦には北極星が頼りです。海洋民や砂漠の民には北極星を主神と仰ぐ民が多かったわけです。しかし大和河内では農業中心なので、早晩主神、祖先神を差し替える必要があったのです。それが六世紀末までできなかったのは何故でしょう。

大王も人間ならその祖先の神々も現人神ですから、人間でした。単に観念的に存在する神を産業の変化に合わせて取り替えるというようなものではなく、世話になった天之御中主神や大王家の万世一系の出発点とされてきた月讀命を裏切ることになるわけですね。

それは大変罪深いことだと思ったでしょうし、当然祟りが恐ろしいですね。でもやむを得ないので、決断して太陽神中心に変えたので、第二回遣隋使では「日出処之天子」と太陽中心の世界観で手紙を書いていますから、六〇〇年から六〇七年の間に神道改革を決断して実行したわけです。

ただし神々を差し替えるというのは身勝手な行為で、瀆神《とくしん》にあたるので、元々天照大神が主神で祖先神だったことに神話伝承自体を改変したわけです。それで以前の伝承を口誦することは厳禁したのです。

でも主神や祖先神を降ろされた神は祟る恐れがあると考えて反対が強かったので、「天之御中主神よ、月讀命よ、祟るなら最高責任者の我、厩戸王《うまやとのおほきみ》だけに祟れ」と宣言し、祟りを一身に引き受ける儀礼をしたのです。

本来なら主神や祖先神の祟りは国が滅び人民が死に絶えるぐらいの祟りの筈ですね。その祟りを厩戸王は自己一身で引き受けられると考えたわけです。随分虫のいい話ですね。もちろんそれなりの根拠があります。元々菩薩太子として育てられ、本人も周囲の人々も救世観音《くぜかんのん》の生まれ変わりぐらいに思い込んでいたので、厩戸王は倭国全体に匹敵するぐらい貴いわけです。だから太子一人の犠牲で神々も納得するという理屈です。

それで慈悲の精神から捨身飼虎《しゃしんしこ》の実践として行ったので、聖徳太子と尊敬されるようになったわけです。でも神道改革した事自体封印されましたので、聖徳太子がどんな内容の捨身飼虎を行ったかは語ることはできなかったのです。

太陽神中心の国になったわけですから、「日の本の国」ですね。三度目の「日本国」起ち上げです。最初は、天照大神自身が海下りして河内湖畔の草香宮を建て、神政国家を起ち上げました。

「日の下の国」ほとんど漢字は普及していないので「ひのもとのくに」という呼称です。これは原「日本国」とみなせます。国名というのは法で制定したり、大王が命名したりするのではなく、一般に呼び習わされるものです。「豊葦原瑞穂国《とよあしはらみずほのこく》」とか「扶桑国《ふそうこく》」とかとも呼ばれていましたが、天照大神が建てた国は「ひのもとのくに」でこれは日本国ではないとはいえません。

巨大台風に襲われて草香宮は流され、天照大神一世は水難死し、生駒山の洞窟で殯《もがり》を行い、出てきた息子が父そっくりだったので、蘇ったと思った人もいたのです。それでそのまま天照大神を名乗ったのが天照大神二世です。彼は宮を三輪山に遷して災害に合わないようにしたのです。その息子が饒速日大王《にぎはやひおほきみ》です。

饒速日神は三輪山を駆け上る朝日の神ですが、八千矛神《やちほこのかみ》が率いる出雲帝国軍に蹂躙されて殺され、第一次日本国も滅亡したのです。八千矛神は高海原の使者に説得されて筑紫攻めを断念し、平和で豊かな国造りに邁進し大国主命と慕われ尊敬されました。ところが筑紫倭国を外戚支配していた高御産巣日神は武御雷神《たけみかづちのかみ》に三輪山など出雲帝国の拠点を急襲させ、一気に出雲帝国を葬ってしまったのです。

それで饒速日神の遺児宇摩志麻治命《うましまじのみこと》は密かに出雲帝国軍の残党を糾合しまして、時期を見て武御雷軍を撃退し、三輪山を奪回し、見事、饒速日王国を再建しました。これが第二回目の日本国の建国です。その一世紀後に親の仇を討ってもらったのに、その恩を仇で返したことを懲罰するという大義名分で、磐余彦一族が東征して饒速日王国を倒したのです。第二回目の日本国滅亡です。

大和政権は天之御中主神を主神にし、月讀命を祖先神とする国なので日本国ではなかったわけです。でも七世紀初頭の神道大改革で天照大神を主神・祖先神とする「日本国」に生まれ変わったということなのです。

日本国号にしても天皇号にしても七世紀前半のものは確かな物証は現存していないということで、七世紀末に生まれたという人が多いですが、「倭国」以外のこの国の国号は古いのは史料としてはほとんどないのです。現存していないからといってなかったとはいえません。実証史学は物証が現存していないことを存在しなかった証拠と考えがちです。しかし七世紀までは文字が殆ど使われず、書かれた文章はほんのわずかで、あったなら遺っているはずだということはとても言えないのです。

天皇号は法隆寺薬師如来像光背銘に六〇七年には使われていたことが分かるのですが、何分その書体が倭国では七世紀末の初唐風なので、傷んで書き直された可能性があります。

これを後世の偽作で法隆寺が天皇家と縁が深い事を示すために八世紀に書かれたという解釈をする人がいるのですね。つまり国家から財政的な援助をせしめるために天皇と国家を欺いたというのです。そんなことバレたら大変ですね。きっと重罪でしょう。もし天皇号の始用が七世紀末だったなら八世紀前半の人は天皇号が始用されたのが何時ごろからかを知っていたわけですから、六〇七年に使われていたようには書かなかった筈です。七世紀初めには使われていたらしいという知識があったから、偽作にしても書いた筈ですね。バレたら困るわけですから。

天皇号は天皇大帝に由来し、天帝の言い換えなのです。天帝の実体は北極星ですから、天之御中主神に当たるわけです。それで天之御中主神を主神から降ろす代わりに、その代償として、地上の大王を天之御中主神の現人神にしようとしたのではないでしょうか。称号としては〜天之御中主神とは呼びにくいので、～天皇と呼ぶことにしたと思われます。丁度第二回遣隋使の年なので、この西暦六〇七年までに神道大改革が断行され、大王は天皇と呼ばれ始めていたと思われます。

晩年の厩戸王は仏教の講経と歴史書の編纂に取り組みます。これまで神話や伝承はほとんど語り部が暗誦して伝えていました。六世紀中頃の欽明朝に『帝紀』が書かれたようですが、大王の系譜を紹介した簡略なものだったようです。神道大改革の内容を書物にすることで、始めて本格的に文章化文字化されたわけですから、それ以外の口誦伝承は、それを証明する正しい物証がないから間違いだったことにして、神道大改革を行ったことを封印してしまったのです。口誦伝承から文字伝承というメディア改革を最大限に利用して、日本国を再建し、はじめから天照大神が主神、皇祖神で、磐余彦大王も天照大神の嫡流だったことにして万世一系を装ったということです。

果たしてこの神々に対する差し替えという瀆神《とくしん》によって、厩戸王は無限地獄で苦しみ、仏教や天照大神信仰を軽んじる人々に対する怨霊になっているかどうか、みなさんはどう思われますか。ともかく聖徳太子は国家と人民が滅ぼされても当然の神道大改革を行って、その責任を一人で背負われ、国家と人民を救われたわけですね。そう本人も周辺の人々も信じたわけです。それだけ偉大なことをされたから聖徳太子なのです。

もちろん宗教ですから神々の祟りなど迷信で、聖徳太子の犠牲など実際には何の効果もないかもしれませんが、後世の人々がなんの偉大な業績も遺していないのに祭り上げたというのはとんでもない侮辱です。だいたい歴史研究者なら聖人とされている人はどんな偉大なことをして聖人とされたのか先ず謙虚に調べるべきでしょう。聖人なんてインチキに決っている、イエス・キリストも十字架にかかっていないとか簡単に決めつける人が居ますね、どうしてそんなことが言えるのでしょう。

☆第一講

『隋書』俀国伝の謎

天照大神は主神でなかった

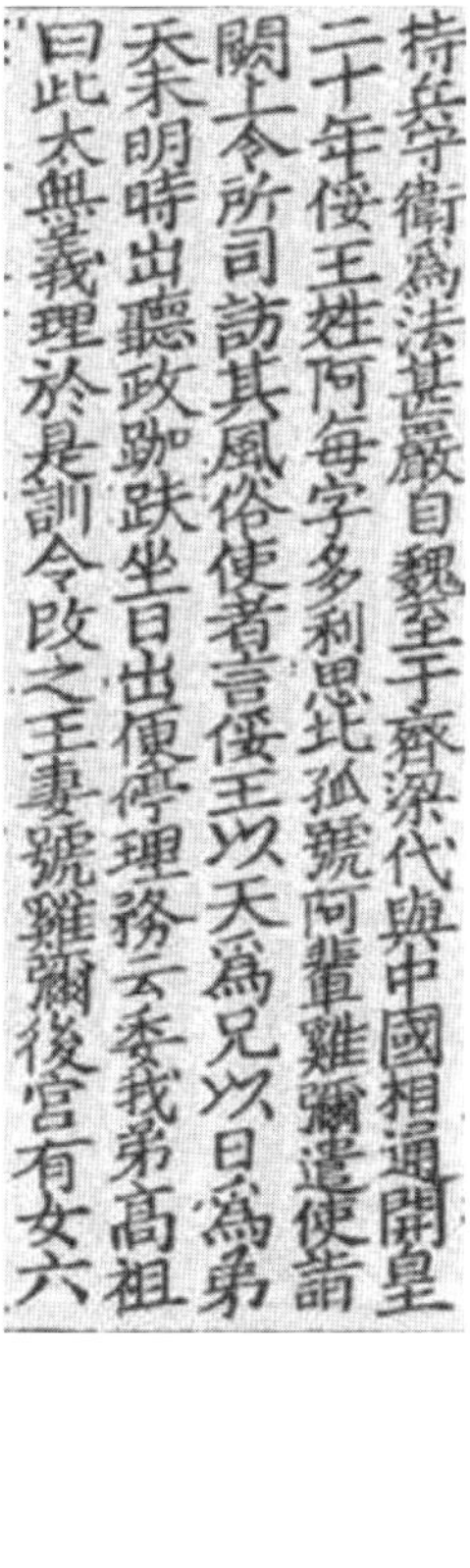
持兵守衛爲法甚嚴自魏至于齊梁代與中國相通開皇
二十年倭王姓阿毎字多利思北孤號阿輩雞彌遣使詣
闕上令所司訪其風俗使者言倭王以天爲兄以日爲弟
天未明時出聽政跏趺坐日出便停理務云委我弟高祖
曰此太無義理於是訓令改之王妻號雞彌後宮有女六

1 「天未明時出聴政」の仰天

☆明けざるに祭りし神は何様ぞ天照らしぬる陽の神なるかは

「びっくり仰天」という言葉がありますね。この言葉がぴったり当てはまるのが『隋書』俀《たい》国伝です。その中に「**天未明時出聴政**」という七文字があります。この意味が分かった時にまさしくびっくり仰天して天を仰いでしまったのです。

『隋書』俀国伝の中の西暦六〇〇年の第一回遣隋使の記事にこの七文字がでてきます。「**天未だ明けざる時、出でて政《まつりごと》を聴く**」と読みます。

その前の「**俀王以天爲兄、以日爲弟**」を「倭王は一人で、倭王は自然の天を兄として、自然の日を弟にしている」と解釈したら駄目ですよ。そんな信仰は記紀からは伺えませんし、当時大王が推古女帝で摂政が厩戸王というのと全く照応できませんから。

ここで倭王は二人いまして、「**天もって兄となし、日もって弟となす**」と読みます。「天」は兄王の呼び名です。その兄である天が未明の一番暗い時に宮殿にやって来まして、「政を聴く」わけです。未明の真っ暗なときに重臣たちを集めて閣議でも開いているのでしょうか？ 国家存亡の危機の時なら未明でも閣議をするでしょうが、普段毎日となるとそれはあり得ません。「まつりごと」ですから神を祀って、重大な事があれば奏上して、神の意向を伺うわけですね。倭王天に天から何か啓示が下ることがあるかもしれません。それを判断するのは倭王天自身ですから、倭王天に重大な国家懸案事項について最終的な裁可権があったということです。

さて問題は何故、未明に神を祀るのかです。祀られる神は、重大事に決定を下すわけなので、倭王天より格上の神であるはずですね。つまり朝廷が祀っている神々の中でもトップの神、主神であるか、大王家の祖先神であるかです。としますと、それは当然万世一系の端緒に置かれてきた天照大神《あまてらすおほみかみ》だろうと思われますね。

しかしちょっと考えれば、太陽である天照大神をわざわざ夜明け前の一番暗い時に祀るのは不自然だと分かります。真っ昼間か、夜明け、日没などに祀るはずです。満天の星や月を祀るなら分かりますが、太陽を祀るのは最も不合理です。

いや「未明」だから太陽が昇る前に宮に出仕して、朝日を拝んだのではという人がいます。でもそれなら日が出てしばらくがクライマックスですね。ところが「**日出ずれば便《すなは》ち理務を停《や》め我《あが》弟《いろ》に委ねむと云ふ**（日が出たらすぐに仕事をやめて、わが弟に任せるという）」とありますから、朝日信仰ではないのです。それに天照大神を朝廷でどのように祀ったかは第二講で詳しく述べます。

2 古代の神観念

☆神という引き出しありてそこにある類を神と呼ぶことなかれ

江戸時代の代表的な国学者である本居宣長は驚くべき対象が神だといっています。

「さて凡て迦微《かみ》とは、古《いにしえの》御典等《みふみども》に見えたる天地の諸の神たちを始めて、其を祀れる社《やしろ》に坐《いま》す御霊《みたま》をも申し、又人はさらにも云わず、鳥獣木草のたぐひ海山など、其余何にまれ、尋《よの》常ならずすぐれたる徳のありて、可畏《かしこ》き物を迦微とは云ふなり、すぐれたるとは、尊きこと善きこと、功《いさお》しきことなどの、優れたるのみを云に非ず、悪きもの奇《あや》しきものなども、よにすぐれて可畏《かしこ》きをば、神と云なり」

つまり大きい木がありますと、御神木と呼ばれます。その木自体が神なのです。すごい嵐が襲来しますとこれも神ですね。須佐之男命《すさのおのみこと》の襲来です。疫病が流行ると疫病神《やくびょうがみ》ですね。このように自然物や自然現象をそのまま神として祀る信仰を自然信仰といいます。日本は素朴な自然信仰がさかんな国なのです。ですから太陽信仰である天照大神信仰も、太陽自体を神として祀る信仰です。

3 八咫の鏡と天照大神の現人神

☆有りて有る八咫《やた》の鏡に刻まれしヘブルの文字は夢幻か

しかしそんなことを言われても納得いかないでしょう。だって天体である太陽が、天皇家の祖先神だということになりますと、太陽から人間が生まれるかということですね。理屈が通りません。それに伊勢神宮に行きますと、御神体が祀ってあります。「八咫の鏡」ですね。これが天照大神の御神体だということです。もっとも見てはいけないことになっています。明治天皇はご覧になったそうですが、その明治天皇が「これは後の天皇は見てはならないものだ」と言われ、だれも見ていません。ただ文部大臣だった森有礼《もりありのり》も「八咫の鏡」を見たらしいのです。しかも彼は「エヘイエ　アシェル　エヘイエ（有りて有るもの）」と「ヘブライ文字が書いてあった」のを見たというので、そのことを日本人とユダヤ人は同祖だという日ユ同祖論の人は強調しています。

ヘブライ文字があったというのは眉唾として、鏡は太陽ではないのに太陽神の御神体とはこれ如何にですね。それに第一、皇室の祖先と、万世一系の皇統の端緒いうことになっている天照大神が天体の太陽だったら、どうしてそこから天皇の先祖が生まれたのか説明できませんね。やはり天照大神自身が人間の姿で現われ、儀礼を通して自分を天照大神と思い込み、人々にも天照大神だと信仰させることができて初めて、神政政治が成り立ち、国家が誕生するわけです。ですから自然の太陽が天照大神であると共に、八咫の鏡や現人神の天照大神なども信仰されて、それで太陽神天照大神が支配する倭人国家が成立するということです。

4 夜中に太陽神を祀ったか

☆我が書紀に記さざらまし遣隋使封印の謎秘めし故かは

もしもそうだったとして、その天照大神を中心にする信仰が続いていたら、果たして倭の大王である「天」がわざわざ夜中に太陽である神を祀っていたでしょうか。それで少なくとも西暦六〇〇年第一回遣隋使までは倭国は太陽神を主神や大王家の祖先神とする国ではなかったのではないかということになります。

へー、びっくりでしょう。そして思わず天を仰ぎますね。そして夜中に祀っていたとしたら、祀られたのは星や月ではないかと思いますね。『隋書』俀国伝にはホントにびっくり仰天させられますね。それでこんな単純なことですから、今までも分かりきっていた筈で、古代史の研究者などはこの問題に真剣に取り組んだ筈ですね。しかし、あまり真剣とは思われない扱いなんです。『隋書』俀国伝は、とんでもないことが書いてあるので、書いてある内容にそって考え直すのではなくて、そんなトンデモナイ事を書いているから『隋書』俀国伝など信用出来ないという扱いをしてきたのです。まず西暦六〇〇年の第一回遣隋使なんて、なんじゃそれ？『日本書紀』には書いてないぞということですね。遣隋使の名前も『隋書』俀国伝にはありません。

5 推古女帝が兄で厩戸王は弟か？

☆叔母—甥が和の国つくるそのために契り交わして兄弟となる

それに倭王は天が兄で、日が弟だから、当時の倭国は大王が額田部《ぬかだべ》大王（推古天皇）であり、摂政が厩戸王《うまやとのおほきみ》です。呼び名も違うし、間柄は叔母—甥で違っている。だから少なくとも大和政権ではあり得ない。当時の大和政権は「倭国」だったのに対して、「俀国」とされた別の国が筑紫にあったのではないかという疑いを差し挟むのが二〇一五年に亡くなられた古田武彦先生たちが唱える九州王朝説です。

しかしそうなりますと、大帯彦大王（景行天皇）の筑紫遠征や息長帯媛（神功皇后）の新羅侵攻や倭国再統合や河内王朝の強盛大国化による任那支配もなかったことになりますね。そして古田先生は晩年には磐井の乱までなかったと言い出されました。それらを証明するのは至難の技ですので、天である兄は額田部大王（推古天皇）で、日である弟は厩戸王として解釈しておきましょう。

もちろん推古女帝は女です、男ではありません、そこで兄では可怪《おか》しいという反発があるのですが、兄、弟は女性でも使えるのです。兄媛《えひめ》、弟媛《おとひめ》とか弟橘媛《おとたちばなひめ》とか言いますね。ですから天が女帝であってもいいのです。ただ叔母—甥関係だったので、兄—弟と表現するのは正確とはいえません。何故兄弟とされたかは、厩戸王を摂政に登用するにあたって、二人の関係をより一体化させるために兄弟の契をかわしたのかもしれませんね。まあ女帝が叔母とよばれるより、姉と呼んでほしかったのかも。

6 阿毎多利思比孤は厩戸王か？

☆海族《あまぞく》を治めし貴き男子《おのこ》なり「おほきみ」号せば厩戸浮かべり

次に倭王の姓は阿毎《あめ》で字《あざな》は多利思比孤《たりしひこ》と解読されていて、「彦」だと男性ですから、推古女帝ではなかったことになります。ではこの倭王は厩戸王のことでしょうか？「阿輩雞彌《あはけみ》」を號していたことになっています。「大王《おほきみ》」なら「推古女帝」だと思われるかもしれませんが、「厩戸王」と書いて「うまやとのおほきみ」と呼ばれていたので、遣隋使を送った倭王は摂政の厩戸王だったということです。外交も丸投げだったとしたら、厩戸王が遣隋使を送ったということになります。

「王」だけで「おほきみ」は不自然だと思われるかもしれませんが、「額田王」と書いて「ぬかたのおほきみ」と読まれていたことはよく知られています。

でも「阿毎多利思比孤」という名前が「厩戸王」と違うとご不満の方もいらっしゃるようですね。「あめ・あま」は「天・海」の両方を意味するのです。それで「海族あるいは天族」の「たりし彦」です。「たりし彦」は権力を及ぼしている貴い男という意味で、天族＝海族＝海人族の支配者という意味になります。「天皇」はこの「阿毎多利思比孤」を漢語に直したものという解釈もできますね。

ですから固有名詞ではないので、厩戸王のことを指していても問題ないのです。隋の側は姓や字や號などをたずねているのですが、遣隋使の方は「海人族を率いておられる貴い方」と応えているのです。かなり緊張して言葉もよくは通じていなかったと思われます。

とはいえ「あめ」「たりしひこ」「おほきみ」などの倭語が使われていますので、話した事自体はリアリティがあるじゃありませんか。コミュニケーションのたどたどしさもその時代の雰囲気をよく伝えていると思われませんか。

7 倭国は無為自然のユートピア？

☆東海の遥か彼方の夢の国統一言祝《ことほ》ぎ遣い送れり

『隋書』は中国の正史ですので、一応歴史家は真面目に調べて史実を書いていることになっていますが、唐は隋が中国を統一した事を偉業として讃えていますので、この第一回遣隋使の記事も隋の中国統一を称える慶賀のための飾り記事で、史実を反映したものではないという解釈もあります。

つまり東海（日本海）のかなたの辺境の島国からも、隋の全国統一を慶賀して遣いが来たということで、それでいかにも文明に汚されていない、無為自然《むいしぜん》の未開の国であるかに描かれているというのです。つまり夜は天を支配する北極星が「結跏趺坐《けっかふざ》」して治め、夜が明けると太陽に任せるということで、ありのままで人為のない無為自然の国から慶賀の使いが来たことを記していると解釈するのです。

しかし、この解釈では、無為自然のユートピアに対して、隋の高祖文帝は「おおいに義理なし」と無粋なことを言って改めさせようとしていますが、当時は四六駢儷体《べんれいたい》が流行し、儒教・仏教・道教のいずれも尊重して調和有る社会を目指すというのが教養人の態度なので、道教的な無為自然のユートピアを無碍《むげ》に否定するようなことを皇帝が言うのは不自然です。史実だと不自然なことがまま起こりますが、飾り記事だということで、教養人の創作だとしたら、皇帝を無粋に描く場面ではありません。

それに倭国を無為自然の未開国のように描くのは、歴史家としては失格でしょう。なぜなら、『魏志倭人伝』などの倭国についての知識がありますから、無為自然の未開国で、夜は北極星が昼間は太陽が支配しているとしたら、倭国内では戦乱が続いたこととか、卑弥呼が鬼道を使って治めたことなどを踏まえていないことになります。

それにしても何故、額田部大王（推古女帝）が「天」で厩戸王が「日」なのかが説明がつかないと納得できませんね。それは額田部大王は夜中に天つまり天の中心である天之御中主之神や月讀命などを祀っていたので、天と呼ばれ、厩戸王は日中政務を執られていたので「日」と呼ばれたということです。

これで納得していただけたとしますと、『隋書』俀国伝の伝えているところを再確認していただかなくてはなりません。つまり六世紀末までは太陽神天照大神は、朝廷の神道体系の中で主神でもなかったし、大王家の祖先神でもなかったということです。つまり天照大神は万世一系の皇統の端緒《たんちょ》では元々なかったということなのです。それでやっとびっくり仰天していただくという段取りなのです。

8 主神の差し替えとその封印

☆蜻蛉《とんぼ》満つ瑞穂《みずほ》の国に相応《ふさわ》しき日の神の国つくりまほしか

でももしそういう仰天なことだったとしますと、七世紀初頭からは「日出処之天子」ということで太陽中心の世界観が採用されていますので、天照大神は主神になり、また大王家の祖先神にも納まっていたことになります。しかしそのような神道大改革が行われたということは、『古事記』や『日本書紀』を始めとしてどの歴史書にも触れられていません。つまり完全に封印されてきたのです。

そりゃあそうです。天照大神が主神や祖先神になったということは、逆に主神や祖先神を降ろされた神がいるということですから、大和政権は神々を冒瀆《ぼうとく》するとんでもない行為をしたことになります。でも神々を冒瀆すれば、恐ろしい祟りが待っているはずですね。それでもやはり大和政権が支配を維持しようとすれば、この神道大改革は避けて通れなかったのでしょう。

天照大神が主神になったというけれど、神道に主神という概念はないでしょうと批判されることがあります。これは大変微妙な問題ですね。それでも七世紀になって大王家が天照大神の嫡流だというように改変されたのは、農業にとって最も頼りにする天照大神を高天原の主神にし、その権威を借りて、大八洲《おおやしま》（日本列島）に支配権を確立しようとしたからです。それだけ天照大神が神々の中心になっていて欲しいという意識が強かったわけですね。

天照大神が中心だとするために、高天原に天照大神よりも格上の神々がいたらやりにくいので、造化《ぞうけ》三神は登場したらすぐ隠れたことになっています。これも七世紀になってからの神道改革での改変なのです。天之御中主神《あめのみなかぬしのかみ》、高御産巣日神《たかみむすひのかみ》、神産巣日神《かみむすひのかみ》は、隠れたことになっているけれど、実際には高御産巣日神などはその後も大活躍しています。大国主命に国譲りさせたり、神武東征を支援したりしています。ともかく実力者は隠れたということにして、天照大神を高天原の支配者だったことにしているのです。

もし天照大神が記紀で記されているように、誕生してすぐに高天原に上げられたのなら、そして大和政権の大王家がその嫡流だったのなら、朝廷では常に万世一系の端緒である天照大神に聴政していたはずですね。ところが初めに戻りますが「天未明時出聴政」とあり、祀っていたのは月や星であり、天照大神を祀っていないのです。

それよりも主神が、天之御中主神だったということはどうしてわかるのか、これも大変重要なことなので、何度も繰り返し述べることになりますが、倭人は元々中国の沿海地方が拠点の海洋民だったので、北極星信仰が中心だったということです。水産や水運が産業の中心ですので、夜方角が分からないと仕事にならないし、命にかかわります。天に中心があって、すべてがその周りをまわることで、方位が定まり、秩序が成り立ち生活できるのです。その中心の星が北極星つまり天之御中主神なのです。

ところが神武東征後、大和政権の産業は豊秋津瑞穂之国《とよあきつみずほのくに》と呼ばれ、水田に蜻蛉《とんぼ》がたくさん飛んでいる農耕中心の国になったのです。そうしますと、太陽や水、豊穣の大地などが信仰されます。神話体系を変えざるを得ないわけです。

磐余彦大王《いわれひこおほきみ》（神武天皇）は饒速日王国は滅ぼしたものの、饒速日神《にぎはやひのかみ》を臣下にして、三輪山の太陽神としての祭祀を続けさせます。農耕儀礼として不可欠だったからです。物部氏は饒速日神を族長とすることで、朝廷では行えない、太陽神関連の農耕祭祀を補完していたわけです。

六世紀に公伝したとされる仏教は直接農耕儀礼とは関係ないものの、仏陀の慈悲は救いの光であり、宇宙の隅々まで照らすとされました。太陽の何万倍も明るいのです。だから仏教導入は、弱い光の北極星や月を祀っていた朝廷にとってはショックだったでしょう。

それで仏教に信仰を一元化する方向に行かなかったのは、仏教では慈悲の精神に基づく不殺生戒があり、絶対平和主義なので、民族や国家や部族のために戦う気概が生まれないということですね。だから『日本書紀』にも百済の聖明王の戦死のしらせを聞いて、蘇我稲目は聖明王の王子恵に建国神を祀るをやめたから禍が起こるので、建国神を祀れば国は栄えると説いています。

蘇我氏は崇仏派だったわけですから、仏教を導入しようと熱心に働きかけていたのですが、建国神や祖先神を祀らなければ国が滅びるとも考えていたわけです。しかし倭国の場合、未だに海洋民だったころからの天之御中主之神を主神と仰ぎ、月讀命を大王家の祖先神と仰ぐ信仰を守っていました。それを豊秋津瑞穂之国に相応しい神話体系に改変しなければならなかったのです。

仏教導入をめぐってついに蘇我vs物部戦争が起こりました。五八七年丁未《ていび》の乱です。物部本宗家の守屋は戦死しましたので、饒速日神の現人神もいなくなったということですね。主神を天照大神に改変したりしたら、当然物部氏は仏教導入以上に反対するところだったので、都合が良かったのです。

また仏教導入派が勝利したので、神道改革に対する神々の反発や抵抗は、それが国家と人民の安泰のために慈悲から必要とされることなら、仏が神々を説得したりして、守ってくれるのでやりやすくなったのです。

それにしても主神や大王家の祖先神を差し替えること自体は、極めて瀆神的《とくしんてき》な行為です。ですから差し替えたとしても、その事実は封印して、初めから天照大神が主神であり、大王家の祖先神であったことにしておかなければなりません。ということはこれまで語部が語り伝えてきた神話伝承を改変して、改変内容と矛盾する内容については語部が語ることを厳禁しなければならなかったのです。

エジプトでも最初の大ピラミッドは、内部に北極星信仰の廊下と、太陽神信仰の廊下があり、北極星信仰から太陽神信仰へ変化したことが確かめられるらしいのです。倭国のような国は何十、何百とあるわけですから、そのうちどこかの国が産業の変化から主神を乗り換えたからといって、北極星が怒って中心がなくなり、天が崩れるようなことはあり得ないと、秦氏など西アジアからやってきた渡来人は盛んに啓蒙したでしょうが、信仰を裏切られて祟らない神様なんてあり得ないと思うのが人情ですから、喧々囂々《けんけんごうごう》の議論になったと思われますね。でもそういう議論があったことすら、封印されているのです。ただ議論のための議論に終わっては何も決められないので、どうすれば、皆が幸せに暮らせるより良い国造りのための話し合いができるかを示した『憲法十七条』が名残に残っています。

ともかく厩戸王が、この議論を自己犠牲的精神を発揮されて何とかまとめることに成功されたので、厩戸王は聖徳太子と称えられることになったわけです。そのことは次回以降にお話します。

☆第二講

天照大神の謎

男神でしかも大和政権の祟り神だった

1 神武天皇と崇神天皇の違いは何か？

☆東征で国建つ王と祟り神宥《なだ》め鎮めて民しらす王

天照大神は六世紀末までは大和政権の祟り神であり、『古事記』や『日本書紀』に書かれているような高天原の支配者でもなかったし、大王家の祖先神でもなかったというのが第一講の内容でした。これはすごい発見で、そんなことを戦前に発表したらブタ箱に放り込まれたし、右翼テロの標的でした。戦後でも天皇制が続いたということが日本史の特殊性であるわけですから、その根拠が七世紀の神道改革で作為されたもので、しかも封印されてきたという説は、古代史を根本的に書き直すほどの意義がある筈なのです。

でもそれほどまだ衝撃を与えていないのは何故でしょう。それは神話伝承を歴史から除外し、全て七世紀末の創作と考えるので、七世紀初めにそういう神道改革があったというのは単なる思いつきとしか思えないからなのでしょう。それは物証がないとなかったことにする実証史学の「なかった論」と富永仲基らが提唱した加上説という型に嵌めて説明してしまう観念論に凝り固まっているからなのです。

第二講は、では具体的に天照大神《あまてらすおほみかみ》はどのように祀られてきたのかを記紀の記述の中から探っていきましょう。記紀では天照大神は高天原に上げられたことになっており、天降りしたのは孫の饒速日神《にぎはやひのかみ》と邇邇藝命《ににぎのみこと》です。

ですから須佐之男命《すさのおのみこと》との宇気比《うけひ》つまり誓約をして、持物を取り替えて、体内に入れ噴き出して子を生み、男が生まれるかで正しさを立証する神判の一種ですが、これも高天原で行われたことになっています。そして須佐之男命が暴れたので、天岩戸に隠れたというのも高天原の出来事にしています。

天照大神が宮中で一度だけ祀られたことがありますが、これは現人神の天照大神ではなくて、御神体である八咫の鏡を祀ったのではないかと思われますね。それから元伊勢と呼ばれる三十箇所ほどの場所に天照大神の御神体が転々とした時期がありまして、御杖代《みつえしろ》が八咫の鏡を移動させたものと思われています。それぞれの推定地には現在でも神社があります。そして最終的には、現在の伊勢神宮にたどり着いたわけです。

この話はかなり手が込んでいますので、全くの後世の作り話ということは考えにくいようです。

第十代御間城入彦大王（崇神天皇）は、御肇國天皇《はつくにしらすすめらみこと》と称《たた》えられていますが、字が違いますがやはり始馭天下之天皇《はつくにしらすすめらみこと》と称えられているのが初代磐余彦大王（神武天皇）です。

第二代から第九代まではほとんど記紀に事蹟がしるされていないので、大和政権が紀元前六六〇年にはじまったことにするために、この八代は実は架空だったのではないかという解釈が有力ですね。これを欠史八代といいます。それで初代と第十代は称号が同じだから同一人物だと解釈するのです。そうしますと御間城入彦大王《みまきいりひこおほきみ》が初代になってしまいますから、大和政権は一気に四世紀はじめにできたことになってしまいます。ということは邪馬台国の卑弥呼女王が神武天皇より古いということになります。

邪馬台国は西日本が統一されていれば、畿内説が説得力を持ち、統一されていなければ、九州説が説得力を持ちますので、神武天皇＝崇神天皇説は九州説に有利です。しかし、記紀の内容を検討しますと、磐余彦大王は東征王ですね。それに対して、崇神天皇は祟り神の祟りによる混乱を十二年かかってやっと治めたという意味で初めて国を治めたスメロギなのです。

『日本書紀』「崇神天皇紀」十二年の条『**秋九月十六日？　初めて人民の戸口調査をして、人民に調役（税金と雑徭）を科しました。男の弭調《ゆはずのみつぎ》（動物の肉や皮などの狩猟生産物）を、女の手末調《たなすえのみつき》（絹・布などの手工業生産品）です。これで天神地祇《あまつかみくにつかみ》に納めて、風雨を神の心にまかせたので、百穀《ももたなつもの》がなりました。家には物が溢れて、人が増え、天下は太平になりました。そこで崇神天皇は御肇國天皇（初めて治めた天皇）と呼ばれました。**』

御肇國天皇と言われた所以は、十二年の混乱の末はじめてというようにもとれますし、「始校人民」に着目すれば、以前は豪族たちを従わせていただけだけれど、きちんと各地の人民の実態を調べて、それに合わせて課税したという意味で、国家の体裁をきちんと整えて支配したのは御間城入彦大王以降だったということかもしれません。ともかく東征して国を建てたという磐余彦大王とはハツクニシラスの中身が大分違っていて、同一人物と断定することはとてもできません。

2 宮中で祀られた天照大神

☆天照は倭國魂《やまとくにたま》側にいてふるへおののきやすからずとや

では天照大神を宮中で祀ったという記事を見てみましょう。

『五年　國内に疾疫多くして、民、死亡《みまか》れる者有りて、且大半すぎなむ。六年　百姓流離《おほみたからさすろ》ふ。或いは背叛《そむ》くあり。其の勢、徳を以てこれを治むこと難《かた》し。是を以て、晨興夕惕《あさなゆうなにおこたらず》、神祇《あまつかみくにつかみ》に罪を請ふ。是より先、天照大神、倭大國魂《やまとおほくにたま》、二の神《ふたはしら》を、天皇《すめろぎ》の大殿の内に並《なみ》祭る。然して、其の神の勢を畏れ、共に住に安からず。故、天照大神を以て、豐鍬入姫命《とよすきいりひめみこと》に託け、倭の笠縫邑《かさぬいむら》に祭る。仍《よ》りて、磯堅城《いそかたしろ》の籬《ろぎ》を立つ。』

崇神天皇が即位されて五年、国内に疫病で死んでしまう民が多くて、大半を超えました。六年あらゆる身分の民が流浪しました。中には反乱を起こすものもあり、その勢いを大王の徳で治めることは難しくなったのです。そこで「あさなゆふなにおこたらず、神祇に罪を請う」とは、まあ寸暇を惜しんで神々にどんな罪でこういうことになっているのか尋ねたということでしょう。

その前に、祟り神を祀って、直接何故祟るのか、どうすれば祟が収まるのか訊ねようとしたのです。それが「天照大神、倭大國魂、二の神を、天皇の大殿の内に並祭る。」です。倭大國魂は大物主大神です。つまり三輪山の神ですね。三輪山それ自体が大物主大神ですよ。その御神体は白蛇です。

何故三輪山が祟るのかと言いますと、大国主命が出雲帝国を築いていた頃、三輪山を本拠地にしていたのです。すっかり三輪山が気に入りまして、一体化したので、三輪山である大物主大神は大国主命の和魂《にぎみたま》と言われています。倭大國魂命《やまとおおくにたまのみこと》は大物主大神の荒魂《あらみたま》なので祟るわけです。

では大国主命が何故祟るかと言いますと、彼は拠点にしていた三輪山を高天原（実は高海原と呼ばれていた）の命令で差し向けられた武御雷神《たけみかづちのかみ》が率いる奇襲軍に襲われまして、出雲まで逃げて、そこで国譲りを強制され、自害させられているわけです。出雲まで逃げた話は創作で、三輪山の奇襲で殺されたのかもしれません。ですから武御雷神らの奇襲軍を差し向けた、高海原・海原・筑紫倭国の同盟軍に対して祟るという伝承があったことは十分考えられます。

大和政権は磐余彦大王の東征によってできたわけで、磐余彦は邇邇藝命の曾孫になっていますので、奇襲軍の子孫とみなされたということですね。

ところが天照大神は倭大國魂命《やまとおほくにたまのみこと》を恐れます。並べて祀らないでくれというわけです。と言いましても天照大神も祀られているのは現人神ではなく八咫《やた》の鏡ですから、鏡がどうして恐れるのかということですね。「鏡が恐れるはずないだろう、バカにすんな！」と実証史家には切られるかもしれません。

それは豊鍬入姫命《とよすきいりひめのみこと》が、八咫の鏡を大切に世話している形で側に居るわけで、隣に倭大國魂命ということで白蛇が祀られていたので、それで豊鍬入姫命は蛇が苦手だったのでしょう。怖がったら、天照大神の感情が現れているとみなされたのです。

3 天照大神は何故祟り神とされていたのか？

☆天照の孫の曾孫磐余彦建てたる国になどて祟るや

何故、天照大神を一緒に祀ったのかということですが、天照大神も大和政権に対する祟り神だったからなのです。これが私に言わせますと正解なのですが、「そんな馬鹿な」と思われる方が多いと思います。と言いますのは、天照大神が大和政権の祟り神だったことは一四〇〇年間封印されてきたからです。そして天照大神は高天原の主神であり、万世一系の天皇家の皇祖神であるとされてきたわけです。

ではどうして祟り神に罪を尋ねる場面で、天照大神が登場したのかが問題ですね。それはまさか天照大神が祟り神だとはさらさら思っていない研究者からみれば、祟り神である倭大國魂神が暴れださないよう監視役をしてもらったということになりますね。御間城入彦《みまきいりひこ》大王の護衛です。しかし「**是より先、天照大神、倭大國魂、二の神を、天皇の大殿の内に並祭る。**」という表現ですよ、この二つの神に役割にそんな対極的な違いが有るとは分かりませんね。

では天照大神が大和政権に恨みを抱いていたとしたら、それはどういう恨みでしょうか？　恐らく自分が建国した太陽神の国を継承していた饒速日王国を磐余彦《いわれひこ》大王（神武天皇）に倒されたことでしょう。でも磐余彦大王は、天照大神の孫邇邇藝命の曾孫ですから、子孫同士の争いですね。それに磐余彦大王に降伏した饒速日大王四世か五世は、磐余彦大王に臣従しているのですから、ご先祖が祟るというのは不自然ですね。

そこで、天照大神が実は磐余彦大王の祖先でもあるというのは、七世紀になってからの改変ではないかという疑いを抱く必要があります。その論証は第三講の範囲ですが、実は天照大神が須佐之男命と宇気比をして忍穂耳命《おしほみみのみこと》の母になったというのも七世紀の改変の結果なのです。月讀命が須佐之男命と筑紫で宇気比をして、忍穂耳命の母になっているのです。ですから月讀命と天照大神は差し替えられて、性まで交換させられていることになります。

4 天照大神は元々男神だったのでは

☆大王の祖先の神になるためにうれしはずかし女神となりしか

天照大神が女神だということが日本神話の特色で、そこが良いところだと言われます。平塚らいてうは『青鞜《せいとう》』創刊号で「元始女性は太陽であった」と高らかと女性解放の立場を打ち出しました。ですから、女性解放の立場に水を差すように受け取られては困りますが、元々は天照大神は男神と見なされていたのですが、七世紀になって、須佐之男命と宇気比をしたことにしないと、大和政権の大王家の祖先だということにできないので、それで女神だったことに改変したのです。

元々、記紀では陰陽説で伊邪那岐《いざなぎ》・伊邪那美《いざなみ》という夫婦神による国生みや神生みを展開しているわけですから、太陽が陰陽では陽の代表格であることはよく知られていたわけです。だから天照大神の性別も当然陽である男性となるところです。それに対して相対的に陰である月讀命は女神であったと考えられます。

もし天照大神が主神かつ大王家の祖先神であったとすれば、当然、大王が自ら天照大神をお祀りし、毎日神意を伺う儀礼を行っていた筈ですね。ところが記紀には大王自ら天照大神を祭祀したのは、既に触れました御間城入彦大王（崇神天皇）の時だけです。

その代わり、大王の未婚の娘や妹が斎宮《さいぐう》になり、御杖代《みつえしろ》としてお仕えしていたわけです。大国主命の和魂《にぎみたま》である大物主神には百々襲媛《ももそひめ》が御杖代としてお仕えし、神の花嫁と呼ばれていました。ですから同様に御杖代と呼ばれているので、天照大神も男神であったと考えられます。

伊勢神宮では御杖代のことを杖代わりになって神のお世話するからと説明しますが、杖（スティック）は男性性器のシンボルですから、杖が取り付く形代《かたしろ》ということで配偶者を意味しているわけです。それで天照大神は、元々は男神とみなされていたと言えるでしょう。

それに天照大神が記紀の記述の中で女神だと示されている箇所は意外に少ないことが分かります。

第十代崇神天皇前後の系譜

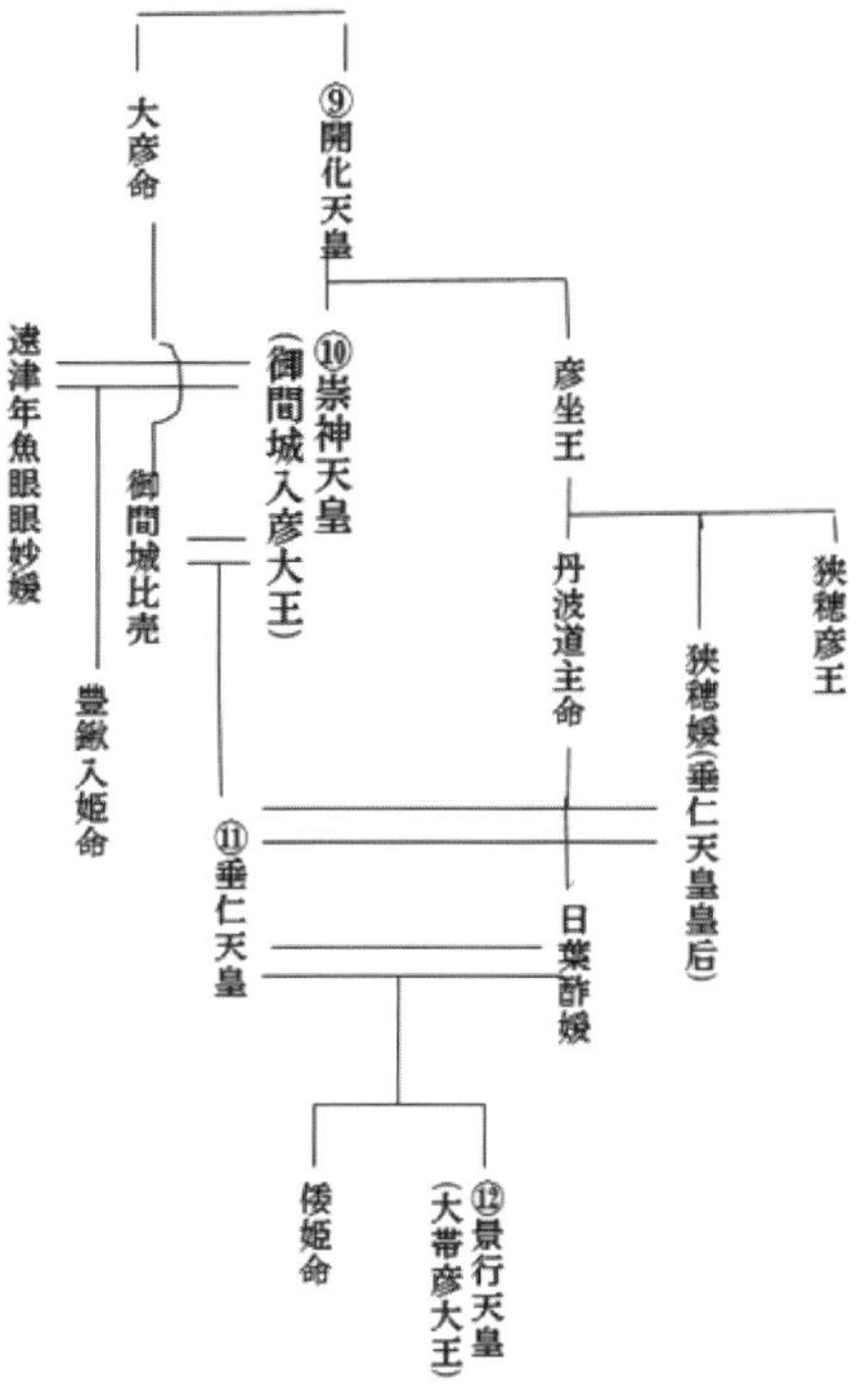

是《ここ》に、素戔嗚尊《すさのおのみこと》請《まお》して曰《まお》さく、「吾《やつかれ》、今、教《みことのり》を奉《うけたまは》りて、根國《ねのくに》に就《まか》りなむとす。故《かれ》、暫《しばら》く高天原《たかまがはら》に向《まお》でて、姉《なねのみこと》と相見《あいまみ》えて、後に永《ひたぶる》に退《まか》りなむと欲《おも》ふ」とまうす。「許す」と勅《のたま》ふ。乃《すなは》ち天《あめ》に昇り詣づ。

ここで母のいる根の国に行くことを高天原の姉に報告するといっていますから、天照大神が女神とされています。また『日本書紀』には天照大神の別名と思われる「大日孁貴《おほひるめむち》」という呼び名があり、これは女神と分かります。『古事記』では須佐之男命《すさのおのみこと》と宇気比をしているので、女神の印象をうけますが、それ以外に明確に女神であるという表現はないのです。

御杖代で男性が取り付く相手が女性なので、太陽霊というシャーマン的な霊信仰があったとしますと、自然神としての太陽は男でも、その霊に取り憑かれるシャーマンは女性ということが考えられます。卑弥呼を「日の巫女《みこ》」と解釈する人がいますね。そうしますと天照大神が取り憑いている間は、天照大神に成り切っているのですから、天照大神は巫女においては女神になっているということがいえます。

もっとも『魏志倭人伝』には太陽信仰とか出てきませんし、「日の巫女」ではなく霊がとりつくシャーマンなので「霊《ひ》の巫女」であったと解釈するほうが自然でしょう。

『古事記』では天照大神が巫女に憑依した例として息長帯比売命《おきながたらしひめのみこと》（神功皇后）の筑紫香椎宮《かしいのみや》での沙庭が有名です。息長帯比売命に憑依した神が帯中彦大王《たらしなかつひこおほきみ》（仲哀天皇）に新羅攻めを勧めるのですが、帯中彦大王は神の言葉を信用しないので、「一道《ひとみち》に向かひたまへ」つまり「死んでしまえ」

と言われて本当に死んじゃったという伝承です。

詳しくは第十講で話しますので、あまり触れられませんが、自然神の天照大神は太陽ですから夜の沙庭では憑依しません。八咫の鏡という天照大神の御神体は伊勢にいました。しかし新羅攻めを指令するのですから、おそらく高海原（高天原）が朝鮮半島南端部という仮説が正しければ、高海原が新羅の台頭で危機にあるので、高海原の主神が憑依したはずです。

だから天照大神が憑依したというのは、高海原の主神が元々天照大神だったことにした七世紀の改変の結果ですから、この部分も七世紀になってから改変されていたことになります。つまり天照大神は息長帯比売命（神功皇后）に憑依していないのです。ですから息長帯比売命と同一化することで天照大神が女神に成ったということはありません。

ただし、七世紀の改変によって天照大神が息長帯比売命に憑依したことにしたので、天照大神が女神とみなされるきっかけになったという可能性は有りえるかもしれませんね。それよりもやはり、須佐之男命と宇気比をしたことにするために、月讀命と差し替えられて女神にされたということが決定的でしょうね。陰陽説や御杖代がついていたことから男神だったと言えるわけですが、女神とされた事情がはっきりすれば納得できるでしょう。

それが宇気比については、第四講で詳しくお話することになっていますので、さらっと流しますが、須佐之男命は剣で建国する豪傑ですから、須佐之男命が男であることは変えられません。剣は男性性器の象徴でもあります。宇気比は、互いのオカルト的な力を増幅する器物を体内に入れて、噴き出して子を生むので、性的な行為なのです。

だから須佐之男命と宇気比をするには女神であり、女性性器の象徴になるものを持っていなければなりません。それが勾玉です。それで天照大神は五つも勾玉のネックレスをして宇気比の場に出てきます。しかし、よく考えますと、天照大神の持物といえば鏡の筈ですね。

「三種の神器」は元々三貴神のそれぞれのオカルト的な力を増幅する器物だったのです。天照大神は鏡、月讀命は勾玉、須佐之男命は剣です。勾玉こそ女性性器の象徴であり、月讀命は女性の生理と密接に関連していて、元々女神なのです。だから天照大神は須佐之男命と宇気比をしたことにするために、月讀命と差し替えられたわけです。その御蔭で、忍穂耳命の母ということになり、大王家の祖先神（万世一系の皇統の端緒）になれたということですね。

5 元伊勢―天照大神の彷徨

☆御心のやすき地求めさすらひて経りし幾年歴史きざめり

天照大神は、倭大國魂命つまり大国主命の荒魂と並べられて、「**然して、其の神の勢を畏れ、共に住《すむ》に安からず。**」と恐れて嫌がっています。それは豊鍬入姫命《とよすきいりひめのみこと》が蛇が苦手だったのが直接原因だとしても、それは天照大神が孫の饒速日神を八千矛神《やちほこのかみ》（大国主命の別名）に侵攻されて、斃されたからだと受け止められたのでしょう。その天照大神の気持ちが豊鍬入姫命に乗り移っているとみなされたのです。

それで天照大神（八咫の鏡）は宮中から出されて、まず豊鍬入姫命の巡歴は笠縫邑に三十三年いた後、丹波国吉佐宮に四年いて、また大和にもどり、伊豆加志本宮に八年いました。それから紀伊に移り、奈久佐浜宮に三年です。そして今度は吉備の名方浜宮に四年、また大和にもどり、弥和乃御室嶺上宮に二年いたのです。

そして倭姫命にバトンタッチしました。大和弥和乃御室嶺上宮高宮神社（大神神社摂社）→宇多秋宮と移り、そこに四年留まります。そして佐佐波多宮です、ここまでは大和。それからは伊賀に移って隠市守宮に二年、穴穂宮に四年、敢都美恵宮に二年と転々として、それから近江の甲可日雲宮に四年、坂田宮に二年です。次に美濃です。伊久良河宮に四年いました。今度は尾張です、終わりじゃないですよ。中島宮にいました。そしてやっと伊勢国に入ったのです。桑名野代宮に四年、奈其波志忍山宮を経て、阿野国阿佐加藤方片樋宮に四年いて、飯野高宮（高丘宮）に四年です。それから佐佐牟江宮→伊蘓宮→大河之滝原之国→矢田宮→家田々上宮→奈尾之根宮などを回って最後に五十鈴宮に到達したのです。一世紀かかっていますね。

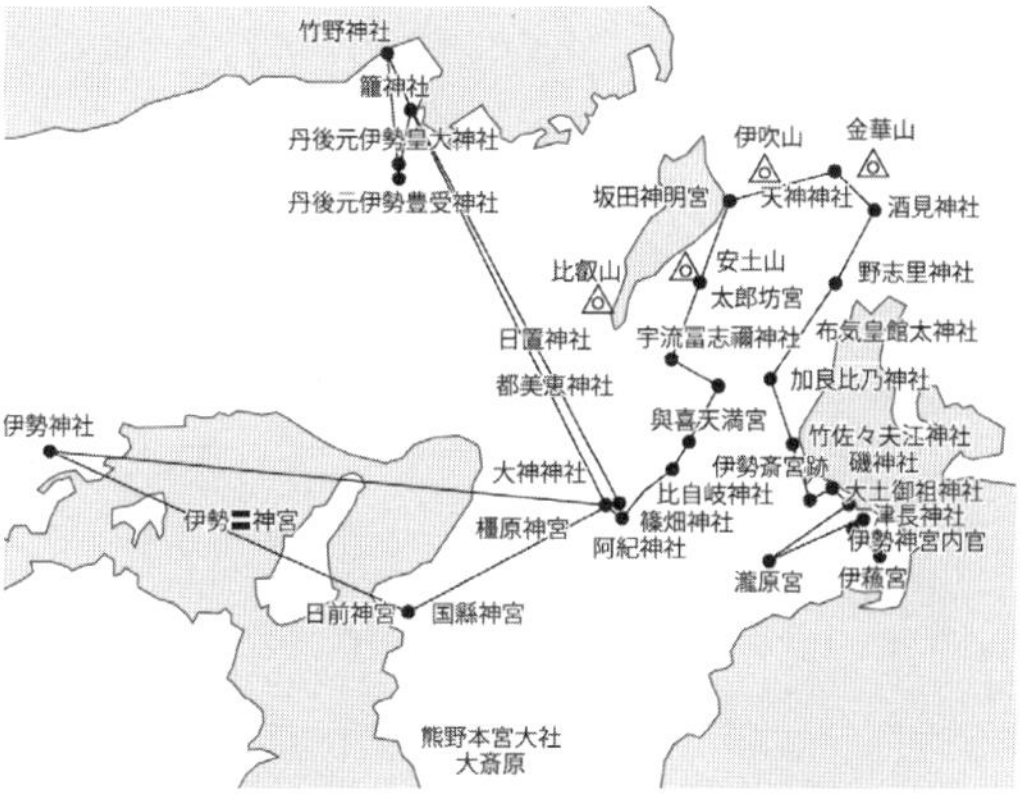

https://plaza.rakuten.co.jp/susano00kuni/diary/201010290001/
より作成

この一世紀かかっていたとするのは大きな矛盾を生みます。何故なら天照大神が宮中で祀られたのは第十代御間城入彦大王（崇神天皇）の時代で四世紀初めですね。伊勢神宮にたどり着いたのは大帯彦大王《おおたらしひこおほきみ》（景行天皇）の妹倭姫が斎宮をしていた頃で四世紀中頃です。

この矛盾を説明する方法には倍年暦つまり昔は今の半年が一年だったという説があります。これも歴史知のひとつですね。しかしこの方法も都合のいい時に持ち出す方法です。倍年暦で説明すればうまく説明できる場合があるわけです。倍年暦だったこと自体は実証されていません。

まあどのお宮も伝承になる時にできるだけ長く斎宮がいたと言いたかったので、口誦伝承で実際の倍近くになってしまったということでしょうね。実際の倍近くになっていたとしても、元伊勢がみんなインチキということにはならない筈ですね。

なかなか一箇所に定着できなかったのは、祟り神に居座られると、災難を被るのじゃないかと風評被害で近辺から苦情があったからなのでしょうか？　それにしても豊鍬入姫命や倭姫は、大王の娘なのに辺地を回らされて大変だったでしょうね。

それぞれの天照大神が鎮座した伝承地は元伊勢と呼ばれていて、天照大神を祀る神社があるわけですが、ですから天照大神の御神体である「八咫の鏡」を戴いて、豊鍬入姫命や倭姫が各地を転々としたことは実話だと思いますね。わざわざこんな手の込んだ放浪譚を創作することはないからです。でも天照大神は七世紀末の創作だとかいう人もいるのです。

この天照大神の放浪は、実は天照大神が大和政権にとって、主神でもなければ、大王家の祖先神でなかったことを雄弁に語っていると思いませんか？　もし記紀の言うように、主神・皇祖神であったのなら、大王が自らの統治の拠り所、権威づけのために、近くに置き、大王自らが毎日伺いを立てていたはずで、辺鄙な処を放浪させるはずはありませんね。

では七世紀になって主神を天照大神に差し替えた時に、天照大神の放浪譚も抹消した筈だという反論があるかもしれません。天照大神の放浪譚を残している事自体、主神差し替えがなかった証拠ではないかという反論です。

この反論は天照大神の放浪譚自身が主神でなかったことを示しているのに、主神変更がなかった証拠として持ちだされているという矛盾があり、あまり強力な反論とは言えません。まあこの反論に再反論するとすれば、各地の元伊勢勢力がそれぞれの地域勢力にとって結集の拠点みたいになっていたので、放浪譚が抹消されることで元伊勢が抹消されることには大きな抵抗があったのではないでしょうか?

6 伊勢大神と天照大神

☆日の神の故郷ならむ伊勢の国重浪《しきなみ》よせて神風の吹く

天照大神、倭姫におしへて曰く、「この神風《かむかぜ》の伊勢の国は常世《とこよ》の浪の重浪《しきなみ》の帰《よ》する国なり。傍国《かたくに》の可怜《うまし》国なり。この国に居らむと欲《おも》ふ」

伊勢は太平洋が東にあるので、海から日が昇ります。二見浦の夫婦岩《めおといわ》から昇る朝日はまことに神々《こうごう》しいものです。ですから民間信仰として、伊勢には元々太陽神信仰があったとしても不思議はありませんね。倭姫が八咫の鏡を守って伊勢に放浪した時に、伊勢の太陽神信仰に接して、天照大神をお祀りするに相応しい地だと実感したのでしょう。

太平洋はまさしく超歴史的に存在して、常世（永遠）から浪が打ち寄せてきます。そして大和からもそうは離れすぎていません。近すぎると祟り神だけに恐ろしいけれど、遠すぎるのも地方に反乱を唆す恐れがあります。つまり太陽神信仰で地方がまとまって、大和政権から離反されても困るわけです。その意味でまことに良い土地だということですね。

ところで太陽神信仰は、記紀では天照大神《あまてらすおほみかみ》と孫の饒速日神《にぎはやひのかみ》ですが、女神天照大神の信仰は七世紀末からでないかという解釈があります。というのは全国にある天照神社は古い神社ほど元々は饒速日神を祀っていて、天照大神は祀っていなかったからです。それで伊勢神宮の太陽神が女神天照大神になったのも七世紀末ではないかということですね。

その理由として、梅原猛先生は、持統天皇が孫の軽皇子に皇位を譲るためにその見本として、高天原の主神を女神の太陽神天照大神だったことにしたのではないかというのです。しかし、持統天皇が皇位を自分の子である草壁皇子に継承できなかったので、なんとか孫に継承するために、主神を女神天照大神にしたとしたら、親馬鹿、婆馬鹿で主神を取り替えたことになりますね。そんな勝手なことができたでしょうか。

専制君主だったのなら考えられますが、持統天皇は皇親政治を行っていたのです。皇親政治というのは、天智天皇、天武天皇の皇子たちをまとめあげて、その総意に基づく政治です。ですから持統天皇が自分の身勝手な都合で神話を改変して、女神天照大神を作るなどすれば、皇子たちは『吉野の盟約』を反故《ほご》にしていると反撥したと思われます。

天武天皇八年──吉野の盟約「(即位八年) 五月五日。天武天皇は吉野宮に行きました。五月六日。天皇は皇后と、草壁皇子尊・大津皇子・高市皇子《たけちのみこ》・河嶋皇子・忍壁皇子《おさかべのみこ》・芝基皇子《しきのみこ》に詔《みことのり》して言いました。「朕《われ》は今日、お前たちとともに庭で誓い、千年経っても、大きな事件が無いように思う。どうだろうか?」皇子たちは皆んなが答えて言いました。「その道理は、明らかに正しいことです」草壁皇子尊はまず、進んで誓って言いました。

「天神地祇と天皇は証明してください。私と兄弟の年長者と幼い者の合わせて十人余りの王はそれぞれが別々の腹から出ました。しかし、同じだろうと、異なっていても、変わらず、皆んな、天皇の勅《みことのり》に従って、助け合い、いがみ合うことはありません。もし、今から以後、この誓いのようにならないなら、命が滅び、子孫は絶えるでしょう。忘れません。そして、過ちを起こしません」

五人の皇子も、前と同じように続いて誓い合いました。そうした後に天皇は言いました。「朕の男たちは、それぞれ別の腹から生まれました。それでも今、一人の母のお同じ腹のように慈愛を持っている」襟《みそのひも》を開いて、その六人の皇子を抱きました。そして誓って言いました。「もしこの誓いを違えば、たちまち朕の身を滅ぼすだろう」皇后も誓いました。天皇のように誓いました。五月七日。車駕《すめらみこと》（天皇の乗った乗り物）は宮に帰りました。五月十日。六人の皇子はともに天皇を大殿《おおとの》の前で拝礼しました。」

ともかく女神天照大神の創作が七世紀末だという人は、それ以前の伊勢大神は何だったかですね。それでそれは当然天照というのが名前に入っている饒速日神《にぎはやひのかみ》（天照国照彦火明櫛玉饒速日命《あまてるくにてるひこほあかりくしたまにぎはやひのみこと》）だったと主張する人もいます。でもそれはありえません。饒速日神は、神武東征に際して、降参して、神武の臣下になっているのですから、大和政権の大王の娘が御杖代としてお仕えするはずはありません。

そこで別の太陽神がいたのではないかということで、溝口睦子先生は『アマテラスの誕生』で、なんと高御産巣日神《たかみむすひのかみ》が元々の伊勢大神だったとされています。溝口先生によりますと、天照大神は皇祖神ではなかったと言います。須佐之男命と宇気比をしていますが、『日本書紀』の本文ではなくて、一書に曰くを採用しています。

つまり天照大神は自分が持っていた剣を自分で噛み砕いて、宗像三女神《むなかたさんめがみ》を生んだという解釈を採用しています。それなら宗像三女神は、須佐之男命の剣から生まれたのではないので、天照大神の子だったことになります。須佐之男命は高天原に昇る時に勾玉を受け取っていて、それを食べて天忍《あめのおし》穂《ほ》耳命《みみのみこと》など五柱の男神を生んでいるのです。そうなると天照大神が皇祖神ではなくて、須佐之男命が皇祖神だったということになりますね。

溝口先生は、須佐之男命が皇祖神だと言いたいのではなくて、天照大神が皇祖神ではなく、高御産巣日神が皇祖神だということがおっしゃりたいようです。高御産巣日神の娘万幡豊秋津師比売命《よろずはたとよあきつしひめのみこと》が天忍穂耳命と結婚して生まれたのが邇邇藝命ですから、邇邇藝命の直系が皇室ということになっているので、高御産巣日神《たかみむすひのかみ》も皇祖神には違いないですね。もっとも天皇は男系に限るという人からいわせるとけしからん議論かもしれません。

それにしても高御産巣日神は「結びの神」で生み出す力の神です。生みのエネルギーの神といえるかもしれませんね。伊邪那岐・伊邪那美は陰陽の原理で様々な神々を生みますが、そのかげで生む力を与えているのは高御産巣日神だということでしょう。高御産巣日神は別名高木神ですが、それは『となりのトトロ』の楠の大木のように生命力、生み出す力を象徴しているわけです。伊勢神宮では天照大神の別名に、神功皇后に憑依したことになっている「撞賢木厳之御魂天疎向津媛命《つきさかきいつのみたまあまさかるむかつひめのみこと》」があげられます。つまり榊に宿っている厳かな御魂で、天に向かって立っているということでしょう。

倭姫は「八咫の鏡」を戴いて、天照大神の御神体にしていたわけですが、伊勢では太陽神の神霊が木に宿るという信仰があったのかもしれませんね。この太陽神の御魂を宿した木が伊勢の女神の太陽神の御神体だったということでしょう。それで後に七世紀になって天照大神を女神にしたことで、向津媛命を天照大神の別名としたのではないでしょうか？

溝口先生は、この木を御神体にする太陽神の女神と高木神（高御産巣日神）を混同し、高御産巣日神も太陽神だとします。しかしこの論法は矛盾していますね。高御産巣日神の方が天照大神よりもずっと古くて、根源的な成長力を表す神です。その成長力の象徴が高木や大木ですね。ですから高木の神を太陽神とする根拠は薄弱です。高御産巣日神は生みの神としてパワーが大きいから高御産巣日神なのです。

「ひ」が「日」表記であることが太陽神の根拠のように言いますが、「火」「霊」「比」などでも「ひ」と読みます。元々は霊性がおおきいことで「霊」だったのが、天照大神を主神としてからは、「ひ」を「日」で表記することが多くなったのです。

宮中で祀られてきた神を宮中八神と呼びます。

神産日神《かみむすひのかみ》・高御産日神《たかみむすひのかみ》・玉積産日神《たまつめむすひのかみ》・生産日神《いきむすひのかみ》・足産日神《たるむすひのかみ》・大宮売神《おおみやのめのかみ》・御食津神《みけつのかみ》・事代主神《ことしろぬしのかみ》

むすひの神が五柱あります。すべて「日」とも書くことがありますが、だからみんな太陽神だということは全くありません。高御産巣日神だけは太陽神だという理由がはっきりしなければなりません。

それに溝口さんの場合は、伊勢の太陽神を、海洋民の海から昇る朝日を思い浮かべて、水平的原理の女神だとし、高木神は、北方民族の天から高木に降る垂直原理の男神を考えておられます。それで元々の垂直原理の男神の高木が伊勢大神だったけれど、記紀編纂に当たって、より日本的なものにしたほうが良いと考えて、伊勢の地方的な女神を天照大神としてそれに統一したということです。

しかし、何が神話伝承で古層にあたるか考える必要があります。単なる神話伝承の寄せ集めではなくて、記紀はあくまで歴史を物語っているわけですから、高御産巣日神は先ず沿海地方の海洋民だった倭人たちが朝鮮半島南端に定住した時の最古層の神で造化三神であり、成長のエネルギーの神だったわけです。その後、伊邪那岐・伊邪那美が対馬・壱岐に進出して、海原倭国を形成しました。その後に、その子である三貴神が天照大神・月讀命・須佐之男命ですね。それぞれが河内・大和倭国、筑紫倭国、出雲倭国を形成したのです。

伊勢神宮というのは、天照大神が築いた原「日本国」を神武東征で斃されて、祟り神になっていた。それをどこに安置して祟らないようにするかで、数十年かけて伊勢にたどり着き、安置したわけですから、伊勢大神が、高御産巣日神である謂れはまったくないのです。ただ現地に女神の太陽神がいて、その御神体が榊の木だったということで、御神木として大切にされているということでしょう。高御産巣日神の高木神信仰、大木信仰とは直接関係ありません。

☆第三講

三貴神の謎

天照大神は河内に
月讀命は筑紫に建国

1 現人神、現御神とは何か？
☆人の世に光となりて導きぬ身は人なれど日の神ならずや

これまでの講義で天照大神は六世紀末までは大和政権の主神でも大王家（皇室）の祖先神でもなかったということがお分かり願えたでしょうか？　つまり万世一系の皇統の端緒は天照大神ではなかったのです。むしろ大和政権にとっては、前の王朝の建国神であり、磐余彦大王《いわれひこおほきみ》（神武天皇）に倒されたことを恨んでいる祟り神だったということです。

「ウソー」と喉から声の出そうな方もいらっしゃるでしょうね。だってこれまでの常識では天照大神は天空の国である高天原にいたことになっていました。だから天照大神が自ら天降りなどしている筈がないからです。それに天照大神を太陽のことだと思っている方は太陽が降りてきたら地上の生物はみんな焼け死んでしまうと思いますね。

確かに自然神である太陽は毎日定まった天の道を通って、地上に光と熱を与えてくれています。その意味では天照大神が建国神になっている方がおかしな話ですね。これは実は現人神《あらひとがみ》即ち現御神《あきつみかみ》についてはっきり分かりやすく記紀で説明していないからなのです。

終戦直後昭和二十一年の年頭詔書でいわゆる『人間宣言』である『新日本建設の勅諭』を出された時に「現御神」という言葉が使われましたね。

このいわゆる「人間宣言」は天皇は神ではなくて、人間であると宣言したと受け止められ、逆に戦前は天皇は神であって人間ではなかったように受け止められたわけです。それでは神は人間ではないような誤解を与えますね。神観念は宗教によっても、時代によっても民族によっても違っています。それに仏教やキリスト教などの外来宗教の影響もあり、それで変容しているのです。

日本では自然をそのまま神とする自然神信仰が盛んですが、それだけでは歴史になりません。自然神と自己を同一視して自己を自然神の化身と捉えた人間が神として認められた時に現人神・現御神というのです。つまり人間から神に変って人間ではなくなるのではなくて、人間が神としてのあり方をしていることが認められるということです。

例えば照男君が太陽のように輝いて人々に希望の光と生きる活力を与えたいと願い、鏡を使った照明などでいろんな工夫をして光の儀礼を行い、太陽になった気分になり、見ている人も彼を太陽の化身と認めた時に彼は天照大神と認められるわけです。

更に宮からみて日の出日の入りの位置を確かめ一年間の年間行事をどの山から日が昇る日に種まきをするとか定めて、その通り人々に実行させ、秋の収穫がその御蔭でうまくいったと思い込ますことができれば、収穫の一定割合を貢がせることもできます。こうして神政政治が成立し、国家ができるわけです。それで評判がよければ支配地域が拡大していくことになりますね。

そういう神がいなくても、集落間の交流が発達すれば、武力統合や、覇権の成立によって地域国家ができたという説もありますが、倭人支配の初期国家の場合は、宗教的な権威による統合という面が強かったと思います。

しかし、太陽神は空にいて輝いていてこそ太陽神であり、地上で現人神になって太陽神の国をつくるなんて、太陽のスケールからみて相応しくないと感じられる方もおられるかもしれませんね。そんな天照大神が自ら国を建てたなんて、初耳だ『古事記』や『日本書紀』にもなかった筈だ、どこからそんな妄想を引っ張ってきたんだと反撥されている方もいらっしゃるでしょう。

もちろん現存する歴史書としては『古事記』が最古のもので、『古事記』や『日本書紀』に書かれてあることを読み解きまして、その矛盾を精査しまして、埋もれたり改変された元の伝承をあぶり出してくるという歴史知の方法をつかっているわけです。

2 天下に主《あるじ》たる者

☆文明を与えし土地に国を建つ生みの終《はて》にぞ三柱の神

天照大神が饒速日王国の真の建国神だということは、実は記紀の三貴神伝承を根拠にしているのです。三貴神というのは伊邪那岐神が最後に生んだ神で、生み納めに貴い神を生むことができたということなのです。何故貴いかに注意して引用文を読んでみましょう。先ず『古事記』から。

此の時伊邪那伎命いたくよろこばして詔く、「吾は子を生み生みて、生みの終に三貴子《みはしらのうずみこ》を得たり。即ち、その御頸珠《みくびたま》の玉の緒もゆらに取りゆらかして、天照大御神に賜ひて、詔《のりたま》

ふ、「汝命《みこと》は、高天原を知らせ」と。事よさしたまひしなり。故《かれ》その御頸珠の名を御倉板擧《みくらたな》之神といふ。次に月讀命に詔ふ、「汝命は夜之食國《よのをすくに》を知らせ」と、事よさしたまひしなり。次に建速須佐之男命に詔ふ、「汝命は海原を知らせ」と事よさしたまひしなり。

生みの果てというのは、伊邪那岐・伊邪那美の夫婦神だったので、妻の伊邪那美の神が死んでしまって、陰陽の原理でセックスで子供を生むことができなくなってしまったわけです。それで諦めきれずに黄泉の国に追いかけて行ったのですが、見るなと言われたのについ伊邪那美の変わり果てた醜い姿をみてしまい、逃げ出して、黄泉の国の出入り口を大岩で塞いでしまったのです。黄泉の穢れの中に伊邪那美命の要素があったので、その穢れを禊ぐ時に神々を生むことができたわけですね。その最後が三貴神です。

左の御目を洗ひたまひし時、成りませる神の御名は、天照大御神、次に右の御目を洗ひたまひし時に、成りませる神の御名は、月讀命《つくよみのみこと》。次に御鼻を洗ひたまひし時に、成りませる神の御名は、建速須佐之男《たけはやすさのを》命《みこと》

それで三貴神が誕生したのですから、それぞれにプレゼントをあげるべきところが、『古事記』では天照大神にだけ、御頸珠《みくびたま》つまり勾玉のネックレスを贈っています。この勾玉のネックレスが御倉板擧《みくらたな》之神なのです。ネックレスという装身具も神なのです。それはそれを身につける神が現人神という人間なので、器物神の補助で超能力を発揮させるからです。

ところで天照大神にだけプレゼントしていますね。三貴神という対等表現をしておきながら、どの神も超能力を発揮するには器物神が必要な筈なのに、この箇所は説話としては不自然です。未完成という感じを受けますね。あるいは元の伝承ではそれぞれにプレゼントがあったのに、都合で抹消されたのかもしれません。こういう不自然な箇所があると、何故こういう不自然な叙述になったのか不思議に思ってください。そこに秘密が隠されている場合があるわけです。

そしていよいよそれぞれに支配すべき国の名を告げます。天照大神は高天原を、月讀命は夜の食国を、須佐之男命は海原を支配せよと命じたのです。

『日本書紀』では本文に次の文章があります。

伊弉諾尊・伊弉冉尊、共に議して曰く「吾は已《すで》に大八洲國及山川草木を生めり。何ぞ天下《あまのした》之《の》主《あるじ》たる者を生まざらむや。」

それで日の神「大日孁貴《おほひるめむち》」を生んだとなっています。天照大神の別名ですね。女神であることを意識させようと別名で書いているのでしょう。つまり天照大神女神説ですから七世紀の改変を踏まえています。それで天下の主は天照大神だけでいいわけです。

では天照大神だけを大八洲の建国神にする話かといいますと、そうではありません。天照大神は明るくて天地・宇宙を照らすので、地上においておくと眩しすぎます。それで天上に上げて、高天原を支配させようということになるわけです。そして月神を生みます。その明るさは日に次ぐものだったので、日の補佐役として天にあげます。そして素戔嗚尊《すさのおのみこと》は泣きいさちって、人民が多く亡くなり、緑の山が枯れてしまうなどの禍いをもたらしたので根の国に「神逐《かむやら》ひ」されます。しかし天照大神が高天原の支配者になったのは私の仮説では七世紀になってからの改変によります。

『日本書紀』の一書はいろんな異説を紹介しています。これが手がかりになることもあります。

「一書」に曰く、伊弉諾尊曰く、「吾は御宇《あめのしたをおさめる》之珍子《うずみこ》を生まむと欲《おも》ふ」

これは『日本書紀』の「何ぞ天下之主《あまのしたのあるじ》たる者を生まざらむや。」と同じ趣旨です。その主は一書では天照大神だけではなくて三貴神なのです。

「天照大神は、以て高天原を治むべし。月讀尊は、以て滄海原潮之八百重《あおうなはらうしおのやほへ》を治むべし。素戔嗚尊《すさのおのみこと》は、以て天の下を治むべし」と。

ここでも天照大神は高天原にあげられていますが、月讀尊は滄海原潮之八百重つまり海原の支配者であり、素戔嗚尊は天の下の支配者だとなっています。いったん素戔嗚尊は伊弉諾神の後継者として大八洲の支配を認められたようにも読めますね。出雲倭国系の伝承でしょう。

3 海原と高海原（高天原）はどこにあったか？

☆海原の彼方の岸ぞ神々の集い給ひし海人の故国は

ここでいう「滄海原潮之八百重」は『古事記』では須佐之男命が治めるよう命じられた「海原」のことでしょう。海原とはどこか、海原の神（住吉三神）は上筒之男命、中筒之男命、底筒男之命のことです。それでその海原は具体的にどの海原を指しているのかということで、この海原の神を祀っている住吉大社に尋ねますと、「海原といっても日本海に限りません。太平洋も大海原です」という返答が戻ってきました。

しかし住吉大社は息長帯比売命《おきながたらしひめのみこと》（神功皇后《じんぐうこうごう》）が創建された神社です。新羅侵攻に当たって、功績のあった神に感謝して創建したのです。海原の神である住吉大神は高天原からの新羅侵攻に参戦するようにという伝令を伝えます。

ところが帯中彦大王《たらしなかつひこおほきみ》（仲哀天皇）は熊曾との戦いで精一杯なのでとても無理なので、相手にしません。すると筑紫香椎宮の沙庭で息長帯比売命に憑依したとされる神は、怒って、「天之下にお前が支配すべき国はないから、一道《ひとみち》に向かいたまへ」つまり「死んでしまえ」と罵ります。そのショックかなにかで、帯中彦大王は本当に死んでしまったという話です。

それで息長帯比売命は身重《みおも》だったのですが参戦します。つまり新羅侵攻は実は高海原（高天原）と海原が新羅侵攻するのに援軍を求めに来たということです。それなのにあたかも神功皇后の新羅侵攻で、神功皇后が主役みたいにいわれていますね。それは後に海原や高海原が河内王朝に併合されてしまったので、神功皇后中心の侵攻だったように解釈されているだけです。

そういう解釈になってしまうのは、高海原や海原についての認識が希薄だからです。高海原は五世紀からは天空にある高天原とされていますから、あたかも幻想の神々の国とされ、現実に存在するとは思われていないわけです。阿蘇山中や信濃の山中にあった山岳神族の国だったと考えている人もいるようです。

しかし新羅侵攻に参戦を断られたら、帯中彦大王に死んでしまえと怒鳴って、ほんとうに死んじゃったぐらいですから、高天原（高海原）自体が新羅侵攻に命運がかかっていると考えられます。だから阿蘇や信濃の山中というは見当違いですね。

海原倭国(対馬・壱岐)

倭人は天と海を同じ言葉で表現していました。「あま、あめ」です。漢字で区別していたかというと、漢字は生活には入ってきていませんので、両者は同一視されていたということです。「そんな馬鹿な」とミクシィ仲間からは「子供でも海と天の違いぐらいわかるよ、そんな区別もつかないような倭人がどうして、新羅侵攻とかできて、文明が築けたのか」と言われています。

もちろん天空と海は、位置的には違うわけですが、倭人は天は水で出できていると思ったので、同じ言葉で表現したのでしょう。天から水が降ってくるので、上空の海が天だという認識でしょうね。

それで高天原というのは天と海の同一視から見ると、「高海原」だったということです。天空にあったのではなく、「海原の向こう」が「高海原」ということで、それは大八洲から見てですから、海原が壱岐・対馬の海域だったら朝鮮半島南端部ですね。任那・加羅（伽耶）の地域です。四世紀末までは「高海原」だったわけですが、五世紀になって河内王朝に併合されてしまい、神々の系統も絶えてしまって、神々の国は天空にあったことにされてしまい「高天原」ということになったわけです。

高天原（高海原）が半島南端部だったら、四世紀の新羅の台頭で、吸収される危機だったということですね。それで新羅を叩いておく動機は十分あったわけです。ただ高海原と海原の同盟だけでは兵力は不足していたので筑紫香椎宮にあった倭国西朝にも参戦要請をしたのです。当時は実は倭国は東西に分裂していました。それは第十講で詳しく展開します。倭国西朝の立ち上げにあたって海原倭国は相当肩入れをしたので、参戦要請は断れないということなのです。

海原が対馬海峡の海峡地域だとしたら、住吉三神つまり上筒之男命、中筒之男命、底筒男之命の正体が見えてきます。筒は星の古語だったと言われています。

だから三ツ星だということですね。海原の神なのに三ツ星とはこれいかにということですが、天と海を同一視していた倭人にとっては天は海原であり、星は島にあたるわけです。だから日本海も天であり、その三ツ星は日本海の対馬海峡に浮かぶ島だということになります。つまりオリオン座の三連星を日本海に見れば、壱岐・対馬が三連星にあたることになります。

海原の神、住吉三神とは壱岐・対馬であり、その現人神は壱岐・対馬の棟梁だったと分かりますね。残念ながら住吉大社のブログには住吉三神と壱岐・対馬との関連についての記述がありません。

だとしますと、オリオン座全体が海原の国、倭人の国なので海原倭国としますと、対馬海峡北岸つまり朝鮮半島の南端部や筑紫の北岸の津も海原倭国に加盟していたことになります。ですから海原倭国はこの地域の倭人たち津の連合体ということですね。半島南端部の津は高海原に属しながら海原倭国にも属していたのでしょう。筑紫北岸の津は筑紫倭国に属しながら、海原倭国にも属していたとも考えられます。ですから土地・人民・主権的な国家概念では括れないものだったということです。

4 天照大神の海降り建国

☆日の下の草香の岸に宮を建て日の本の国今始まりぬ

それではいよいよ、三貴神が建国神だとすると、それはどの国を建国した神なのかを探りましょう。（23頁の三貴神系図参照）『古事記』では天照大神―高天原、月讀命―夜の食国、須佐之男命―海原とあります。もし天照大神が高天原の支配者として主神だったのなら、『隋書』「俀《たい》国伝」と矛盾します。なぜなら『隋書』「俀《たい》国伝」には「天未明時出聴政」の七文字があります。大王が祀っているのは星や月であり、太陽ではあり得ません。従って天照大神は主神ではなかったことが分かりますから。これは第一講での仰天ネタでしたね。

それに四世紀初頭御間城入彦大王《みまきいりひこおほきみ》（崇神天皇《すじんてんのう》）は祟り神として天照大神を祀っており、その後数十年各地を彷徨《ほうこう》せざるを得なかったということが、天照大神が主神でも、皇祖神でもなかったことを示しています。また伊勢神宮自体が大王の宮殿から離して、隣国に置かれている上、大王自身は参拝できなかったということも大王家との深いしこりの存在を伺わせます。

そして大王自身が政《まつりごと》で天意を伺う相手ではなく、むしろ大王の娘が祟らないように御杖代（斎宮）となって慰め世話をするところからみても主神や大王家（皇室）の祖先神ではなく、祟り神であったことは明らかです。従って、そのような神が高天原の主神とされる筈もありませんから、天照大神が高天原に上げられて、高天原の統治者になったという記紀の記述は、七世紀以降の改変です。

それに高天原の統治者を決定する権利を伊邪那岐神が持っていると考えるのは無理があります。というのは伊邪那岐・伊邪那美の夫婦神は高天原から出て国生みをしたことになっており、高天原の住民ではないからです。この夫婦神に高天原に対する発言権を持たせるために、造化三神（天之御中主神、高御産巣日神、神産巣日神）の三神が登場してすぐ隠れてしまったことにしています。しかし、実際には高御産巣日神は重大事である大国主命の国譲りや磐余彦大王の東征に大きな役割を演じていますので、この直ぐに隠れてしまったという話はとても信用できるものではありません。

天照大神が高天原に上げられていないとしたら、建国神として海降《あまくだ》りして太陽神の国を建てたことになります。対馬に阿麻氐留《あまてる》神社があるので、その周辺の人々を引き連れて、海降《あまくだ》って、太陽神の国を建てたのかもしれませんね。第一回の講義で申しましたが饒速日神の祖父（祖母ではなく）なので、河内・大和の太陽神信仰の地域に磐舟で到着したわけですね。

農耕地帯ならば太陽神の需要はありますので、それこそ大八洲ならどこでもいいじゃないかと思われるかもしれませんが、そこは神話伝承で子孫のいた土地と考えるのが当然です。とします と、孫の饒速日神がいた河内・大和ということになります。

邇邇藝命も天照大神の孫とされていますが、それは実は宇気比の差し替えでそのように七世紀に改変されたものです。第四講義で詳しく論証いたします。その上、饒速日神自身が太陽神なので、天照王国→饒速日王国は連続している太陽神の国つまり原「日本国」なのです。

「日本国」という国号は『大宝律令』で初めて制定されたのではないかとされています。それが残っていませんので、実証的な現存する最古のものとして八世紀の「井真成墓誌銘」や七世紀後半の「百済祢《ね》将軍墓誌銘」(ただし拓本)があげられています。とはいえ、律令で制定される以前でも「日本国」と呼ばれた国があっても不思議はありません。「日本国」の読みは元々は「日の本の国」であったと思われます。つまり太陽神の支配する国という意味です。

漢字はほとんど使用されていなかったので、「ひのもとのくに」と呼ばれていれば、そこは原「日本国」だったと言えますね。生駒山の河内側の麓に草香津という河内湖の津(港)がありました。そこに草香宮が建てられ天照大神が君臨していたらしいのです。

二〇一三年に九十二歳で亡くなられた谷川健一先生の代表作の一つに『白鳥伝説』がありますが、そこに「日下」の読みの話が出てきます。「くさか」と読みますね。どうして読めるのでしょう。どんなにひっくり返っても読めません。「飛鳥」も「あすか」とは読めないのです。でも読んでいます。それは慣用的な読み方があるからなのです。元々は「日下《ひのもと》の草香」だったのですが、慣用語になって「日下」だけで「くさか」と読むようになったのです。「飛ぶ鳥の明日香」が「飛鳥」で「あすか」と読むようになったのも同じです。

「大和」で「やまと」と読みますね。「倭」も「やまと」と読むことがあります。これは元々私の類推では、「倭人すむ山門《やまと》」だったと思われますが、慣用で「倭」だけで「やまと」になったのでしょう。それが「倭」の字を嫌って、聖徳太子が「和」に改めましたから、「和」で「やまと」と読めるのです。

「大和」でも「おほやまと」ではなく「やまと」ですね。それは何故か？ 筑紫にも山門という地名がありますので、奈良の方が本家だということで、「大」をつけて区別したのです。でも読みは同じです。だから「大和《やまと》」なのです。もっとも九州王朝説から見れば、九州の方が本家ですが。

この読みの話は本当に「目からウロコ」という言葉がぴったりですね。

ところで「日の下の」が「日の本の」にと書き方が変わったとしても意味は同じでしょう。日は太陽神ですから、太陽神天照大神が支配するという意味になります。つまり天照大神が草香に宮を置いて支配したということなのです。それが中国や朝鮮との地理的関係で、「本」に改めたかもしれません。「本」だと日の昇る処の意味も付加されて、太陽中心とともに日の昇る本でもあるということで「日本」になったということでしょう。

記紀や『旧事本紀《くじほんぎ》』では、饒速日神が哮峯《いかるがのみね》に天磐舟《あめのいわふね》で天降ったことにしています。実際に天磐舟神社がありまして、船の形をした大きな磐が祀られていますが、もちろん眉唾ですね。

饒速日神が天降りしたというのは、天照大神が天空の高天原に上げられたことに七世紀になってから改変されたので、天照大神自身を主神にした以上、天照大神が天降りしたことにできません。それで孫にずらしたわけです。しかも天照大神は天空の高天原にいたことになったので、その孫も天空の高天原から天降りせざるを得なくなって、空飛ぶ天磐舟のようなファンタジーになってしまったのです。

六世紀末までの話は、天照大神は対馬にいたので、対馬から海降りしたという話ですね。磐舟は実は船底に転覆防止用に重石《おもし》として石を敷き詰めた船のことです。日本海は荒海なので転覆しやすかったので、船底に重石を載せていたのです。でもそんなことをすると浸水するとすぐに沈没してしまいますね。それが倭人の船は機密性の高いハイテク技術で作られていたので浸水しなかったわけです。その御蔭で、日本海の制海権を握っていたと想像されます。

「天磐舟」という表現から倭人が船底に石を重石にして積んでいて、気密性の高いハイテク造船技術を持ち、日本海の制海権を持っていたので、大八洲が倭人が支配する国になったとまで言い切るのは、思いつきや幻想にすぎないでしょうか？

しかし空飛ぶ船でなく、海を渡る船だったとしたら、船体が岩でできている筈はなく、実は、船底に重石を積んだ船だったというのは合理的な推理です。古代にそういう船が転覆防止用にあったことも確かです。また気密性が高いハイテク船だったというのも、あたっているでしょう。船の重心が低くなったら浸水すればすぐ沈みますから、浸水しない気密性の高い船だったと言えますね。そして実際に日本海航路は壱岐・対馬を抑えた倭人の船が制海権をもっていたからこそ、大八洲で倭人以外の国は強大化できなかったと考えられます。

河内及び大和には以前から太陽神信仰はあったのでしょうが、天照大神がそこで現人神として建国までできたのはどうしてでしょう。一つには大陸の文化をもたらす海原倭国の王子だったので、貴人《まれびと》信仰の対象になりやすかったということがあります。友ヶ島や淡路島に海原倭国の拠点があったと思われますので、現地の人々と海原倭国とは緊密なつながりがあった上での海降《あまくだ》りだったのです。

それに現地の太陽神信仰は自然神の太陽に対する信仰であって、現人神は居なかったのでしょう。現人神だった天照大神は、鏡をつかったパフォーマンスや日ノ出日の入りの位置から年中行事を定めて農業や漁業のスケジュールを定めたりして、信頼を集めたと思われます。

5 天照大神の死と再生、生駒の岩戸

☆須佐之男の暴れたまひし故なりや草香宮は藻屑と消えなむ

第一次の「日本国」である天照王国は河内湖を襲った巨大台風で突然暗転したのです。草香宮は河内湖が大氾濫を起こしたので流されてしまい、天照大神は水難死してしまったのです。

当時の河内湖は大阪湾への出口が狭く、淀川や大和川から台風の豪雨で増水した水が大量に流れ込みました。大和川は今では大阪湾に注いでいますが、昔は河内湖に四本に分かれて注いでいたのです。巨大台風が襲来すれば河内湖は水位が上がり大洪水になることもあったのです。

巨大台風は自然神である須佐之男命です。現人神の須佐之男命は筑紫を出て出雲に行き、八岐之大蛇を退治して、出雲国を再建していました。彼は水運に携わる倭人集団を引き連れていましたから、再建された出雲国は出雲倭国になっていたのです。現人神須佐之男命は出雲にいて出雲国をまとめるのに四苦八苦していたのですが、河内湖を巨大台風が襲えばそれは荒ぶる神須佐之男命の襲来と受け止められたわけです。

そして草香宮の近くの生駒山中腹の洞窟で天照大神の殯《もがり》が行われました。再生を願って屍が朽ち果てていくのを見守る儀礼です。服喪期間は儒教では尊属に対して三年の決まりがあります。

天照大神の場合、年中行事などでは農事において不可欠な存在になっていましたから、いつまでも服喪が続くのは支障が大きいわけですね。そこで早めに切り上げて、新しい太陽神を出してくれということで、洞窟の前で天宇受売命《あめのうずめのみこと》がストリップショーまでして皆を笑わせたのです。それで新しい太陽神が顔を覗かせると八咫の鏡を見せて、姿を写しました。そしてあなたより尊い神が来たので、皆喜んで笑っていると言いました。自分が写っていると知らないで鏡の方に顔を向けたのです。そして手力男命《たぢからおのみこと》が岩戸を開けて引っ張りだしたということです。

この新しい神は鏡に写った天照大神二世なのです。天照大神一世は現人神ですから水難死すれば甦りません。息子がもう成人していて、父の殯をしていましたが、笑い声がするので可怪しいと思って、顔を覗かせたら自分の顔が写っていて誰かなと思ったわけです。あまりに二世は一世そっくりだったので、一世が生き返ったと思った人も多かったのです。まあそう思ってもらった方が仕事がやりやすいので、敢えて甦ったという人に対しては否定しなかったわけで、名前は天照大神を名乗っていたわけです。

だから天岩戸の話は元々は、生駒山での天照大神一世の殯と天照大神二世の王位継承による再生の儀礼だったわけです。天空の天岩戸の話ならただの創作神話の話ですが、舞台が生駒山の麓となるとリアルな歴史物語になります。とは言いましても、この時代の資料があるわけではないので、生駒山には洞窟はたくさんあるようですが、考古学的に実証するのもかなり無理があります。

三貴神が三倭国を建国したという伝承を古層として日本神話ができているとします。そうすると天照大神自身が建国したと考えられます。だって、「日下の草香」から草香宮となるというようにに推理していったら、そうなるでしょう。そこから須佐之男命の乱暴で岩戸に隠れた「天之岩戸」説話の由来を生駒山麓の洞窟での殯に比定し、二世への王位継承儀礼と受け止めたわけです。

もちろんそれを実証できる物証がないので史実だったとは言い切れないわけですが、かといってそれで歴史プロセスは説明できますから、そういう流れで理解しておけば、草香宮では危険とみなされて、三輪山に遷宮されたという事情も納得できますね。こういう歴史の了解を歴史知的了解というのです。

有力な歴史解釈の反証が出てこないかぎり、このように理解しておくことは、日本国の始まりについての明確なイメージを抱けることであり、天照大神が建国した日本という日本の起源を日本の名にふさわしく理解できるという意味で画期的なことではないでしょうか。もちろん科学的に実証できていはいないけれど、歴史知的了解として学問的には十分価値があると言えます。

ですから草香宮跡に「日本国発祥の地」の石碑を建てるのが私の念願です。そのためには、地元の人や世間にもう少しこの説が認知される必要がありますが。つまり原「日本国」の建国神は天照大神自身であり、初代日本国大王は天照大神だったということです。つまり磐余彦大王（神武天皇）は大和政権の初代大王ではあっても、日本国の初代大王ではないのです。

七世紀になって天照大神は高天原にいたことになったので、須佐之男命の襲来や天岩戸もみんな高天原で起きたことに改変されてしまったというわけです。天照大神二世は、草香津の港湾機能の復興などを行いましたが、草香宮を復興しても、また洪水で流されかねません。河内湖は出口の水路が狭くて、淀川と大和川から梅雨時や台風時には大量の水が流れ込み氾濫が毎年のように起きていたのです。それで先程も申しましたように宮を思い切って大和の三輪山《みわやま》に遷したわけです。

饒速日神は三輪山を駆け上る朝日の神です。彼は三輪山で育てられました。成人した頃に父天照大神二世が亡くなって大王となって饒速日王国を築いたわけです。もちろん第一次「日本国」は饒速日一世まで続いていました。ところが須佐之男命の娘婿である大穴牟遅命《おおあなむちのみこと》が、須佐之男命の大八洲を統合せよという遺命を奉じて侵攻してきて、三輪山は陥落してしまい、饒速日一世は戦死か戦災死してしまったのです。かくして出雲帝国に統合されて、第一次「日本国」は滅んでしまったのです。

今まで第一次「日本国」とその歴史過程というのは全く想像だにできなかったわけで、太陽神の国を倒した磐余彦東征で日本国が建国されたかの暴論が幅を利かしてきたわけです。それを『千四百年の封印—聖徳太子の謎に迫る』の登場で、輪郭だけでも真相がイメージできるようになったということは、日本史学にとって画期的な大事件だと言いたいですね。

6 ムーランド月地が筑紫の語源か？

☆日に次いで明るき月は壱岐を出て、夜の食国をいづくにか建つ

月讀命《つくよみのみこと》は『古事記』では「夜の食国《をすくに》」の支配を命じられ、『日本書紀』では明るさが日に次ぐから「つく」と呼ばれ、高天原で日の補助役になったとされています。また『日本書紀』の別の

記述では海原を治める事を命じられています。三貴神は大八洲の建国神ということから考えまして、高天原はまずありえません。海原は、天照大神が高天原（高海原）、月讀命が海原、須佐之男命が天之下つまり大八洲になっていて、北から順番になっています。最初の天照大神が高天原というのがあり得ないので、月讀命が海原というのも信用できません。

それで『古事記』に戻って、天照大神が高天原はありえないけれど、月讀命が「夜の食国《をすくに》」は、夜の月や星の動きで暦をつくり年中行事を定めて、農業や漁業を指導して、収穫の一部を上納させる国という意味に解釈できます。

じっさい平安時代には「御食国《みけつくに》」がありまして、朝廷に特産物を贄《にえ》として納めていました。『延喜式』によりますと、若狭国は十日毎に「雑魚《ざこ》」、節日ごとに「雑鮮味物」、さらに年に一度「生鮭、ワカメ、モズク、ワサビ」を御贄《みにえ》として納めていました。志摩国は十日毎に「鮮鰒《なまのあわび》、さざえ、蒸鰒《むしあわび》」を納め、淡路国は旬料・節料として「雑魚」を贄として納めていたのです。

「夜の食国」だけでは地域は特定できません。しかし壱岐には日本最古の神社と言われる月讀神社がありまして、月讀命は壱岐の人々を率いて海降りしたようです。しかも月讀命は、記紀では男神にされていますが、どうも須佐之男命の宇気比の相手をしたのは月讀命だったらしいので、女神だと考えられます。

そこで父伊邪那岐神は壱岐にいたようなので、壱岐の近くに「夜の食国」を建国させたようです。となりますと、対岸の「筑紫」が一番怪しいですね。

「つくし」の「つく」までは「月」です。月の古語は日に次ぐ明るさということで「つぐ、つく」なのです。そこでムーンランドという意味で「月地、ツクチ、ツクヂ」じゃなかったでしょうか。

しかしそれがなまって「ツクシ」というのは音韻論的には無理があると言われます。「ヂ」と「ジ」は現在では同じ音ですし、昔は違っていたとしても、なまっているのですから、そういうように訛った可能性はあるのではないかと思うのですが、国語学的にはあり得ないという人がいます。

じゃあ「ツクヂ」だと「月地」から由来したと分かるので、権力が由来を曲げるために「ツクシ」と呼ばせたのかもしれません。月讀命が海降りして建国していれば、邇邇藝命の高千穂峰への天降りはあり得なくなるので、筑紫の語源が「ツクヂ、ツクチ」であっては大和政権にとっては絶対に困るのです。それでわざと「〜しつくす」が筑紫の語源だという話を『筑後国風土記』に捏造して入れてあるわけです。現代語訳を紹介します。

1．筑後の国と筑前の国は、もとは一つの国でした。この二つの国の間の山には、けわしく狭い坂があり、馬の鞍《くら》をすり減らしてしまうくらい大変でした。そこで「くらつくしの坂」といいました。それから「つくしの国」というようになりました。

2．昔、このあたりに気性の激しい神様がいて、通る人々の半数が命を落としていました。そのため、その神様は「命つくしの神」といわれました。そこで、筑紫君、肥君らがこれを占い、筑紫君らの祖先甕依姫《みかよりひめ》に、その神様をまつり祈らせました。するとそれ以来、安心して通れるようになり「つくしの神」というようになりました。それから「つくしの国」というようになりました。

3．ここで死んだ人をおさめる棺桶をたくさん作るため、このあたりの山の木を切りつくしてしまいました。そのため「山の木つくし」といわれました。それから「つくしの国」

というようになりました。

なにしろ大和政権にすれば、天皇家の祖先が月讀命だと思われると、天照大神を端緒にする万世一系の皇統の嫡流ということが、唯一の正統性の根拠なので、それが虚偽だった事が露見するのが一番困ることです。それで月地（ムーンランド）だったという伝承を語る事を厳禁して、違反すればあるいは殺し尽くすようなことがあったのかもしれません。それで『風土記』に筑紫の語源を書き込むように言われた人が、大和政権の許容できる話をでっち上げるときに「殺し尽くす」ような話を入れたのかもしれませんね。

筑紫が大八洲の西の果てなので、「行き尽くす」から「筑紫」の地名が生まれたいう説は、大和が中央である律令国家の時代には相応しいわけですが、海降り建国の時代にはふさわしくありません。

また津串という河岸に突き出た崖が筑紫の語源だという説もあります。それなら壱岐から海降りしてきたとして、筑紫北岸の津についた時に、船着用の串つまり棒を津串と呼んだわけで、近代でも難波津の目印として澪標が大阪市の市章になっています。港の棒の津串が筑紫の語源とも言えるわけです。

やはり三貴神―三倭国をセットで捉える仮説で説明するのが一番合理的ではないでしょうか。そうしますと、天照大神―河内・大和、須佐之男命―出雲なので、月讀命―筑紫と考えると一番納得がいきますね。

☆第四講

宇気比の謎

月讀命と差し替えられた天照大神

1 月讀命と差し替えられた天照大神

☆勾玉は月讀のわざ弥増《いやま》すをなどて天照身に帯びしかは

前回は三貴神の海降り仮説で、三倭国建国の経緯《いきさつ》を探ってみたのですが、その際に、三貴神は大八洲の建国神のはずなのに、記紀では三倭国がどこなのかわからなくなっていたり、三貴神なのに大八洲で建国せずに高天原にあげられたりしてしまっています。

なぜそういう矛盾したことになったのか、記紀の記述の整理が必要です。そこで本日は、先ず、天照大神が須佐之男《すさのを》命《みこと》と宇気比《うけひ》をして、それで忍穂耳命が生まれ、その忍穂耳《おしほみみの》命《みこと》の子の邇邇藝命《ににぎのみこと》が天降ったという記紀神話の矛盾点を精査しまして、須佐之男命と宇気比をしたのは天照大神ではなく、月讀命《つくよみのみこと》だったということを論証したいと思います。

このように神話上の事件をあたかも歴史上の出来事のように扱い、その真偽を論じるのは、神話と歴史の混同ではないかと、早速疑問に思われるのも無理はありません。

元々須佐之男命の剣を噛み砕いて、それを霧状に噴き出して天照大神が宗像三女神を生んだという話など神話であり、つくり話だから、それをしたのが元々は月讀命だったなど論証できるはずはないと思われそうですね。

たしかに神話は創作です。その意味では真偽は問えませんが、完全な創作ならできるだけ矛盾なく作られた筈です。ですから神話に矛盾があると、後世の権力の都合で改変されているということなのです。そしてその矛盾点から元の伝承はどうだったのか類推することはできます。まず宇気比が行われた場所について記紀では高天原であるとされていますが、第三講では、高天原は元は高海原で朝鮮半島の南端部だと論証しましたね。

宇気比の結果、天照大神は筑紫の北岸とその沖に宗像《むなかた》三女神を生んだことになっていますから、宇気比の場所も筑紫の北岸だったと考えられます。それに天照大神が高天原にいた前提になっていますが、第二講で論じましたように、天照大神は大八洲を治めるための三貴神として生まれたのですから、そもそも高天原に上げられたという設定に無理があるのです。

それで天照大神は第三講で述べましたように、難波に海下り、草香津に宮を作っていたら、宇気比は難波で行われたことになりますが、宗像三女神の位置が筑紫北岸とその沖であるところから見て、それも不自然です。ですから天照大神が難波の河内湖畔草香宮で君臨した第一次「日本国」の大王だったとしますと、宇気比は筑紫北岸で月讀命と須佐之男命とで行われたという伝承が元々の伝承だったと考えられるわけです。

では『古事記』の宇気比の記述はどうなっていたのでしょうか？

故《かれ》ここに速須佐之男命言《まを》さく、「しからば天照大御神に請《まを》して罷らむ」と。すなはち天に

参ひ上る時、山川悉《ことごと》く動《とよ》み、國土皆震《ゆり》き。ここに天照大御神聞き驚きて。詔ひしく「我《あ》が那勢命《なせのみこと》の上り來る由《ゆえ》は、必ず善き心ならじ。我國を奪はむと欲《おも》ふにこそあれ」と。

父伊邪那岐神は、海原倭国を須佐之男命に支配させようとしていたのですが、彼は母伊邪那美神に会いたいと泣いてばかりいて、それで大変な災いをもたらしたものですから、〈神逐《かむやら》ひ〉されることになったのです。その報告を天照大神にしようと、高天原に参上したというわけですね。

高天原は天空にあると五世紀以降は思われていたわけです。四世紀までは高天原は高海原であって海原の向こうである任那・加羅を意味していたんだけれど、河内王朝が併合してしまって、高天原を天空の国にファンタジー化してしまったわけで、それで「参上」という表現になったのです。

ところで、須佐之男命は自然神としては嵐ですから、山も川もみんな動き、国土が皆震えたというのです。天空の国という設定だったら、下から嵐に襲われたら、グラグラになるでしょうね。それで天照大神は、須佐之男命の襲来だというので、驚いたわけです。そりゃあ、グラグラに揺らしながらやってくるので驚きます。「私の弟神がやってくるのはきっと善き心ではなく、私の国を奪い取ろうやってくるにちがいないわ」と言われたのです。

それで天照大神は迎え撃つために身構えます。髪をときまして耳面にまきます。その髪型が美《み》豆良《ずら》です。左右の美豆良と頭の鬘と左右の御手に合計五箇所に大きな勾玉がたくさん集まって数珠になっているネックレスをまきつけたということです。ネックレスだと普通装飾用ですから五箇所にまきつけたりしませんね。この場合はあくまで須佐之男命の襲撃から身を守るため、あるいは反撃のための呪具なのです。相手が強敵だから五つも巻きつけているということですね。

ところで呪具として勾玉のネックレスを天照大神が用いているところで、ハテナマークですね。「ええ、どうして? 天照大神が勾玉を呪具に使ったらいけないなんて決まりでもあるのか」と反論されますか? だって、天照大神の物実《ものざね》は鏡です。鏡は光を反射したり、集めたりして様々なパフォーマンスができます。明るく照らしたり、火を熾《おこ》したり、目眩ましを食らわせたり、姿を隠したり、あるいは呪術的には魂を鏡に写し取ったりとかに使われます。天照大神なら鏡を散りばめた服を着たり、大きな鏡をたくさん車に載せて現われたりする話なら納得できますね。ところが肝心な場面で、鏡を一つも持っていないのはやはり可怪《おか》しいですね。

相手の須佐之男は剣を持っています。だから三貴神は、それぞれ現人神として神性を増幅できる器物神を持って現われなければならないわけです。天照大神は鏡を、須佐之男命は剣を、では月讀命は何をもって現れるのが相応しいのでしょう。鏡、剣ときたら残るは玉です。だから月讀命が勾玉のネックレスを五つも体中に巻き持って出てくれば納得するのです。ということはこの宇気比の説話は、元は月讀命と須佐之男命の宇気比の話だったのを、月讀命と天照大神を差し替えたのです。

しかし、この「三種の神器」についての解釈は、間違っていると思われる方もおられるでしょうね。「三種の神器」というのは天照大神が邇邇藝命《ににぎのみこと》が天下る際に、大八洲の統治者に相応しい徳を示す神器であって、この神器がそろっていることが大八洲の統治者のシンボリックな資格になると認識されているのではありませんか。鏡は知を、剣は勇を、勾玉は仁を表すとも言われています。

それはしかし八世紀の記紀段階の説話ですね。最初から天照大神の直系が天下を支配することになっているというものです。でも元の形はそうじゃなかったのです。高海原（高天原、朝鮮半島南端部）から海原（対馬・壱岐）に進出し、そこから三貴神が大八洲に三倭国を建国するという図式です。元々は三倭国の統合ではなくて、三倭国を宗主国である高海原が制御し、海原が水運で倭人通商圏を結ぶ形の倭人連合だったわけです。

ですから邇邇藝命の段階ではまだ高海原としては、邇邇藝命に大八洲統合の権利を与えていなかったわけです。大国主命に対する国譲り要求は、大八洲全体を統合しようとした出雲帝国を解体して、出雲に帰ることだったわけです。ですから当然、磐余彦に対しても大八洲全体の支配権を認めたわけではありません。饒速日王国を打倒して畿内に大和政権を樹立することを認めただけです。

ということは三貴神が三倭国を作っていて、それぞれの神器があったのですから、「三種の神器」がそろうということは、三倭国が統合されたことを意味します。それで大八洲統合に繋がるわけですね。

ですから三貴神は元々現人神なので人間です。人間だとどんなに自然と自己を一体化しても、自然とは見劣りするので、個性にふさわしい神器をそれぞれに与えなければなりません。その場面が元の口誦伝承にはあったのですが、『古事記』では抹消あるいは改竄《かいざん》されています。元の古い伝承の形が改変されながらも残ったのが三貴神伝承です。では三貴神誕生の場面です。

ここに左の御目《おむめ》洗ひたまひし時に成りませる神の御名は、天照大御神、次に右の御目を洗

ひたまひし時に成りませる神の御名は、月讀命《つくよみのみこと》。次に御鼻を洗ひたまひし時に成りませる神の御名は、建速須佐之男命《たけはやすさのおのみこと》。右の件八十禍津日神《やそまがつびのかみ》以下、建速須佐之男命以前の十四柱神は、御身を滌《そそ》ぎしに因りて生《あ》れましし所の者なり。

この時に伊邪那伎命はいたくよろこばして詔りたまひしく「吾は子を生み生みて、生《うみ》の終《はて》に三貴子《みはしらのうずみこ》を得たり。即ち其の御頸珠《くびたま》の玉の緒もゆらに取りゆらかして、天照大御神に賜ひて、詔りたまひしく、「汝命《いましみこと》は、高天原を知らせ」と。事よさせたまひしなり。故《かれ》其の御頸珠の御名は、御倉板擧之神《みくらたなのかみ》と謂ふ。次に月讀命に詔りたまひしく、「汝命は、夜之食國《よのをすくに》を知らせ」と、事よさせたまひしなり。次に建速須佐之男命に詔りたまひしく、「汝命は、海原を知らせ」と、事よさせたまひしなり。

三貴神はいずれも建国神として同格なのに、誕生にあたって親からプレゼントをもらったのは天照大神だけですね。それも鏡ではなく、後に宇気比で使う勾玉のミスマルのネックレスをもらっています。これは神話ですから、三貴神と表現した以上、それぞれにプレゼントをそれぞれの個性にあった、現人神としてオカルト的な能力を増幅する器物神をあげたように書くはずです。そうでないと神話の構成上、中途半端で出来が悪い印象をうけます。

ですから、元の口誦伝承では三貴神にそれぞれプレゼントを贈っていたのです。天照大神には八咫の鏡、月讀命には勾玉のネックレス、須佐之男命には十握剣《とつかのつるぎ》というように。ところが、宇気比で天照大神が月讀命と差し替えられたので、天照大神が勾玉のネックレスを持っていなければならなくなりました。さあどうしましょう、天照大神が月讀命の勾玉を持って出ると、いかにも差し替えが見え見えだ、何かいい方法はと考えあぐねた末、それで不自然と思われないように、誕生に当たって伊邪那岐神からもらったことにしたのです。

するとと月讀命は鏡をもらったことにしたらいかにも取り替えたのがバレバレだと思ったのでしょう。月讀命のプレゼントはカットしました。月讀命だけカットされるのは不自然なので、須佐之男命の十握剣もカットしたのです。そう解釈しますと、天照大神だけ勾玉ネックレスをもらったという記述の意味が理解できますね。

しかしそれなら、宇気比で天照大神は鏡を差し出せばよかった、何故鏡を差し出さなかったかと疑問に思われますか？　おそらく宇気比は互いのシンボルを体内に入れて子を生むのですから、聖婚の要素があるわけです。だから須佐之男命という男神に対して、相手は女神に相応しい器物を与える必要があったのでしょう。

剣は男性性器のシンボルで勾玉は女性性器のシンボルだったのではないでしょうか？　そして鏡はそういう性別を表すようなものではなかったのでしょう。女性を玉で品評することがありますね。上玉だとか。

第三講で天照大神は男神だというのはさんざんやったので、月讀命が女神だという話をします。陰陽でいけば当然陽である太陽は男で、相対的に陰である月は女神です。伊邪那岐・伊邪那美の夫婦神は陰陽の原理なので、その子どもたちも陰陽原理で解釈されて当然でしょう。それに月はご承知のように潮の満ち引き、女性の生理と密接に結びついており、その面からも女性的と言えますね。

では須佐之男命と月讀命との宇気比はあったといえるのでしょうか？　もちろん遺跡として

遺っているわけではありません。七世紀に改竄されてから、天照大神と須佐之男命が宇気比をしたということにされたので、それ以外は正史に背くという名目で、口誦伝承で伝えることも厳禁されていました。今となっては記紀の矛盾から元の口誦伝承を浮かび上がらせることしかできません。

しかし元の口誦伝承で浮かび上がる以上、須佐之男命が海原倭国（対馬・壱岐）から放逐されて筑紫にやってきたかどうか、経緯は神話ですから史実とはいえないにしても、移動してきたということはありそうな話ですね。元々海原倭国は大八洲の倭人間の水運を担当していたわけですから、須佐之男命は度々訪れています。ただ月讀命の方がどうやら須佐之男を侵略だと身構えたようですから、須佐之男命は一人で放逐されてきたというより、集団的に来て居座ろうとしたのでしょうね。

日本海はよく荒れますし、水運、水産共に仕事にならないで食い詰めたこともあったでしょう。もちろん大八洲の倭国間の水運もしていたので、それでなんとか凌いでいたでしょうが、台風被害が深刻な年もあって、筑紫に避難し、筑紫倭国に無理な要求をしたり、海の荒くれ集団なので、トラブルを連発したかもしれませんね。それで筑紫倭国を侵略したり、略奪したりするつもりではないかと疑われ、宇気比で邪心のないところを示さざるを得なかったということでしょう。

それにしても宇気比説話にあるように、剣を噛み砕いて飲み込んだり、勾玉ネックレスを食べたりはできませんね。剣と玉は性器の象徴とすれば聖婚したことを神話的に表現しただけのことかもしれません。あるいは、聖婚の前に剣や玉を粉砕して、その粉を微量ですが飲み込む儀礼があったかもしれません。現人神なので、まったくの作り話というのではなく、元の宗教儀礼はあったはずで、それを神話にするときにファンタスティックな表現になったのでしょう。

宇気比ですから誓約したことがもし男が生まれたら月讀命の勝ちと決めて、聖婚し、その結果女が生まれたので須佐之男命が勝ったのでしょう。それで沖ノ島航路の支配権を須佐之男命が手に入れたかもしれません。実は生まれたのは一人でもお話では膨らまされて、宗像三女神の誕生です。

そして数年海原の荒くれ者たちに居座られたので、またトラブって、悪意がなかった証明で宇気比をして、今度は女が生まれたら月讀命の勝ちでしたから、忍穂耳命が生まれたので、また須佐之男命が勝ったということでしょう。

もちろん忍穂耳命も月讀命から生まれたのですよ。神話になるときに勾玉を須佐之男命が噛み砕いたと表現したので、須佐之男命から生まれたことにしたわけです。勾玉ネックレスが五つもあったので男神が五柱も生まれたことになっていますが、元々は一人だけだったでしょう。

それでは筑紫倭国の女王月讀命と海原倭国の王族が結婚して、筑紫にいたことになりますが、近親婚ではないかという問題がありますね。三貴神の場合には、黄泉の穢れがあって、これが伊邪那美の穢れなので禊ぎで出来た同じ伊邪那岐から生まれた極めて濃い血縁ですね。これは三倭国が極めて近い血縁で結ばれていることを示すための設定でしょう。実際には、現人神なら父の体を禊いでも子は生まれません。

三貴神は父が同じというところに着目すれば、異母兄弟とも解釈できます。王族などでは異母姉弟間や異母兄妹間の婚姻はむしろさかんに奨励されました。ただ「神逐《かむやら》ひ」された神という点が須佐之男命の一本気で暴れん坊タイプを示唆していますから、海原倭国との関係も須佐之男命は絶っていたのかもしれませんね。

ともかく須佐之男命と月讀命の神婚は、海原倭国と筑紫倭国が非常に近くて親密であり、時折一体化するような関係だったことをうかがわせますね。ということは筑紫倭国は、時々海原倭国や高海原の大掛かりなてこ入れなしでは持たなかったかもしれません。元々、熊襲や隼人が早くから農耕などをして勢力を誇っていたわけで、筑紫倭国は彼らをどう取り込んで融合していくか、相当苦労したと思います。時折関係が険悪化して戦乱にでもなれば、海原倭国や高海原にも参戦してもらわないと、滅亡させられてしまうリスクも大きかったのです。

三貴神を三倭国の建国神として捉えますと、大八洲には天照大神の河内・大和倭国、月讀命の筑紫倭国、須佐之男命の出雲倭国があったことになりますが、宇気比の場所が高天原で、天照大神と須佐之男命とが宇気比をしたとなると、月讀命の筑紫倭国建国の話がなくなってしまいます。何故なら宇気比したのが天照大神なら天照大神が忍穂耳命の母だったことになり、筑紫倭国は最初から太陽神の国だったことになります。

そして記紀神話では、忍穂耳命の子の邇邇芸命が、天空の高天原から高千穂峰に天下り、筑紫倭国を建国しますが、天照大神から三種の神器を授けられ、大八洲統合のお墨付きをもらっているのに、実際に東征したのは邇邇芸命の曾孫の磐余彦たちでした。

そしてなんと河内・大和には天照大神の孫の饒速日神が建てた饒速日王国があるわけです。ではどうして饒速日神にではなく、邇邇芸命に大八洲統合のお墨付きを与えたのでしょう。それは元々は忍穂耳命にお墨付きを与えるつもりだったのが、忍穂耳命に子供ができたので、息子に譲りたいということで、それで邇邇芸命にお墨付きがいったことになっています。

しかし宇気比記事の矛盾点を精査した結果、天照大神と月讀命が差し替えられていたという驚天動地の神話改変が明るみになったわけですから、忍穂耳命の母は天照大神ではなく、月讀命だったのです。そして筑紫倭国を建国した初代女王は月讀命だったのであり、天照大神は難波にいたわけですね。とすると、大八洲統合支配のお墨付きは天照大神からでる筈はありません。高海原（高天原）の主神は天之御中主神であり、仕切っていたのは高御産巣日神です。

それに筑紫倭国の建国も記紀では孫の世代にずらしたのであり、元々の口誦伝承では月讀命が壱岐から海下《あまくだ》りして建国したのです。そして邇邇芸命が三種の神器を手に入れたとしたら、天照大神からではなく、武御雷神からでしょう。

というのは天《あめの》叢雲《むらくも》剣《つるぎ》は、須佐之男命が天照大神に献上したという記紀の記述は、天照大神が高天原の主神だから成り立つ話で、倭人三国が競合するためには、他国に譲るわけにはいきません。きっと生《い》太刀《くたち》などに名を変えて大国主命が引き継いでいたはずなので、奇襲作戦で出雲帝国を倒した際に、武《たけ》御雷《みかづち》神《のかみ》が奪った可能性があります。

第六講で国譲り説話、武御雷軍の奇襲の話を詳しくしますので、ここでは簡単に済ませます。天照大神の八咫鏡は、大国主命が三輪山を攻め取った際に、饒速日一世の秘宝として手に入れた可能性があり、武御雷神は大国主命を倒して、これも手に入れたかもしれません。これらを高海原（高天原）まで持ち帰えらずに、筑紫倭国で邇邇芸命に即位を祝って、与えたかもしれませんね。当時は高御産巣日神が筑紫にいて、外戚として支配していました。忍穂耳命を幽閉して、邇邇芸命を大王にしたので、邇邇芸命の権威づけが必要と感じて、神器を与えたとも想像できます。

☆第五講

出雲帝国形成の謎

須佐之男の誤解と大国主の活躍

1 須佐之男命の狼藉と神逐ひ

☆母恋し涙は海を涸らしたり荒ぶるとても愛《かな》しからずや

記紀では高天原で須佐之男命が狼藉を働いて、放逐されたことになっていますが、あまりにおいたが過ぎて、とうとう天照大神が岩戸に隠れてしまいますね。それは前の講義で取り上げましたように、河内湖に巨大台風が襲って天照大神が洪水でなくなり、生駒山中の洞窟で殯《もがり》をした話が元ネタなのです。

ですから現人神須佐之男命の狼藉《ろうぜき》からは、天岩戸の話は自然神である巨大台風のことですので、差し引いて考えてください。と言いましても現人神の須佐之男命がいた筑紫に自然神である須佐之男命が襲来したら、筑紫倭国の人々は、須佐之男命がいるせいだと考えたかもしれません。その結果厄払いみたいに放逐されたことも考えられますね。

須佐之男命は嵐の神ですから、嵐を防ぐためには須佐之男命を祀り、宥《なだ》める必要があるのです。その意味では須佐之男命は必要です。現在でも八坂神社は祇園をはじめ全国に二千三百社もあります。でもお祭りするのはいいけれど、居座られて暴れられるのは困りものだということですね。『古事記』口語訳を引用します。

そこで、スサノオノミコトは、得意げに言いました。

「わたしの心が清らかだったので、女の子が生まれたのです。これで、わたしの勝ちですね。」

須佐之男命は、勝った勢いにまかせて、次々と乱暴をはたらきました。天照大神が作っていた田の畔を踏みつぶし、溝を埋め、大嘗祭を行う神殿に、何と「うんこ」をし散らかしたのです。しかし、天照大神は、「糞のような汚いものは、きっと酒に酔って戻してしまったのでしょう。田んぼの畔をこわし、溝を埋めたのは、その土地を再生させようとしたのでしょう。すべて、わたしのかわいい弟がやったことです。」

と、それをしかったりせずに、むしろ弟をかばうようにおっしゃいました。しかし、須佐之男命の乱暴は、止まることはありませんでした。

ある日、天照大神は、神聖な機織場《はたおりば》で、神様のお着物を織らせている時に、須佐之男命は、斑《まだら》模様の馬の皮をはいで、その死体を機織場の天上に穴をあけて投げ込んだのです。それに驚いた機織りの娘は、機織りで横糸を通すための道具板で、女陰《ほと》をついて死んでしまいました。これには、さすがの天照大神も恐ろしくなって、天の岩屋戸（とびらが大きな岩で作られた洞窟）の中に隠れてしまわれました。

やったことはいろいろ世話になったのにひどいのですが、嵐が暴れると、家がばらばらになり、田畑も壊れますから、そのことを表現しているだけかもしれません。

それで「**ここに八百萬神共に議して、速須佐之男命に、千位《ちくら》の置戸を負わせ、また鬚及び手足の爪を切りて抜へしめ、神逐ひ逐ひき。**」

千位の置戸を負わせというのは祓いの道具をたくさん背負わせるということです。まあこっぴどく懲らしめて追放したわけです。それで建速須佐之男命は各地を放浪したようですが、阿波（徳島）の方にも行ったのでしょう、

又食物を大宜津比賣神《おほげつひめのかみ》に乞う、ここに大宜津比賣神、鼻口及尻より、種種《くさぐさ》の味《うま》し物を取り出し、種種に作り具へて進めし時、速須佐之男命、その態《さま》を立ち伺ひて、穢れ汚しを奉り進めしとなし、乃《すなは》ち大宜津比賣神を殺《あや》めき。故《かれ》、神を殺めし所身に生《な》りし物は、頭より蠶《かいこ》生り、二つの目より稲種生り、二つの耳より粟生り、鼻より小豆生り、陰《ほと》より麦生り、尻より大豆生り。故、是に神産巣日御祖命は、これを取らしめて、種と成したまひき。

大宜津比賣神は阿波の国の神なのです。実はこの話は東南アジアに広く分布しているハイヌウェレ型神話の一つなのです。ウィキペディアによると、

ヴェマーレ族のハイヌウェレの神話は次のようなものである。ココヤシの花から生まれたハイヌウェレという少女は、様々な宝物を大便として排出することができた。あるとき、踊りを舞いながらその宝物を村人に配ったところ、村人たちは気味悪がって彼女を生き埋めにして殺してしまった。ハイヌウェレの父親は、掘り出した死体を切り刻んであちこちに埋

めた。すると、彼女の死体からは様々な種類の芋が発生し、人々の主食となった。

このお話は須佐之男命が産業を興した文化英雄であることを表現しています。大宜津比賣神は自然環境としての阿波を意味します。そこには気候的には恵まれ、様々な食材を生み出す素材はあるわけです。しかし蚕や稲や麦や小豆や大豆や粟を生み出すためには、適地適作でそれぞれの地域を何の産地かを特定しなければなりません。それがなんでも生み出せる大宜津比賣神を殺して、適地適作の豊かな阿波の産業を育てたということなのです。

『日本書紀』には、月讀命が保食神《うけもちのかみ》に対して同じようなことをする話がありますが、それは文化英雄としての月讀命をアピールしたいのではなくて、保食神に対して汚らわしい事をすると言って、乱暴にも殺してしまったことを描いて、その行為を須佐之男命にように男性的な行為として印象づけているのです。つまり月讀命を男神としてイメージ付けるのが狙いなのです。

では須佐之男命は阿波を開拓しておきながら、何故出雲に向かったのでしょう。それは母の居る黄泉《よみ》の国に行きたいという話が有りましたね。出雲に黄泉の国に入る黄泉の平坂があったり、伊邪那美命の墓があるといわれていますので、それで出雲に行ったのかもしれません。

それはなくても元々須佐之男命は海人族つまり海原倭国の跡取りだったのです。海原倭国からは勘当されていますが、水運で各地を周り、倭人通商圏を形成する仕事をしていたことは考えられます。とすれば阿波の余った産物を運んで出雲に行ってもおかしくありません。

2 二人の須佐之男命

☆いつの日か戻ってくるよと去りし人その名を継ぎて須佐之男起ちたり

それで出雲に行って、八岐大蛇《やまたのおろち》を退治して出雲倭国を建てる話になります。その前に一つ建速須佐之男命《たけはやすさのおのみこと》についての謎を解いて置くことにします。それは後に大国主命と呼ばれる大穴牟遅命《おおあなむちのみこと》は須佐之男命の六世の孫でありながら、須佐之男命の娘須世理姫《すせりひめ》の夫になります。

これはとても無理な話ですから、須佐之男命は実は二人いたということにしておいてください。一人目は三貴神の須佐之男命ではありません。三貴神の須佐之男命の時代から約一世紀前に、出雲の建国神須佐之男命が活躍したのです。

おそらく暴れん坊だったので須佐之男命と呼ばれたのでしょう。凄い勢いで出雲各地を平定し、出雲国を建国したのですが、高志《こし》（越）の勢力が翡翠《ひすい》の産地の経済力で浸透し、出雲のトーテムだった蛇を巧みに操る呪術で人心を操縦し、須佐之男大王の臣下に影響力を拡大して、とうとう大王は孤立して、殺されるか、追放されてしまったのです。それから結局高志の支配下に置かれ、出雲国はなくなったのですが、須佐之男命はどこかで生きていて、必ず戻って来て出雲国を再興するという伝承が残ったのです。

三貴神の須佐之男命は出雲国のその伝承を知っていたので、須佐之男命を名乗って、あたかも伝説の須佐之男命が舞い戻ったかの印象を与えようとしたわけです。

この解釈には難点がありますね。系図的には櫛名田姫は先代の須佐之男命の妃になっていて、その六世の孫が大穴牟遅神（大国主命）になっています。説話では三貴神の須佐之男命の妃でないと困りますね。しかし、須佐之男命の六世の孫が、同じ須佐之男命の娘須世理姫の婿というのはどう考えても可怪しいので、二代目須佐之男命を新たに書き込んで、櫛名田姫を二代目の方の妃にすべきです。それでは初代の妃をどうすればいいかですが、もうだれだったか今ではわかりませんし、櫛名田姫の子も二代目須佐之男命の子だったのかどうかという問題も生じます。

これはちょっとご都合主義的な解釈ですが、初代須佐之男命の妃の名前も櫛名田姫だったことにするのです。そして二代目は足名椎・手名椎の娘を妃にする時に、自分が須佐之男命を名乗っているので妃にも櫛名田姫を名乗らせたわけです。

色々推測で物を言っているので、歴史学ではない、それは歴史物語、歴史小説だと批評する人がいますが、推測できるのにしないというのも学問ではありません。学問はいろいろ材料があればそれを使って辻褄が合うように推測することによって出来上がるものです。須佐之男命の六世の孫が同じ須佐之男命の娘婿ということはありえないので、そこから、二人の須佐之男命の存在を推測しておくことは出雲建国の歴史を語る上で必要です。もちろん物証がないのですから、断定しているわけではありません。後にいろいろ考古学的発見があれば、それに照らして検証し、修正すればいいわけですね。これも歴史知的方法です。

3 八岐大蛇退治と出雲国再建

☆罠《わ》䋄《なかわ》し罠にはめるかいかにして命のやり取り余の事はなし

『古事記』では大宜都比賣《おほげつひめ》を殺して、つまり色んなものができる豊穣な大地を開墾して、適地適作の農耕を阿波の国で行いまして、そこで余った作物を海路出雲に運んだのかもしれません。元々須佐之男命は海原倭国の水運を任されていたこともあったのですから。

当時、出雲は高志《こし》(越)の勢力に支配されていたのです。どうも高志は八岐大蛇を使って支配していたようですが、八岐大蛇に生娘を人身御供《ひとみごくう》に差し出すことを要求したのです。蛇は大地の化身として尊ばれ信仰されていました。元々出雲族のトーテムですね。高志のトーテムではありません。トーテムというのは、部族が自己の部族と同一視している動物のことです。蛇は大地の土を食べて柔らかく豊穣にしてくれるので大地の化身として信仰されていました。ですから高志の勢力は出雲族のトーテムを巧みに調教して出雲支配に使っていたのかもしれません。ちなみに翡翠《ひすい》の産地である高志のトーテムは翡翠《かわせみ》ですね。羽や背中の色が翡翠のようなブルーです。

手名椎《てなづち》・足名椎《あしなづち》は毎年娘を八岐大蛇の人身御供に取られるので嘆いていました。まさか蛇が人の娘を要求したわけはないので、そういう名目にして、越に連れて行って、下働きに使っていたのかもしれません。

須佐之男命の作戦は、八つの酒樽で酒をたらふく飲ませてぐでんぐでんに酔っ払ったところで八つの首を切り落とす作戦です。

八岐大蛇はたくさんの山脈から成り立っている日本列島そのもののシンボルだと解釈する人がいます。ですから八岐大蛇退治は、須佐之男命が列島を武力制圧するイメージだというわけです。そこで胴体からでてきた天叢雲剣《あめのむらくものつるぎ》は、日本列島の霊にあたり、これを手に入れた須佐之男命は列島を武力統合する力を入手したというように読み取れるのです。

もちろん八岐大蛇を退治したという説話は、あくまでも象徴的な説話です。ひょっとしたら高志の侵略軍は八つの部隊だったのかもしれませんね。あるいは八という数字は多いことを表すので、多くの部隊が進駐していたのでしょう。それを高志の勢力を須佐之男命たちが地元の人々と手を組んで追い出した話が元でしょうね。酒で饗応して酔っ払ったところを襲って、撃退したと思われます。このやり方は後に倭建命の熊襲征討でも使われます。敵の方が兵力が圧倒的に強い時の戦法です。

さて見事八岐大蛇を退治して出雲独立戦争に勝利した須佐之男命は、大八洲の覇権を意味する天叢雲剣をどうしたでしょうか？　三択問題で考えてみましょう。

①　早速、出雲国再建とともに武力統合のために遠征を始めた。

②　高天原の天照大神に献上した。

③　出雲の国の再建に専念し、次世代に天叢雲剣を託し、大八洲統合は任せた。

①は出雲国内がまとまらなかったので、できなかったようです。須佐之男命の集団はあまり人数はいなかったのでしょう。出雲で勢力を張るためには出雲各地の豪族と縁を深めなければなりません。それで各地の豪族の娘に自分の子供を生ませました。そうすると跡目争いが起き、まとめるのが大変だったようです。息子は八十神《やそがみ》いたということですから、想像できますね。しかもあまり質がよくなかったようで八十神というのはたくさんの災いをもたらす八十禍津日神《やそまがつびのかみ》のことではないかという解釈もあるようです。結局須佐之男命は、出雲国内での勢力争いに巻き込まれて、殺されてしまったのではなかろうかと推察されます。

②の天照大神に献上というのは有り得ません。第一これまでの話からいいまして、天照大神は高天原にはいなくて、河内の草香宮にいて太陽神の国を支配していたのですから。天照大神に天

叢雲剣を献上したら、河内・飛鳥から侵略されるかもしれません。しかし『古事記』や『日本書紀』では天照大神に献上したかに受け取れる表現が有ります。

『古事記』では「**故取此大刀、思異物而、白上於天照大御神也。（それでこの大刀を取りてあやしきものと思いて、天照大神に申し上げた）**」とあります。この「申し上げた」の部分を「献上なさいました」と武田祐吉訳ではなっています。それは『日本書紀』に影響されているのです。

一書にいわくで「**それで尾を裂いて見ると、尾の中に一本の神剣がありました。スサノオは言いました。『これは私のものにしてはいけない』スサノオの五世孫の（天葺根命《あめのふきねのみこと》）によってこの神剣は天に捧げられました。これは現在でいうところの草薙剣《くさなぎのつるぎ》です。**」

「**此不可以吾私用也（これは吾もって私用すべからざるなり）**」だから、勝手に使ってはいけないということです。正確に読みますと、『日本書紀』でも須佐之男命自身は天照大神に献上していません。五世の孫が献上しているわけですから、一世紀以上後ですね。天下無敵の剣はどんな戦いがあるかもしれないから、自分でもっていたいでしょうから。私用はいけないが、大義のために使うのはノープロブレム（問題ない）でしょう。

ところで天葺根命は、大国主命の父である天冬衣命《あめのふゆきぬのみこと》と同一神だとされています。もしそうなら、やはり大国主命は初代須佐之男命の六世の孫となり、須世理姫の父である須佐之男命は別人だということになりますね。それにしても天葺根命が高海原（高天原）に関係修復のために貢物として献上したとしても、その時の高海原の主は天照大神ではありません。

もしその場合は、三貴神の須佐之男命が八岐大蛇の天叢雲剣を初代須佐之男命の五世孫に与えて、出雲国を再建させ、天葺根命が再建出雲国の初代王になり、高海原と関係修復のために天叢雲剣を献上したことになりますね。

しかし、私は高天原に献上してしまうと、須佐之男命が天叢雲剣で全国制覇という理念が保てなくなるので、後の出雲帝国形成に照らせば、献上の話はやはり七世紀以降の改作だったと思います。つまり天照大神の子孫が天下を治めるべきだという発想だと考えています。

その後に須佐之男命がどういう経緯で王になったのかは分かりません。既に天葺根命は高齢で、須佐之男命以外に出雲をまとめられる実力者はいなかったので、須佐之男命を養子にして王位を譲ったのかもしれませんね。

須佐之男命は海原支配を父伊邪那岐命から命令されていたので、自分は父の跡継ぎだと思っていたかもしれません。でも海原支配の仕事をネグレクトしたので放逐されて、跡取りの資格もなくなっていたわけです。ですからもちろん大八洲支配の権原もありませんね。でも当人からすればどうでしょう。天叢雲剣が手に入ったことで、やはり自分が跡取りで、ゆくゆくは三倭国を統合する使命を与えられているのだと勝手に思い込んだようですね。

あるいは、本気ではそう思っていなくても、出雲で勢力を張るためには自分が伊邪那岐神から大八洲統合の使命を託されている事を大いに吹聴する必要はあったと考えられます。

しかし、それには大いなる誤解があるのです。というのは高海原や海原は大八洲統合を望んでいなかったのです。なぜなら大八洲を統合する強大な国家ができると、海原も高海原も吸収されてしまって、海原は大八洲の水運担当組織になり、高海原は大八洲の出先機関になってしまうに違いないと恐れていたのです。

4 大穴牟遅命―殺されても生き返らされる

☆焼け焦げてぺしゃんこでも生き返る時代が君を求めているから

大国主命は、大穴牟遅神《おおなむぢのかみ》・大穴持命《おおあなもちのみこと》・大己貴命《おほなむちのみこと》・大汝命《おほなむちのみこと》・大名持神《おほなもちのかみ》・国作大己貴命《くにつくりおほなむちのみこと》・八千《やち》矛神《ほこのかみ》・葦原醜男神・葦原色許男神・葦原志許乎神などたくさんの名前が有ります。後ろ三つはどれも「あしはらしこおのかみ」と読みます。それだけ波乱万丈の人生を送ったことが忍ばれます。

因幡《いなば》の素兎《しろうさぎ》を助けて八上媛《やがみひめ》と結婚し、因幡の国の王になったものの、八十神《やそがみ》たちに二度も殺され、その度に女神に生き返らせてもらい、その度に強くなります。黄泉《よみ》の国に逃れて、須佐之男命の娘須世理姫《すせりひめ》と結婚して、一緒に黄泉の国を脱出し、須佐之男命の生太刀《いくたち》を受け継いで、出雲を制覇します。

そして須佐之男命の大八洲統合の使命を引き継いで、出雲帝国を築き上げ、北陸、中部、畿内、山陰、山陽、北四国を統合し、いよいよ筑紫倭国に迫ろうとします。しかし高天原からの使者に諭され、筑紫統合は断念しました。その後は善隣友好の平和外交を行い、平和で豊かな国造りを行ったのです、それで人民から慕われます。

ただ優しい良い君主だったというイメージと、大国主命が祟るのを恐れて出雲大社を作って祀ったということは表裏一体なのです。つまり良いように言わないと祟られるのが恐ろしいということがあるわけです。その意味では伝承というのは差し引いて考えなければいけません。
とは言え、やはり八十神たちをやっつけて出雲を制覇し、しかも大八洲統合に乗り出して大出雲帝国を築いたのですから、それだけ人々から信頼され慕われる要素もあったのではないか、ただ恐ろしいだけでは、これだけの大事業はできなかったということも言えるかもしれませんね。

童謡・唱歌『大黒様《だいこくさま》』

大きなふくろを　かたにかけ　大黒さまが　来かかると
ここにいなばの　白うさぎ　皮をむかれて　あかはだか
大黒さまは　あわれがり　「きれいな水に　身を洗い
がまのほわたに　くるまれ」とよくよくおしえて　やりました
大黒さまの　いうとおり　きれいな水に　身を洗い
がまのほわたに　くるまれば　うさぎはもとの　白うさぎ
大黒さまは　たれだろう　おおくにぬしの　みことと て
国をひらきて　世の人を　たすけなされた　神さまよ

その中でも最も親しまれているのが因幡《いなば》の素兎《しろうさぎ》の話ですね。因幡の八上媛が花婿を公募するというので、多くの八十神《やそがみ》たちが因幡にでかけます。大穴牟遅命は、兄神たちに荷物持ちとして付き合わされます。重たい荷物を背負っていたので、兄神たちから後れてしまったのです。

そこで皮を剥がれた赤裸になった素兎が泣いていたのでどうしたんだと聞きますと、淤岐《おき》ノ島から陸に渡ろうとして、鰐の数を数えて兎とどちらが多いか比較するからと言って並ばせて、陸まで渡ってきて、最後のところでつい、まんまと騙されたことを言うと、皮を剥がれてしまった。痛がって泣いていると八十神たちがきたので事情を話すと、潮水に浸かって風に吹かれたらいいというのでその通りにすると、余計に身にしみて痛くて泣いているというのです。それできれいな水で洗ってやって蒲の穂でくるんであげると痛みが取れて、元の白ウサギに戻ったということです。それで白兎は八上媛と結婚できるのは、兄神たちではなくてあなたですと言いました。

要するにこれは「愛される理由《わけ》」ということですね。兎は鰐を騙して罪を犯したのですが、その罰は受けているわけで、それを八十神たちはさらに面白がって罰を与えようとする。そういう者には為政者としての資格はないわけです。たとえ罪を犯した民であっても、慈しみの心で接し、救いの手を差し伸べるのが為政者のあるべき姿で、この白ウサギは八上媛が婿選びのテストをしていたわけですね。それで見事合格したのが大穴牟遅命だったということです。

梅原猛先生が『オオクニヌシ』というスーパー歌舞伎の台本を書かれた時には、梅原先生は八十神たちは大和の神々だと捉えていたのです。出雲国の遺跡はまだあまりでていなかったので、大和の神々が因幡にでかけて、八上媛と結婚して因幡を支配しようとしたという捉え方だったのです。この捉え方は後からたくさん銅剣などが出土しまして、梅原先生も出雲に大きな国があったことを認められます。ともかく出雲の神々が因幡に出かけていたわけで、兄神たちは因幡の王になった大穴牟遅命を誘い出して、猪に見立てた真っ赤に焼けた大きな岩の下敷きにして殺してしまいます。

完全に死んでいても生き返ってくるぐらい、しぶとくて強運の持ち主だったということでしょうね。母・刺国若比売《さしくにわかひめ》は高天原に昇り、神産巣日神《かみむすひのかみ》に助けてもらいます。神産巣日神はどうも出雲に肩入れするようですね。神産巣日の神の命で、𧏛貝比売《きさかいひめ》と蛤貝比売《うむかいひめ》がすっ飛んできました。焼け焦げた大穴牟遅の体を取り集めて、母の母乳を塗って生き返らせたということです。

でもまた捕まえられて、木の股に挟んで殺されます。でもまた母の願いで神産巣日神に蘇生してもらえたのです。そして地上は危険だから、須佐之男命のいる黄泉の国に逃げまして、そこで、須佐之男命の娘須世理姫と恋仲になり、須佐之男命の生太刀《いくたち》を手に入れて、一緒に逃げ出して地上に戻ります。

つまり何度も死ぬような思いをして、死地をくぐり抜け、その度に強くなったということです。後に出雲帝国を築くわけですから、それだけ不死身で強運だったということでしょう。

須佐之男命が黄泉の国にいるということは既に死んでいて、須世理姫が地下の墓で遺骸を守っていたのではないでしょうか？　そこでしばらく身を隠して、須世理姫の一族の兵力を借りて再起して八十神《やそがみ》たちを倒したというのが史実に近いのかもしれませんね。その時に須世理姫が須佐之男命の生太刀を与える条件として、大八洲の統合の使命を須佐之男命から引き継いで果たすということがあったのです。

もちろん死んでも女神に生き返らせてもらったというのは作り話でしょうが、大穴牟遅命が二人の須佐之男命の血を引く多くの八十神たちとのサバイバル闘争を勝ち抜きました。いろんな人々に助けられながら、しぶとく死地をくぐり抜けて強くて強運な出雲帝国の覇王に成長したことはあったと考えていいでしょう。

5 八千矛神、結婚戦略で帝国拡大

☆目合《まぐあ》へば吾《あ》れが身内ぞ共に栄へむ開かぬ扉は撃ちてしやまむ

八岐大蛇を退治して、天叢雲剣を手に入れてから、須佐之男命は大八洲統合の決意を固めていたわけですが、結局出雲国の再建しかできなかったわけです。大穴牟遅命も出雲統合にかなり手こずったわけですが、そこで鍛えられて、いよいよ高志に遠征することになったのです。

記紀では邇邇藝命は天降りの際には、大八洲の統治を命じられているのに、実際に東征したのは、曾孫の磐余彦です。しかも磐余彦は邇邇藝命の一夜妻の子の孫で、地方豪族だったようです。ですから筑紫倭国が饒速日王国を侵攻したわけではないのです。饒速日王国は遠征など考えたこともないようです。ですから出雲帝国の形成というのは特別なことで、古代ギリシアのアレクサンダーのインドへの遠征の大八洲版ともいうべき大事業でした。

それで中には信じ難い人もいるようで、神話に過ぎないとして歴史に入れない人もいるようです。しかし、大国主命の出雲帝国形成にからんで、饒速日王国の滅亡や、武御雷奇襲軍の活躍、饒速日王国再建もあり、磐余彦東征もあったわけです。また忍穂耳命ではなく邇邇藝命が天下りすることになったのも出雲帝国形成に絡んでいるのです。だから皆夢幻だと決めつける人もいます。七世紀末にそういうたぐいの話は全部創作されたのだというわけです。

しかし三倭国の建国でも出雲帝国の形成でもその時代に生きた人々にとっては凄い大事業であって、その記憶を懸命になって伝承しようとしたのではないでしょうか？　後世の権力者はそれを自分の都合で改作するにしても、語り部による伝承の継承は行われたと思われます。

筑紫倭国の伝承は肝心の卑弥呼伝承だけでなく、だれが大王だったか、残っていませんね。都も何処だったか確かではありません。遺っているのは磐余彦大王の家系の伝承だけです。これは四世紀初めに熊襲によって滅亡させられたことを意味すると考えてみてください。その解釈が一番すっきりします。

出雲系の話が割に残っているのは、武御雷の奇襲軍にやられたけれど、多くの残党が畿内各地に生き残っていたので、伝承が保存できたのです。それに対して、出雲帝国軍や磐余彦東征軍に倒された天照大神、饒速日王国の伝承はほとんど継承できていません。それは初めから天照大神が主神であり、大王家の祖先神であったという改作によって、多くの部分が抹消されてしまったからです。ともかく実証史家を自称するプロパーの学者たちが、七世紀末にほとんど創作されたという説を根拠なくいかにも科学的な学説であるかに力説するのには辟易《へきえき》させられますね。

大国形成に対してどうしても疑問符がついて回るのは、大八洲では文字がほとんど使用されていなかったからです。中国や中近東、地中海には大帝国が形成されたのですが、文字の使用が始まっていたので、土地や財産の管理ができたという事情があります。行政や軍事上の司令、伝達にも文字が必要ですね。漢字が使われた形跡がごくわずかしか残っていない大八洲において、出雲帝国などという強盛大国の出現が果たして可能だったのかという疑念がどうしても起きるわけです。

しかし漢字の本格使用は『隋書』「俀国伝」によると、仏教伝来によってやっと本格化したということです。七世紀の遺跡・遺物でも仏教以外の事を記したものは殆ど出ていないわけですから、漢字がないと大国形成が無理というのに対しては歴史が雄弁に反論していますね。

大国形成の方法としては、相手の支配階級を絶滅しないということです。相手国の支配者階級を絶滅させますと、統治組織を一から作り上げなければならず、その要員を養成するのに時間がかかりますね。次の国を侵攻する態勢がなかなかとれません。

できたら降伏した相手の支配者の娘や妃を侵略者の花嫁にして、相手軍を自軍に編入してしまうのです。そして増強された軍隊で次の国を侵攻するのです。これはスピーディーに全国制覇を成し遂げるこつですね。しかし気をつけておく必要があるのは、形勢が悪くなれば、軍が独立しようとし易いということです。

「八千矛の　神の命《みこと》は　八島国　妻娶《つまま》きかねて　遠々し　高志《こし》の国に　賢し女《め》を　有りと聞かして　麗《くは》し女を　有りと聞こして　さ呼ばひに　有り立たし　呼ばひに　有り通はせ　太刀が緒も　末だ解かずて　襲衣《おすひ》をも　末だ解かねば　嬢子《おとめ》の　寝すや板戸を　押そぶらひ　我が立たせれば　引こづらひ　我が立たせれば　青山に　鵼《ぬえ》は鳴きぬ　さ野つ鳥　雉《きぎし》は響《とよ》む　庭つ鳥　鶏《かけ》は鳴く　心痛《うれたく》も　鳴くなる鳥か　此の鳥も　打ち止めこせぬ　いしたふや　天馳使《あまはせづかひ》　事の　語りごとも　此をば」

★訳：「八千矛の神（大国主神）は、大八島国で妻を娶ることが出来ずに遠い遠い越の国に、賢い女性がいると聞いて、麗《うる》わしい女性がいると聞いて、求婚をしに出かけ求婚しに通って、太刀の紐もまだ解かないまま、服もまだ脱がないまま、乙女の寝ている家の板戸を押し揺すぶり私は立っていると、引き揺すぶり私は立っていると、緑の山に鵺《ぬえ》（虎鶫《とらつぐみ》）が鳴き、野の雉は騒ぎ、庭のニワトリも鳴いている。いまいましく鳴いている鳥よ、この鳥ども、鳴き止まないものか。天翔ける使いの鳥よ、この事を語り伝えよう。」

沼河比売は戸を開けません。家の中から二首の歌を詠みました。

「八千矛の　神の命　萎《ぬ》え草の　女《め》にしあれば　我が心　浦渚《うらす》の鳥ぞ
今こそば　我鳥《わどり》にあらめ　後は　汝鳥《などり》にあらむを　命は　な殺《し》せたまひそ　いしたふや
天馳使《あまはせつかひ》　事の　語り言も　此をば」

★訳：八千矛の神（大国主神）よ、私はなよなよした草のような女です。私の心は渚の鳥のようです。今は私の鳥ですが、やがてはあなたの鳥になりましょう。ですから命だけは殺さないで下さい。天翔ける使いの鳥よ、この事を語り伝え致しましょう。

「青山に　日が隠らば　ぬばたまの　夜は出でなむ　朝日の　笑み栄え来て　栲綱《たくづの》の　白き腕《ただむき》　沫雪《あわゆき》の　若やる胸を　そ叩き　叩き愛《まな》がり　真玉手《またまで》　玉手差し枕《ま》き　股《もも》長に　寝《い》は宿《な》さむを　あやに　な恋ひ聞こし　八千矛の　神の命　事の　語り言も　此をば」

★訳：緑の山に日が沈んだら　真っ暗な夜がやって来ます。あなたは朝日のような笑顔でやって来て、栲綱《たくづの》（栲《こうぞ》（クワ科の植物で和紙の原料としても使われている）で作った綱が白いところから枕詞では「しろ」「しら」にかかる）のような私の白い腕、沫雪（泡雪）のような私の若々しい胸を、そっと触れ、撫で、玉のような私の手を枕にし、足をのばし、いつまでも休まれることでしょう。ですので、そんなむやみに「恋しい」とおっしゃらないでください。八千矛の神（大国主神）よ。この事を語り伝え致しましょう。

八上媛の因幡の白兎の話がありますので、女性には優しく、女性に守られてきた印象が強いのですが、出雲帝国形成にあたっては、妻にならなければその国の支配者階級は皆殺しにされるかもしれないわけで、力づくの印象がつよいですね。

そして次の能登《のと》侵攻には沼河比売《ぬなかわひめ》を連れていきまして、降伏して妻に成れば妃として寵愛され、支配者階級の地位も安泰だけれど、拒否すると皆殺しだということのしるしに使われるわけです。寵愛も能登の比売に移っていきますから、沼河比売は絶望して高志（越）に逃げ帰ります。でも人心は既に沼河比売から離れていますから自害せざるを得なかったという悲劇に終わっています。

6 第一次「日本国」の滅亡

☆饒速日、三輪山枕に斃されぬ、滅びたりしか日の本の国

記紀では八千矛神（大国主命）の畿内侵攻の記事がありません。しかし大国主命は三輪山をとても気に入って、そこに住み着いたようです。それで三輪山の神つまり大物主神と一体化しています。大物主神の荒魂《あらみたま》を倭大國魂神《やまとおほくにたまのかみ》と呼びますが、大国主命は出雲の神なのにすっかり大和の

国魂になっています。それで元々大和にいたのが出雲に行ったのではないかとか、かなり古い時代から出雲の人々が大和に進出していたのではないかとか、いろんな解釈があるようです。

大和にいた人が出雲に行ったということは縄文時代からあったでしょうし、出雲の人が大和に進出して開拓したことも古くからあったでしょう。しかし三貴神の三倭国建国とその統合という建国史の流れの中で論じているのですから、倭人の移動でないものは倭人の移動とは区別しなければなりません。つまり倭人概念が明確でないことで混乱が起きているということです。

縄文時代に縄文文化を形成していた人々を縄文倭人とみなしている人は多いかもしれませんね。それは大間違いで、倭人はネイティブ（原住民）ではないのです。縄文時代の人々も元はネイティブではなく、その多くはシベリアから一万年以上前に南下してきた古モンゴロイドです。そして南洋諸島や東南アジアから黒潮で流れ着いた人々も混じっていたでしょう。

倭人はそうではなくて、紀元前三世紀頃古代中国の戦国時代末から秦代の戦乱を逃れて、華中や華南の沿海地方から朝鮮半島南端部に避難してきた海洋民たちなのです。彼らは朝鮮半島南端部を開墾して農業を営みながら、対馬・壱岐を橋頭堡《きょうとうほ》にして、大八洲との水運を開き、開拓にも乗り出しました。倭人の船は磐舟と呼ばれ、船底に転覆防止用の石を積んでいたのです。しかし、重心が低くなりますと浸水で沈没しやすくなります。それで大変気密性の高いハイテク船を建造したのです。日本海は荒れやすいので倭人の船でないと渡れないとされ、倭人は大八洲開拓について、他の民族に対して優位に立ったわけです。

そういう経緯から見ますと、三貴神の一人である須佐之男命が出雲で倭人が優位の国を作ったといえます。大穴牟遅は初代須佐之男命の六世の孫となると血統的には倭人ではなかったかもしれません。しかし須世理姫との結婚で倭人としての資格を得たと考えられます。

当時天照大神一世が建てた第一次「日本国」は、河内湖を襲った巨大台風で草香宮が流されて、天照大神二世からは大和三輪山に宮が移り、二世没後饒速日一世の治世だったのです。天照大神系の伝承では三貴神がそれぞれに倭人国家を形成することになっていたので、まさか出雲倭国が帝国化して攻めてくるとは考えてもいなかったのです。

しかも各地の軍隊を統合して大軍で押し寄せてくるので、とても三輪山の要塞は持たなかったのです。それでどうも饒速日一世は戦死したか、あるいは降伏を拒否して自害したのでしょう、戦災で死んだようなのです。しかし記紀はその事を伏せていますね。それが大きな謎です。

磐余彦（神武）東征の際に饒速日大王は磐余彦に臣従しますが、これは饒速日一世とは別人ですよ。八千矛神（大国主命）の三輪山攻略から磐余彦東征までは一世紀は開いています。『古事記』ではあたかも饒速日神は、磐余彦大王に臣従した神で、その息子が宇摩志麻遅命だったかに書いています。これは明らかに間違いですね。だって饒速日神は忍穂耳命の子供なのですから。このことに関しては、やはり『先代旧事本紀《せんだいくじほんぎ》』「巻第五天孫本紀」を参照すべきです。

〈饒速日尊は、天神の御祖神のご命令で、天の磐船にのり、河内国の河上の哮峯《いかるがのみね》に天降られた。さらに、大倭国の鳥見の白庭山にお遷りになった。天の磐船に乗り、大虚空《おほぞら》をかけめぐり、この地をめぐり見て天降られた。すなわち、〝虚空《そら》見つ日本の国〟といわれるのは、このことである。

饒速日尊《にぎはやひのみこと》は長髄彦《ながすねひこ》の妹の御炊屋姫《みかしきやひめ》を娶って妃とした。御炊屋姫は妊娠した。まだ子が生まれないうちに、饒速日尊は亡くなられた。その報告がまだ天上に達しない時に、高皇産霊尊は速飄神《はやかぜのかみ》に仰せになった。

「私の神の御子である饒速日尊を、葦原の中国《なかつくに》に遣わした。しかし、疑わしく思うところがある。だから、お前は天降って復命するように」

このようにご命令になった。速飄神は勅を受けて天降り、饒速日尊が亡くなっているのを見た。そこで、天に帰りのぼって復命して申しあげた。

「神の御子は、すでに亡くなっています」

高皇産霊尊はあわれと思われて、速飄の神を遣わし、饒速日尊のなきがらを天にのぼらせ、七日七夜葬儀の遊楽をし、悲しまれた。そして天上で葬った。〉

この記事では天照大神の孫の世代が天降りしたことになっています。天照大神と須佐之男命は同じ時に生まれたのですから、須佐之男命の娘婿の大国主命が畿内に侵攻する時期にぶつかるわけですね。つまり天降りしてすぐに饒速日王国ができてお妃がやっと妊娠したところで、まだ子が生まれない時に死んでしまったといいます。どうして死んだのか書いてないのです。

つまり大国主命が出雲帝国を形成したことは認めていても、そのプロセスには触れたくないわけですね。特に大和・河内を侵攻したことは触れたくないということでしょう。

私の三貴神の海下り仮説では、天照大神が草香宮で第一次日本国を建て、天照大神二世が三輪山に遷宮し、饒速日一世が後を継いだわけです。そして子ができる前におそらく大国主命の畿内侵攻によって亡くなったということになります。もちろんその証拠を出せと言われたら困りますが、大国主命は実際に三輪山に宮を建てて住んでいて、さらに出雲帝国は、筑紫をのこしてあらかた大八洲を制覇してしまいます。

ただし、大国主命は饒速日王国を倒したものの、その兵力は併合します。つまり、饒速日大王に仕えていた物部氏などは出雲帝国に従い、兵力を差し出すならば河内の豪族としての地位を守れたわけです。そして饒速日一世の遺児の宇摩志麻治命（『古事記』では「宇摩志麻遅命」）は長髄彦に育てられますが、この長髄彦も磐余彦東征で出て来ます。一世紀がタイムスリップしているわけですが、その秘密は、おそらく長髄彦も代々長髄彦を継承し、饒速日命の幼名が宇摩志麻治命というのも代々継承されていたということでしょう。

大国主命は確かに饒速日大王を死に追いやったのですが、その家臣や息子の命や特権的な地位などを保障して、配下の兵力として統合し、大八洲統合の完成を目指していたのです。だから第一次「日本国」は滅んだものの、大国主命の支配が何らかのきっかけで崩れたら、宇摩志麻治命が饒速日大王の名を次いで、第二次「日本国」である第二次「饒速日王国」を打ち立てる余地があったということです。

☆第六講

国譲り説話の謎

高天原（高海原）の宗主権と倭国統合の矛盾

1 復習、大国主命の畿内侵攻と饒速日大王の死

☆饒速日忘れ形見は遺したりなにゆえ逝きしか人の語らず

第五講では出雲帝国の形成について説明しました。大国主命が筑紫つまり九州を除く大八洲の大部分を統合してしまったという話ですね。これはどうも須佐之男命が大八洲全体を統合する使命を与えられていると思い込んでいたらしいことが原因だという説明をしました。

『古事記』では天照大神に高天原を、月讀命に夜の食国を、須佐之男命に海原をそれぞれ支配させるとなっていますが、三貴神は大八洲の建国神なので、天照大神が高天原を治める事はあり得ないのです。それで天照大神は「日の食国《おすくに》」であり、太陽神の国を治めたとしますと、彼が治めたのは孫の太陽神饒速日神の国があった河内・大和倭国と考えられ、月讀命は筑紫と考えられます。それに対して須佐之男命が海原というのは、「海原倭国」のことであり、壱岐・対馬を中心にした津の連合体の事だったと思われます。つまり須佐之男命は、朝鮮半島と大八洲を結び、更に大八洲内の倭人諸国を水

運で結ぶ仕事を伊邪那岐神から継承する予定だったということです。これは大八洲の倭人諸国を水運でまとめる役をになったので、そのことを大八洲を統合支配する権利だとどうも勘違いしていたようなのです。

もちろんそれは大きな誤解で、高海原（高天原）や海原にすれば大八洲の中の倭人諸国は分立したままのほうがよく、それを水運で結ぶことで、同一の倭人文化圏が出来、互いを競争相手にすることで、高海原や海原がコントロールして、大きな利益をあげられるような仕組みになっていたのです。それに大八洲に強大な倭国ができますと、海原はおろか高海原まで吸収されその出先機関にされてしまう恐れを感じていたのです。

元々、説話でも印象的ですが、須佐之男命は暴れん坊で、海原の水運の仕事に納まっていないでいろいろ問題を起こして、海原からも筑紫からも「神逐ひ」されています。母に会いたいからと泣きいさちって海の水を泣き涸らしたということにしていますが、父の手に負えないことがたくさんあった事を伺わせます。大八洲に来てからも勘当されていたので、海原倭国から独自に水運をしていて、出雲にきて古志の勢力を追い出し、出雲倭国を作ったと思われます。

それに出雲では須佐之男命は各地の豪族と縁を結んだので、多くの須佐之男命の子供達が、後継者争いで内紛が絶えませんでした。須佐之男命は念願の大八洲統合に乗り出せずに、内紛に巻き込まれて殺されてしまったと思われます。これを収拾した大国主命が生太刀と呼ばれた天叢雲剣を引き継いで、ついに大八洲統合に乗り出したわけです。

しかし、この動きを河内・大和の饒速日王国は、まったく掴めていなかったようで、八千《やち》矛神《ほこのかみ》と呼ばれた大国主命の大軍にあっという間に席巻されてしまったのです。この八千矛軍の大和・河内侵攻は『古事記』や『日本書紀』ではカットされていますね。その際、戦災死したと思われる饒速日大王の死の経緯も伏せられています。ただ長髄彦《ながすねひこ》の娘である登美夜毘売《とみやひめ》（三炊屋媛《みかしやひめ》）に遺児である宇摩志麻治命を孕ませていたのです。その子が後に饒速日王国を再建することになるのですが、その経緯も記紀では無視されています。

それで八千矛軍の饒速日王国への侵攻、併合を歴史研究者もはっきり認識していないようです。それは饒速日大王の死については『先代旧事本紀』にしか述べられておらず、神武東征の時にいた饒速日大王と同一視されていることもあります。しかし出雲帝国形成に伴う饒速日王国の滅亡（紀元前二五年頃）から神武東征（紀元一〇六年頃難波到達か？）までは一世紀以上経過しています。

大国主命が出雲を出て北陸、信濃などを侵攻したことは記紀にしるされていて、北四国の平定というのも分かっているのですから、そのプロセスの中に畿内侵攻は当然あった筈ですね。というより一番のクライマックスだったわけです。そして饒速日王国の本拠だった三輪山が気に入った大国主命は三輪山の神である大物主神と一体化します。そして倭大國魂命とも呼ばれるわけです。

そこでまた誤解が生じやすくなります。大国主命は出雲出身のように言われているけれど、元々は三輪山が本拠だったのではないか、それが八上姫の婿取りに因幡に行って、そこで波乱万丈の末に出雲を平定し、出雲から大八洲統合に乗り出して、大和・河内に戻って来たという推理ですね。

大国主命が畿内へ帰還したのはいわば平和的な凱旋で、そのときには饒速日王国などまだなかったと解釈するとします、そうすると饒速日というのは天照大神の孫ではなくて、実は大国主命の子供だったということになります。『播磨国風土記』に「大汝《おおなむち》の子、火明命《ほあかりのみこと》」とあります。「大汝」は大国主命で、「火明命」は饒速日命なのです。それでそういう推理をする人もいるようですね。

それでは三貴神による三倭国形成という出発点が見えなくなっているのです。だって天照大神を高天原に上げてしまう神話大改変が七世紀になってからおこなわれたのですから。饒速日神が大国主命の子だという推理も可能になってしまうわけです。そういう推理にとっては『先代旧事本紀』の饒速日大王死亡記事は邪魔なので、記紀では死亡記事はカットして、天照大神の孫の饒速日命と磐余彦大王に臣従した饒速日命も別人だということをはっきりさせていないわけです。饒速日という神名は世襲されるわけで、何世かはっきり記述する必要があったのに、それをしていないので誤解の本《もと》になっているのです。

2 高天原からの二人の使者

☆筑紫攻め思いとどめて時かせぎ平和ぼけにぞみちびきにけり

後は筑紫倭国を残すのみとなり、大国主命の大八洲統合をなんとか阻もうと考えた高天原（本当は高海原）は大国主命に天菩比神《あめのほひのかみ》を使者として送りつけて、出雲勢力は出雲に戻るように説得したのです。でも『古事記』では「**すなはち大国主神に媚びつきて、三年に至るまで復奏《かへりごともを》さざりき**」とあり、すっかり、大国主命に籠絡《ろうらく》されてしまったように書かれています。ちなみに籠絡とはうまくまるめこんで自分の思う通りにあやつることです。

それで今度は天若日子《あめのわかひこ》を遣わしたのですが、今度は大国主命の娘である**「下照比賣《したてるひめ》を娶《めと》り、またその國を獲むと慮りて、八年に至るまで復奏さざりき」**とあります。

それで高天原は鳴女という名の雉《きぎし》を遣わしたのです。それでその雉に天若日子に問いただせと命じたのです。つまり葦原中國に遣わしたのは荒ぶる神たちを平定するためなのに、どうして八年も復奏しないのかと問い糺したわけですね。それを天佐具賣《あめのさぐめ》という巫女が、天若日子に射殺すように進めたのです。すると天若日子は高天原で授かった弓矢で鳴女を射殺してしまいます。

すると鳴女を貫通した矢は高天原に昇っていって、高御産巣日神（高木神）のところに届きました。それで自分が授けた矢が戻ってきたので、呪いをかけて、もし天若日子に邪心あれば当たれといって落としたら、天若日子に当って死んでしまったということです。

もちろん神話化していますから、鳴女は間諜でしょう。当時東アジアには伝書鳩はなかったようですが、雉を飛ばして連絡をしていたか、あるいは間諜を雉と呼んでいたのかもしれません。間諜が出雲帝国にばれてしまって、天若日子が潔白を証明するために射殺するように命じられたのでやむを得ず射殺したのでしょう。それを窺っていた別の間諜に天若日子が殺されたというのが真相ではないでしょうか。

これでは高天原からの使者は計十一年間役立たずで、使者を送ったのは失敗だったのでしょうか？　いいえ、決してそうではありません。何のために使者を派遣したのかを考えますと、**「荒ぶる神々を言向《ことむ》けやはする」**ことつまり大国主命を平定し、出雲帝国を解体して、出雲に帰らせるのが目的です。でも実際は筑紫を除く大八洲の殆どの地域を出雲帝国は既に支配しているのですから、出雲への撤退要求を受け入れるはずはありません。ですから、使者の緊急の目的は、筑紫への侵攻を止める事に有りました。その点では十一年間なんとか思いとどまらせただけでも大成功です。

「復奏」せずについての解釈は難しいですが、使者は戻るわけにはいきません。出雲帝国の侵攻を食い止めるのが仕事ですから、常に大和にいて動静をつかみ、筑紫倭国との善隣友好外交を維持するように働きかけを継続する必要が有ります。高天原への連絡は取ろうとしても監視が厳しくて無理だったのでしょう。

『出雲国造神賀詞《かむよごと》』では天穂日命（天菩比神）が出雲帝国を平定したとされていて、記紀のように籠絡されたようには書かれていません。ですから天若日子が遣わされて後も、天穂日命は大和にいて出雲帝国に対する懐柔工作を継続していたということでしょう。平定に功があったということはあるいは武御雷軍の侵攻に天穂日命からの情報が役に立ったということかもしれません。

天若日子は下照比賣と結婚してあわよくば出雲帝国の権力を握ろうとしていたかに『古事記』は書いていますが、大国主命のお側近くに仕えて、善隣友好の平和外交を推進するのが、筑紫侵攻を食い止める最も有効な策と考えてのことで、高天原を裏切っていたかにとらえるのは高御産巣日神の狭量ですね。天若日子が殺されてから高天原から親族が大和に行って喪に服していますす。もし単なる裏切り者だったらそういう記事は残さなかったと思われます。

3 平和で豊かな国造り

☆攻めずとも平和で豊かな国造り励めばやがて国広がりぬ

荒ぶる神須佐之男命の系統なのに、大国主命はすこぶる評判がいい神様です。因幡の素兎《しろうさぎ》の説話でも兄神たちが皮を剥がれて苦しんでいる素兎を更に苛めるのに対して、優しく看護し、癒してあげます。大八洲統合で軍を進めるときにも相手を壊滅させるのではなく、結婚によって支配階級をそのまま残し、その軍隊を吸収して、勢力を拡大しました。

大和・河内に攻め込んで、饒速日王国を併合した際も、長髄彦《ながすねひこ》たちの兵力を編入していたわけです。そしてあと一歩で筑紫倭国も併合する勢いだったのですが、高天原（実は高海原）の使者が止めたわけです。どうして止めることができたのでしょう。その一つの理由は、大八洲統合を須佐之男命が伊邪那岐神から命じられていて、それは当然高天原のお墨付きと出雲側は思い込んでいたのが、高天原の使者の説明で、海原倭国の仕事はあくまで倭人通商圏を水運でつなぐ仕事だということで、大八洲統合権ではないことを説明され、反論できなかったからかもしれません。

高天原や海原の立場では、倭人の国はたくさんに分かれている方がよいので、出雲帝国は解体して、出雲勢力は出雲に帰還せよと要求したでしょうが、そこまで妥協すると、出雲帝国が解体するだけではすまず、たちまち内紛が起こることになります。そこで大国主命は、筑紫や蝦夷への侵攻はやめて、これまで併合した出雲帝国を平和で豊かな国にしようというように、軍国主義から平和国家へと戦略転換を図ったわけです。

平和で豊かな国造りを推進したのが少彦名神《すくなひこなのかみ》です。『古事記』によれば、ガガイモの実とされる天乃羅摩船《あめのかがみのふね》に乗って波の彼方より来訪したとされています。

まあ一寸法師の原型のような小さな神で神産巣日神の指の間から生まれたそうです。穀物栽培の知識や薬草や酒造などの知識に詳しく、渡来の神なので先進的な知識や技術を伝えたと思われます。また中国の薬の神である神農《しんのう》さんと習合されて大阪の道修町《どしょうまち》にある少彦名神社（神農さん）に祀られています。

大国主命は少彦名神と兄弟のように仲良くして、一緒に各地を周り産業の振興に努めたということです。ともかく平和で豊かな国造りに夢中で取り組み、各地に進んだ農耕技術を伝え、医療や酒造も盛んにして、それを水運で結んで交易を盛んにしたのでしょう。もちろん大出雲帝国の形成過程で、大軍を動かしたので、道路整備がなされ、陸路での交易も盛んになったと思われます。そして高海原（高天原）や海原や筑紫倭国との善隣友好を図ったので、平和で豊かな国造りは極めて順調に行ったのではないでしょうか。それで大国主命の評判はすこぶるよいものになったわけです。

4 武御雷軍の奇襲計画

☆雷《いかづち》のごとく襲えば大国《おおくに》の栄の城も一夜の夢かは

出雲帝国で平和で豊かな国づくりが進みますと、筑紫倭国とも交易が盛んになり、高海原や海原にとっても大いに取引量が増えて、経済成長を遂げることが出来、八方好都合な筈ですね。筑紫倭国の大王はその頃には月讀命から忍穂耳命に代わっていたでしょう。だって月讀命は存命ならば八十歳を超えていたでしょうから。忍穂耳大王は、須佐之男命の長男なので大国主命は彼の妹須世理姫の婿にあたるわけで、筑紫侵攻を諦め、善隣友好でやっていけるのなら、それは大変うれしいことですね。

しかし高海原や海原倭国は出雲帝国の経済大国化を恐れていました。そうなれば海原倭国は出雲帝国の水運係、高海原は出雲帝国の出先機関に成ってしまうのではないかと危惧されたからです。ですから高海原や海原倭国は宗主国が高海原で、水運は海原倭国が担当する形でないと承知できなかったのです。それ以上の統一倭国には反対だったわけです。

そこで出雲帝国を解体させ以前の倭人国分立状態に戻すためには、奇襲作戦しかないということで、極秘で奇襲軍の養成を始めたのです。この奇襲軍は、高海原、海原倭国、筑紫倭国の勇士たちを密かに集めて編成したものです。立案したのはおそらく高御産巣日神です。娘栲幡千千姫命《たくはたちぢひめのみこと》を忍穂耳命に嫁がせ筑紫倭国の外戚として筑紫倭国の実権を握っていたのです。特に出雲帝国が形成されて筑紫倭国が存亡の危機に陥ったので、高御産巣日神は筑紫倭国に張り付いていたわけです。

ですから奇襲作戦は筑紫倭国の大王忍穂耳命にも知らせずに、武御雷神《たけみかづちのかみ》に命じて、阿蘇山中かどこかで訓練させていたのです。相手は今や大出雲帝国で大八洲の大部分を制覇し、国内も安定し、経済も成長して目に見えて人々が豊かで安心した暮らしをしており、大国主命は名君として一身に敬愛を集めているのに、はたして奇襲作戦に成算はあったのでしょうか?

大国主命は、出雲帝国形成期では大変凶暴に見えたかもしれませんが、根は優しい性格で、大量虐殺などは避けて、相手国の支配層をそのまま出雲帝国の地方支配の地方官に登用しました。

そしてそれぞれの地方国家の軍隊を出雲帝国軍に再編したのです。ですから平和で豊かな国造りに転換してからは、各地方軍は一部を都や国境警備に差し出す以外は、自分の国の治安維持に使われていました。それで大和の三輪山が奇襲された場合に、各地の出雲帝国軍は先ず第一に自分の国の支配権を維持することが優先され、大国主命の敵討《かたきう》ちに武御雷軍打倒に大和に結集するかどうかは、情勢次第ということになります。

筑紫の山中で密かに奇襲の訓練をしてきた武御雷軍は、非常に戦意が高い軍隊です。武御雷神の名で象徴されますように、電光石火の作戦で、夜陰に乗じて、放火して混乱させた上で、急襲するようなイメージでしょう。それに対して出雲帝国軍は、長く続く平和の中で、人民も善政に満足しているので衝突もなく、実戦経験に乏しい戦意のない軍隊になっていました。

元々大穴牟遅命は兎を助けた優しい人柄で、できれば戦いたくなどなかったけれど、何度も死線をくぐっているうちに鍛えられて、強健で恐ろしい八千矛神の人柄になっていたわけですが、平和で豊かな国造りに転換してからは、大国主命として優しくて温厚な性格に戻り、人民から慕われる名君になっていたわけです。その影響を受けて、出雲帝国軍全体もみるみる軟弱な軍隊に成っていったと想像されます。

この武御雷軍の奇襲作戦の決行の場面も記紀からはカットされています。武力で出雲帝国軍を倒したとは書いていません。しかし武御雷神という名前からして電光石火の奇襲を連想させますし、国譲りの儀礼の記述からも推察できるように書かれています。

まず天鳥船神を添えて武御雷神を遣わしたとありますから、恐らく船で水路瀬戸内から河内湖に入り、水路飛鳥に入ったと想像されます。おそらくそれほど大軍ではなく、直接三輪山の宮を焼き討ち作戦かなにかで混乱させ、急襲して、そこでとどめを刺してしまったかもしれません。となると出雲での国譲りの儀礼は、平和的な権力の委譲を装った作り話ということになります。

あるいは三輪山で捕まえて、出雲勢は出雲に戻れと出雲に強制連行し、出雲で国譲りの儀礼を行ったとも想像されます。または大国主命は辛くも三輪山から脱出して、出雲に戻って態勢を立て直そうとして、出雲に戻ったものの、出雲も陥落していて捕らえられ、国譲りの儀礼を強制されたというのが経緯だったと思われます。

何故、歴史的にも最も重要な戦いを記録しようとしなかったか、大いに謎ですが、それだけ大国主命は評判がよく、これを奇襲したとは言いにくかったのかもしれません。それに四世紀の初めに大国主命の荒魂である倭大國魂命が激しく祟りまして人口の過半が死んだこともあり、大国主命を戦で滅ぼしたとか書いてしまうと、また祟られるのは怖いと思ったのでしょう。

5 国譲りの儀礼

☆王宮を凌ぐ社に祭りなば蔭より支へむ怨みなしとよ

拙著『千四百年の封印　聖徳太子の謎に迫る』では、武御雷軍による三輪山への奇襲を紀元前九年と割り出していますが、どうしてそんな細かい所まで分かったのか不思議でしょう。それは八千矛軍の畿内侵攻を紀元前二五年とすると、そこから筑紫侵攻の準備に五年ぐらいかかったとして、紀元前二十年は筑紫侵攻を断行する直前だったとみます。そこで高海原（高天原）は天菩比神を使者にして送り、三年後に天若日子を送ったけれど八年経っても復奏しないということで、計十一年経ってしまったわけです。その間に奇襲軍の養成は出来たと見て、二重スパイの天若日子を処分して直ぐに奇襲が決行されたと考えられます。

おそらく本隊は三輪山を襲い、別働隊が讃岐の象頭山《ぞうずさん》の要塞と、出雲の宮を襲ったのでしょう。作戦そのものは見事に成功して出雲帝国はもろくも崩壊してしまったわけです。

ですから出雲の海岸での国譲りの儀礼は、大義名分を整えるための後からの創作か、あるいは、もし大国主命が出雲に逃げ帰って、出雲でつかまったとしたら、無条件降伏の儀礼だったのです。

〔ここを以ちてこの二はしらの神、出雲国の伊那佐の小濱に降り到りて、十掬剱を抜きて、逆に浪の穂に刺し立て、その剱の前に趺《あぐ》み坐して、その大国主神に問ひて言《の》りたまひしく、「天照大御神、高木神の命《みこと》以《も》ちて、問ひに使はせり。汝が宇志波祁流《うしはける》葦原中国《あしはらなかつくに》は、我が御子の知らす国ぞと言依《ことよ》さし賜ひき。かれ、汝が心は奈何に」とのりたまひき。爾《ここ》に答へ白ししく、「僕《やつがれ》はえ白さじ。我が子、八重言代主神、是れ白すべし。然るに鳥の遊《あそび》爲、魚《な》取りに、御大《みほ》の前《さき》に往きて、未だ還り來《こ》ず。」とまをしき。故爾に天鳥船（の）神を遣はして、八重事代主神を徴《め》し来て、問ひ賜ひし時に、其の父の大神に語りて言ひしく、「恐《かしこ》し。この国は、天つ神の御子に立奉《たてまつ》らむ」といひて、即ち其の船を蹈み傾けて、天の逆手を青柴垣《あをふしがき》に打ち成して、隠《かく》りき。〕

「そういうわけでこの二柱の神（武御雷神と天鳥船神）は出雲國の伊那佐の小濱に降り立ちまして、十握剣を抜いて、逆さまに波の穂に刺し立てました。そしてその剣の先にあぐらを組んで座り、大国主命にこう言いました。「天照大御神と高木神のご命令を以て、糺問の使いで使わされた。汝がおさめている葦原中国は、我が御子の支配すべき国だと（天照大神によって）言依《ことよ》されてものである。ならば、汝が心はどうなのだ」と。ここに答へられるに、「私は申し上げられません。我が子、八重言代主神が、お答えいたすでしょう。ところが鳥の狩猟や、漁猟をしに、御大《みほ》の岬に往って、未だ還ってきていません。」と。それで天鳥船神を遣はして、八重事代主神をつれてきて、尋ねられた時に、八重言代主神が大国主神にこう申し上げました、「恐れ多いことです。この国は、天つ神の御子に献上いたしましょう」と。ただちにその船を蹈み傾けて、天の逆手をうち、その船を青柴垣《あおふしがき》にして、隠れました。」

「二はしらの神、出雲国の伊那佐の小濱に降り到りて」とあるのは武御雷神が船に乗って出雲にやってきたということですね。剣の先にあぐらを組んですわったというのは、返答次第では剣で決着をつけるという脅かしですね。それで「今お前が支配している葦原中國は私の御子が支配すべき国であると天照大神が言われているぞ、お前はどう思っているのだ。」と問い糾したわけです。

刀の先に座るというのは出来ませんから、これは生殺与奪権を持っているということと表現しているのでしょう。つまり軍事的には既に結着済みなのです。ところでこれまで何度も検討しましたように、三貴神はそれぞれに三倭国を建国したわけですから、天照大神は高天原（実は高海原）には居ないで、難波で洪水で死に、天照大神二世も三輪山に遷宮してから亡くなっているわけです。そして高海原としては三貴神のいずれかの子孫が大八州を一つに統合支配するのは困るわけですから、この武御雷命の言葉は七世紀以降の改作です。

大国主命の息子八重言代主神は、恐らく船で占領された出雲を脱出しようとしていたのでしょうが、天鳥船かあるいは海原倭国の船に海戦で敗れて水漬《みづ》く屍になってしまったのでしょう。それを国譲りの儀礼に組み込むと自ら船を転覆させて自害したことにしているのです。

さらに建御名方神《たけみなかたのかみ》にも言わなければとなり、建御名方神は武御雷神に力比べを挑戦しますが、あっさり負けてしまいます。やはり奇襲作戦のために日々体を鍛えてきた武御雷神の方が、建御名方神よりも遥かに強かったということです。

そこでいよいよ大国主命に国譲りを迫りますと、その条件として「**天つ神の御子の天津日継知らしめす。とだる天の御巣**（太陽の照り輝く神殿）**如して、底つ石根に宮柱ふとしり、高天原に氷木たかしりて治めたまはば僕は百足らず八十くまでに隠りて侍ひなむ**」（**天つ神の御子の皇位をお受けになる、光り輝く宮殿のように、地底の岩に届くように宮柱太く掘り立て、高天原に届く程に垂木を高くたてた、壮大な宮殿に私が住み、まつられることをお許しください。私は数多くの曲り角を経て遠くに行った片隅に隠れ住みます。**）」としています。つまり大王の宮殿に匹敵するような住居を与えていただければ朝廷を陰ながら支えましょうと言われたのです。

これは梅原猛流の怨霊史観の典型です、大国主命は平和で豊かな国造りに成功して、大きな業績を上げたのに、奇襲作戦に気付かずたおされてしまいました。ですから勝てば官軍ということで、武御雷軍が居座って大和を支配しようとしても、そうは問屋はおろしません。殺られた大国主命が崇りを起こすと思われていたのです。それで実際に王宮殿よりも立派な宮殿を建てたのです。それでも民衆は納得しません。

6 饒速日王国の再建

☆父討ちし出雲の兵を糾合し、奇襲の軍《いくさ》打払いたり

奇襲軍ですから比較的少数での夜襲・焼き討ちだったと思われます。一気に三輪山で殺したかもしれないし、生け捕りにして出雲に遷し、そこで国譲りを強制させたかもしれません。奇襲としては実に電光石火で将軍が武御雷命だっただけのことはあります。しかし難しいのは戦後処理です。何しろ大国主命の晩年の十一年間は、隣国と共存共栄する善隣外交につくし、国内では平和で豊かな国造りを徹底したので、道路・港湾の整備や先進農業技術を取り入れなどを行いました。各地域も地域産業の充実を図ることができたわけです。

その評判のよかった出雲帝国の大国主命を倒した武御雷軍は、当然評判が良くなかったのです。ですから出雲帝国の残党が畿内にも居残って、反撃の機会をうかがっていたのです。当然出雲帝国の残党の中には出雲出身だけでなく、高志出身や信濃出身たちもいたわけですが、大部分はみずからの出身地に戻ったのです。でも戻れない人々や、まだまだ諦めきれない出雲出身者たちは山にこもってゲリラ戦を行っていたわけです。

長髄彦たちのような物部氏は、出雲帝国の時代には出雲帝国の軍に編入されていました。つまり大国主命は侵略する場合に、相手国を滅ぼすことが目的ではなく、支配階級や兵力も出雲帝国内にうまく編入していたわけです。だから出雲帝国を武力で奇襲して倒した人々を自分たちの王だった饒速日大王の仇を取ってくれたと喜んだわけではないのです。

饒速日一世の遺児で長髄彦の妹の登美夜毘売《とみやひめ》(三炊屋媛《みかしやひめ》)が生んだ宇摩志麻遅命も、父の仇を討っ

てくれたからと言って喜んでいたわけでなかったのです。彼は当然、長髄彦の下で養育されたので、彼の周囲の大人たちも出雲帝国の兵士になっていたわけです。そして晩年の大国主命が献身的に産業の振興につくされているのを見て、宇摩志麻遅命も尊敬の念を感じていたのです。

武御雷命にすれば奇襲軍の人数が少なかったので、大和に新しい政権を作るに当たっては、宇摩志麻遅命や物部氏を権力内部に包摂しなければ、出雲残党の脅威に対抗できなかったわけです。ですから武御雷軍が宇摩志麻遅命を擁立して饒速日王国を再建するという構想をもっていたのです。しかしそれでは実質武御雷命に牛耳られた傀儡《かいらい》政権になってしまいます。しかもこれまで物部氏も出雲帝国軍に編入されていたので、出雲帝国軍同士が争うことになってしまいます。

それに第一名君になっていた大国主命を殺した奇襲軍の味方になってしまうと武御雷軍と心中しなければならなくなる恐れもあるわけです。とは言え、父の仇を武御雷軍が取ってくれたことは紛れもない事実ですから、武御雷軍と事を構えるのは心苦しいものが有ります。宇摩志麻遅命としてはハムレットのようにいずれを択るべきか苦悩したでしょうね。でも実質の育ての親である長髄彦としては、晩年の大国主命に対する敬愛が強かったので、武御雷軍を撃退すべきだと進言したと思われます。

しかし、武御雷軍は少数精鋭ですが、とても士気の高い強力な軍隊なので、撃退するには、どうしても出雲帝国軍の残党との協力が必要でした。結局、饒速日王国再建派と出雲帝国軍の残党が手を結び、武御雷軍を撃退したのです。武御雷軍は撃退されないように高天原・海原・筑紫倭国の同盟軍から援軍を送ってもらえていたらまた状況は変わっていたかもしれませんね。

何故援軍が届かなかったか、届いたとしても少数だったかは、記紀には全く触れられていません。だって記紀には、武御雷軍が大国主命を奇襲したことすら書いていませんし、それ以前大国主命が畿内に侵攻したことも飛ばしています。しかしこれは本当にあったことですね。大国主命は実際に本州の大部分と北四国を支配する出雲帝国を形成したのだし、武御雷軍は大国主命に国譲りをさせたにも関わらず、その後畿内に出来た政権は、饒速日王国の再建だったのですから。

いやそれは皆七世紀末の作り話だという人も居ますね。全国各地にある大国主命にゆかりの神社というのは、大国主命伝承に合わせて後世作られたのだというように解釈するわけです。

七世紀ぐらいまではほとんど文字史料がなく、あってもごく少なくて、それだけで史実とは決定できないわけですね。ですから厳密には歴史は歴史物語としてしか語れません。史料はその説話の信憑性を高めますが、史料とされているものが偽物でないことを完全に実証することは出来ませんし、逆に完全に偽物だと言い切ることも不可能なものが多いわけです。

ただ我々は国家の興亡について、人々はそこに命をかけて生きたわけですから、その強い印象を説話の形で残そうとしたことまでは否定できないと思います。そして後世の神道の改革や国家の興亡や豪族間の力関係の変遷などで説話が改変されたことも否定出来ないと考えます。そうしますと、現存する説話の矛盾点を精査することで、文章化される前の元の説話をある程度復元することができ、より説得力のある古代史像を構築することができるわけです。

しかしそれは改変された後の文章から元の姿を復元したという限界を伴いますから、現存の説話よりは説得力はあっても、史実とは言い切れず、歴史物語の域をでることはできません。それでこれまでの実証史学はそのような元の口誦伝承の復元作業を歴史物語にすぎず、歴史学とは言えないように見なしてシカトし、トンデモ扱いして済ましてきたわけです。私は『千四百年の封

印　聖徳太子の謎に迫る』（ＳＱ選書　二〇一五年刊）で、こういうアプローチを石塚正英さんが提唱された「歴史知」という用語で表現しています。つまり七世紀までの古代史研究は「歴史知」を深める営みだということを自覚すべきなのです。

それでは科学的な実証史学を標榜している研究者たちの研究が科学的と言えるでしょうか。例えば箸墓古墳建造が三世紀中頃だと分かったので、卑弥呼の墓だという人が多いですが、箸墓伝承では百々襲姫という大物主神の御杖代の墓だというのですが、卑弥呼は女王であって祟り神の御杖代ではありえません。先ず両者の違いを明確にした上で、それが卑弥呼の墓だとすると百々襲姫の墓は何処で、どうして墓の比定が差し替えられたのかを説明すべきです。それが出来ない以上、箸墓古墳が卑弥呼の墓だったというのはただ築造年代や大きさが矛盾しないというだけです。

それに邪馬台国大和説では三世紀中頃までに大八州の統合が為されていたことになりますが、四世紀中頃までは統合された形跡は見当たりません。大帯彦大王（景行天皇）の時代に統合されたと思われます。考古学者たちは墓の形が同じ前方後円墳の分布や鏡の分布などで、大和政権の大八州統合を性急に結論づけようとしますが、高海原（高天原）が宗主国で海原倭国が倭人通商圏の水運を担当していたとすれば、国家統合が仕上がっていなくても同様の結果になると考えられます。

再建された饒速日王国は、太陽神である饒速日大王が神政政治を行っていたわけで、その意味では「日の本の国」日本国の再建です。しかし、出雲帝国の残党も政権に加わっているので、三輪山信仰つまり大物主信仰も大きなウェイトを占めていたでしょう。本来なら饒速日一世は大国主命に殺されているわけですから、三輪山信仰つまり大物主信仰も大国主信仰とは分離すべきところなのですが、出雲勢力を取り込むためには仕方なかったわけです。

その意味では三輪山から昇る太陽こそ出雲勢力と饒速日王国再建派の合体として第二次日本国の特色を表している光景だといえるでしょう。

☆第七講

神武東征の謎

筑紫倭国は残ったか？

1 ハックニシラススメラミコトについて

☆称号がハックニシラスと同じでもかたや征服、かたや治定か

私は一応「日本の哲学者」の名簿に載せてもらっているのですが、学部のときは日本史学専攻でした。といいましても近代史を主にやっていまして、古代史の方は野次馬程度の関心を持っていました。しかし学部時代に『建国記念の日』制定問題で日本史学専攻生として学問的な根拠のない神武天皇の建国を想定して紀元節だった二月十一日にするのは、皇国史観復活につながるとして反対していました。

特に磐余彦《いわれひこ》大王《おほきみ》（神武天皇）が大和政権の大王に即位したとされる辛酉《しんゆう》年春正月庚辰朔（西暦紀元前六六〇年二月十一日と推定）というのは、後世に辛酉革命説によってでっち上げられたものであり、当時畿内はまだ縄文時代でしたからあり得ないことです。

それにそんなに古く建国を設定するのは天皇家の支配がそれだけ長く続いたことにしたいからで、そのことによって天皇制が未来永劫に続いて行くと思わせたいからだということですね。つまり万世一系の皇統幻想です。

古くから続いていたことにするために、大王《おほきみ》の寿命が百歳を超えていたりしました。また二代から九代まではほとんどどんな政治をしたかとか、どんな事件が起こったかの内容が書かれていませんので、歴史を長くするために架空の天皇を書いたのかと疑わせるものだったのです。これを欠史八代と呼びました。

もし欠史八代が架空の「天皇」なら初代磐余彦《いわれひこ》（神武《じんむ》）と十代御間城入彦《みまきいりひこ》（崇神《すじん》）は同一人物だということになりますね。そうしますと十五代誉田別大王《ほむだわけおほきみ》（応神天皇《おうじん》）は五世紀初頭と考えられますから、十代御間城入彦大王（崇神天皇）は四世紀初頭ということになり、磐余彦大王と同一ならば建国は四世紀になってしまいます。

その論拠の一つに初代と十代にはどちらも「ハックニシラススメラミコト」という称号が与えられていることが挙げられています。ただし、読みは同じですが、神武は「始馭天下之天皇」と書かれ、崇神は「御肇国天皇」と書かれています。そこに違いがあるのでしょうか？

磐余彦（神武）は東征して大和政権を樹立した大王です。いわゆる征服王ですね。それに対して御間城入彦大王は即位以来三輪山の倭大国魂命《やまとおほくにたまのみこと》が祟って人民の過半が死ぬなど混乱がなかなか収まらなかった、十二年経ってやっとはじめて国を治められたという意味で御肇国天皇と呼ばれたということです。ですから内容が全く違うので、同一人物だというのは無理が有ります。

御間城入彦大王も征服王だという解釈をする人がいます。ミマキを任那城と捉え、任那を押さえた上で、その兵力で海を渡って侵攻して、倭国を征服したと捉えるのです。江上波夫さんたち騎馬民族征服説をはじめ崇神天皇を渡来系の征服王と解釈する民間史家は少なくないようです。それにでも海を渡って騎馬軍団を輸送するのは、倭人の協力なしには、なかなか難しいですね。それに騎馬民族が倭人諸国を征服したのなら、どうしてそのことを歴史として伝承しないで海洋民族出身の倭人集団に融合してしまったのでしょう。

さて磐余彦大王と御間城入彦大王が別人だとしたら欠史八代の大王の事蹟はどうしてなくなったのでしょう。これは合理的に説明できます。時代が古いと伝承が失われやすいということですね。磐余彦大王のような建国王なら詳しく伝えられるわけですが、その他の大王の話は失われていったということですね。

では大王家の歴史を長く見せるためにデッチ上げた可能性はないのでしょうか？　崇神から応神まで五代で百年ですから、十五代で三百年とすれば、磐余彦東征は紀元百年頃となるので、紀元前六六〇年ではなく、紀元後一〇〇年頃と了解しておけばいいのです。疑うべきなのは年齢が不自然に長くしてあるので、それは辛酉革命説にあわせるためとして半分ぐらいにみておくしかありません。

2 磐余彦東征は本当にあったのか？

☆日が昇るかなたにありや国建てて我大君となさむ沃野は

それでは辛酉革命説による紀元前六六〇年建国はデッチ上げだとしても、磐余彦東征はあったのか、あるいは磐余彦は架空の人物ではないのかが大問題です。架空の人物だとしたら磐余彦東征によって倒された饒速日《にぎはやひ》王国も存在したことが確実ではなくなり、出雲帝国に支配されたことや、武御雷《たけみかづち》奇襲軍によって出雲帝国が崩れ、饒速日二世が武御雷軍を撃退したことも怪しくなりますね。歴史の糸はつながっているのですから、よほどのしっかりした証拠がない限り磐余彦東征がなかったとか、架空の人物だと決めつけるべきではありません。

大和政権が作られていたことは歴史的事実ですから、初代大王が居たことも確かでしょう、その大王が筑紫・日向から東征してきたというのも大いに有り得ることではないでしょうか？

実証史学で有名な津田左右吉《つださうきち》は神武東征を認めませんでした。しかしそれは実証史学の成果に基づいてではなくて、愛国心からなのです。つまり日本は平和国家であってみだりに侵略したりしないはずだということです。ところが記紀では東征して平和な饒速日王国を侵略し、滅亡させているので、間違いだというのです。

つまり津田左右吉の考えでは、畿内に農業の集落がまとまって邑《むら》ができ、それが産業の発達、交易の発達などで国家を形成していったというのです。それも武力統合ではなくて、豪族間の話し合いで人望のある人が大王に擁立される形ですね。それが平和国家である日本国に相応しい国家形成だというわけです。

現存している実証史家の遠山美都男《とおやまみつお》さんも非実在説です。東の日の出る方に行って、太陽神の国を建てるという建国神話に相応《ふさわ》しい、いかにも創作だという説です。しかし記紀の建国神話では、饒速日王国があるのが前提で、そこを都にしようと言ってでかけています。つまり既成の歴史を踏まえているわけですね。饒速日王国が実在したのなら、磐余彦の東征も創作とは決めつけられないはずです。

饒速日神は物部氏の族長に成っていたと言われ、そのきっかけは磐余彦に臣従したからだということです。磐余彦が架空の人物だと、この伝承も作り話だということになりますが、そうなると磐余彦を歴史の消しゴムで消したので、饒速日も消してしまうことになります。しまいには饒速日王国を併合した出雲帝国や大国主命の存在も消しゴムで消さざるを得ませんね。

しかし崇神紀に大国主命の荒魂《あらみたま》である倭大国魂命《やまとおほくにたまのみこと》が祟って人民の過半が死んでいますが、これも消すことになるのでしょうか？　歴史はつながっているので、消す時は慎重にすべきです。あまり消し過ぎると歴史がスカスカになるので、何か入れたくなり、やたら幻視だといってトンデモナイ思いつきの連鎖になりかねません。

もっとも七世紀までは同時代の史料はほとんどないので、科学的に実証できた確実な歴史を書くのは無理です。せめて現存する歴史書や史料から矛盾点を精査して、元の伝承を歴史物語の限界内であぶり出すことしかできません。それは研究者によってやり方が違うので、どれがより正しいか議論することができます。むやみに疑って消しすぎると歴史が見えなくなりますし、逆に矛盾しているのに放置していると、歴史の謎が解明できません。こうしてそれぞれの歴史のメガネで見た歴史像をぶつけ合って議論する《歴史知的方法》での研究が史料のほとんどない七世紀までの日本古代史研究の内容だということですね。

磐余彦東征にかかった期間が参考になります。『古事記』では日向から浪速まで到着するのに十六年もかかっています。ところが『日本書紀』では十月に日向を出て翌年吉備に着き、そこで三年準備して三年余りで浪速に侵攻しているわけです。これは『古事記』の場合だと十六年も大軍を動かすとすると莫大な費用がかかるわけで、一豪族が各地で力を蓄えながら徐々に東進したことになってしまいます。

『日本書紀』では筑紫倭国全体が東遷したという立場で考えますので、十六年もかかり過ぎだということで三年あまりに訂正したのでしょう。つまり磐余彦東征はあったとしても、それは筑紫倭国全体の東遷なのか、筑紫倭国の内の一豪族の東征なのかで議論が別れることになるということです。『古事記』も筑紫倭国全体の東遷だという立場なのですが、実際の東征の説話が残っていて、十六年かかったようになっていたということでしょうね。だから私は、これは磐余彦一族という一豪族の東征ではなかったかと推理しているわけです。

この違いで古代史像は一変しますね。もし一豪族の東征なら、筑紫倭国はそのまま続くわけです。それが筑紫倭国全体の東遷なら西日本全体が統一倭国になるわけですね。これは二世紀初めとしますと二世紀後半から三世紀中頃にかけての邪馬台国は、一豪族の東征とすれば筑紫倭国の事だったことになりますし、統一倭国になっていれば邪馬台国の中心は当然大和にあったことになります。

3 天忍穂耳命が邇邇藝命に天降りを振った理由

☆睦まじく共の栄を誓しになどて討たれしオオナムチの君

邇邇藝命が天照大神から神器を授けられて、高天原から高千穂峰に天孫降臨したというのが記紀説話ですが、高天原は朝鮮半島南端にあった高海原を五世紀になって天空にあげてファンタジー化したものです。そして三貴神は大八洲を支配する「御宇の珍子」というのが元々の意味でしたから、高海原（高天原）に上げられる筈はありません。従って天降りは三貴神の海下りを孫の世代にずらしたもので、しかも天照大神を天空の高天原に上げたことにしたので天降りというファンタジーになったものです。

そして筑紫は須佐之男命の宇気比の本当の相手が月讀命だと分かったので、月讀命の支配する「月地《つくち》(ムーンランド)」が語源だったことも分かります。だから天忍穂耳命《あめのおしほみみのみこと》は月讀命の息子であり、天忍穂耳命が高御産巣日神の娘栲幡千千姫命《たくはたちぢひめのみこと》と結婚して生まれたのが邇邇藝命なのです。

記紀では饒速日神も天忍穂耳命と栲幡千千姫命の間の子だったことにしています。邇邇藝命の同母兄《いろせ》だったということですね。これは三貴神の海下りを七世紀になって、孫の天降りにずらした結果です。

三貴神の海下り説だと、天照大神の子は瀬織津姫《せおりつひめ》との間に草香宮で生まれた天照大神二世です。天照大神二世の子が饒速日一世です。天忍穂耳命は須佐之男命と月讀命の聖婚(宇気比《うけひ》)で生まれた子で、その子が邇邇藝命です。

記紀では天照大神は天忍穂耳命を天降りさせようとしますが、地上では大国主命の出雲帝国形成が始まっていて、混乱しているのでいけませんでした。やっと平定されたので、天忍穂耳命が天降ろうと装束を整えているうちに邇邇藝命が生まれまして、天忍穂耳命は息子に天降りを振ったことになっています。

生まれたばかりの赤ん坊に天下統治の大役を振るのは不自然ですね。本当は筑紫倭国の初代大王は月讀命で、二代目は天忍穂耳命だったと思われます。恐らく大国主命が武御雷奇襲軍に殺られたことに抗議したので、筑紫倭国の実権を握っていた高御産巣日神にクーデターで大王を邇邇藝命に無理やり交替させられたのでしょう。それが記紀では天降りを息子に譲るという話に変形されているわけです。

天忍穂耳命の父は須佐之男命で須世理姫は異母妹にあたります。大国主命はその夫ですから天忍穂耳命は、親族として親近感を抱いていて、大国主命が大八洲の武力統合を諦めて、善隣友好の平和で豊かな国造りに転換したので、とても喜び、大国主命を大いに敬愛していたと思われます。それを平和で豊かな出雲帝国ができますと、結局その経済圏に融合させられ、呑み込まれてしまうことを海原や高海原は警戒していたので、奇襲したわけですね。

それならそれで天忍穂耳命に相談の上、勅命で行うべきですが、大王は大国主命が大好きで、敬愛していることがよく分かっていたので、相談すれば反対されるに決まっているし、高御産巣日神が実権を握っているので、大王が反対しても奇襲が決行出来たとしても、大王から大国主命に情報が漏れて奇襲に失敗する恐れがあったので、大王をつんぼ桟敷《さじき》にしたということなのでしょう。

4 一夜妻の木花佐久夜比売

☆ただ一夜見し女《ひと》ならば生みし子を王子となして王家保つや

筑紫倭国の歴史を知りたいと思って、邇邇藝命から磐余彦に至る筑紫倭国のことを読もうとしても、記紀には磐余彦一族に至る血統のことが書かれているだけで、肝心の大王の名前とか何処に宮があったとか、どんな制度がつくられ、どんな政治が行われたかなどの記載が一切ないのです。

磐余彦一族は東征したので、一族の血統の話は、大和政権の中の語り部が伝承を保存できたのでしょう。筑紫倭国はその後滅んでしまったので、語り部も死に絶えて伝承は消滅してしまったということです。倭人は神話や説話や重要な歴史を文字で表さず、語り部が口誦で伝承する形をとっていたので、跡形もなくなったのでしょうね。

邇邇藝命は筑紫倭国の大王ですから、さぞかし正妃や側室などがいたでしょう。でもそういうお歴々は登場しないで、一夜妻の木花佐久夜比売《このはなさくやひめ》が登場します。笠沙《かささ》岬で邇邇藝命は木花佐久夜比売を見初めまして求婚したわけですが、彼女の父は大山祇神《おおやまつみかみ》という地方豪族だったので、父を通して求婚して欲しいと返事をしたのです。確かに大王と関係することは家族にとっても大きな問題ですから、自由意志でというわけにはいかないのです。それで父親を介して申込んだのですが、父は姉の磐長姫《いわながひめ》もいっしょにもらって下さい。ということで、つけてきたのですが、姉は美女じゃなかったので、相手にしないで返されてしまいます。妹の木花佐久夜比売とだけまぐわって、それきりになってしまうのです。邇邇藝命にすれば美しい木花佐久夜比売と心置きなく情事を楽しむつもりだったのに、興ざめなことをされたので敬遠したのでしょう。しかし大山祇神にするとあくまでも大王のためを思ってのことだったのです。つまり木花佐久夜比売は美しいけれどはかなく散ってしまう花ですが、磐長姫は何万年も変わらない磐なのです。磐長姫を抱いておけば、いつまでも生きられたのにというわけです。

これは東南アジア各地にある石―バナナ説話の一つのバージョンです。だからこれは作り話で邇邇藝命伝説を創作する際に援用したものだという人がいます。確かに援用しているのですが、木花佐久夜比売の存在や一夜妻だった話も創作だったとは言い切れません。実際に大王は各地を視察したでしょうし、その機会に娘を近づけて大王家に接近しようという地方豪族は多かったでしょうから。

でもそれでたとえ子供が出来ても、大王は認知しないのが当たり前です。何故なら一夜妻に出来た子まで安易に認知しますと、その女性の操を管理できない以上、それが大王の子である確証はありませんから。悪用されて地方豪族の子が大王の子になって王位継承してしまう危険性があるのです。

この話を聞きますと、本当に邇邇藝命の子を宿したのか疑わしくなりますね。ということは天皇家の皇統の万世一系を強調するための伝承ですから、却って疑われるようなことを創作して入れる筈がないので、一夜妻の話は却って嘘ではないという印象を持ちますね。そのことによって、万世一系に関してはここで切れていたかもしれないけれど、伝承自体は実在したという感想を持たざるを得ません。

ということは万世一系の伝承は疑われやすいので、わざと万世一系を疑わせるような内容を入れることで、伝承自体はリアルだと感じさせ、その事によって万世一系の伝承を全体として信じさせるという極めて高等なテクニックを使ったということでしょうか。

伝承では、邇邇藝命も疑ってどうせ国神の子だろうと相手にしなかったのですが、木花佐久夜比売は、それならと産屋《うぶや》に火をつけて炎上させ、その中で無事生んだら認知してくれという一種の盟神探湯《くがたち》を申し出て、見事に無事に三人の男児を出産して、認知を勝ち取ったということです。長男が火照命《ほでりのみこと》（海幸彦）、次男が火須勢命《ほすせりのみこと》（消息不明）、三男が火遠理命《ほをりのみこと》（山幸彦）です。

こうなれば子として認知せざるをえませんが、土遁の術のようなことができるということは、却って、別の男の子を邇邇藝命の子と偽ることぐらい簡単にやってのけそうだという思われかねませんね。

もちろん子として認知することと王子として待遇することは別です。子どもたちは王宮で暮らしていた形跡はなく、海や山で漁猟や狩猟・採集を営んでいました。おそらく地方豪族だったということでしょう。

長男と三男が一日だけ道具を取り替えて、長男が狩猟をし、三男が海釣りをしました。馴れないものだから、釣れない上に、大切な釣り針をなくしてしまったのです。それでトラブってしまい、山幸彦は旅にでまして、航海と製塩の神である塩椎神《しおづちのかみ》の協力で海神の住む綿津見宮《わたつみのみや》に行き、大歓迎されまして、赤目の鯛に引っかかっていた釣り針を見つけてもらいました。そこで海神の娘豊玉毘売《とよたまひめ》と結ばれます。

竜宮城のような異界の世界に行き、おとぎ話そのものですが、そういう場合は「歴史を見るメガネ」で歴史的現実に引きつけて解釈しておけば、歴史像が見えてくるかもしれません。もちろんおとぎ話の解釈なので、それで史実がわかったということではありませんが。

塩椎神は大八洲に水運の網を張り巡らせていた、海原倭国の有力者だと考えられますね。とすれば綿津見宮というのは、海原倭国の本拠である壱岐だったかもしれません。となれば後の磐余彦の東征も海原倭国の助力が大きかったことになりますね。ただし留保が必要なのは、記紀では海原の神は表筒之男・中筒之男・底筒之男の住吉三神を指しています。それと別に綿津見神がいることになっているので、日本海とは別の海を指していたとすれば、後の東征と関連させれば塩椎神や綿津見神は瀬戸内海の海洋民の首領ことかもしれませんね。そして海原と綿津見の海洋民同士の関係は良好だったのでしょうね。

豊玉毘売はお産だということで産屋を作って、見てはいけないというタブーがあったのですが、そう言われるとつい見てみたいものです。火遠理命は覗きますと八尋和邇《やひろわに》が子を生んでいたという話ですね。このたぐいの民話は鶴の恩返しとか、琵琶湖の龍女伝説とか各地の民話がありますね。これも民話だから歴史と関係ないと捉えるのではなく、トーテムの違いをあらわしているとすれば、綿津見神は倭人ではないことになりますね。とすればやはり壱岐・対馬などではなく、瀬戸内の縄文時代からの海洋民ということかもしれません。

このお産では産屋が完成しないうちに生まれたので子供の名前を鵜草葺不合命《うがやふきあへずのみこと》としました。見られてしまったら破局しかないというのが異類婚姻譚の定めになっていました。その代わり子育てに豊玉毘売の妹玉依姫《たまよりびめ》がやってきます。玉依姫が鵜草葺不合命を愛情深く育てたのでしょうね。育ての親との間に、五瀬命《いつせのみこと》、稲飯命《いなひのみこと》、御毛沼命《みけぬのみこと》、若御毛沼命《わかみけぬのみこと》の四人男の子を設けたのです。この末っ子の若御毛沼命が神日本磐余彦命《かむやまといわれひこのみこと》（神武天皇）になります。

この邇邇藝命から磐余彦への血統の説話はいかにも色んな形の説話の寄せ集めて、作り話で出来ているので、実際の歴史とは全く無縁であるといえるでしょうか？　登場人物も全て架空の人物だと断定していいのでしょうか？

実際、筑紫倭国の伝承はこれ以外一切残っていないのです。邇邇藝命の次に誰が大王になったとか、分かりませんし、磐余彦東征後、筑紫倭国がどうなったかということも伝承がないのです。ということは磐余彦大王の東征で筑紫倭国がまるごと河内・大和に東遷してしまったのでしょうか？　その謎を解く鍵はこれらの説話の中にあるのではないでしょうか？

先ず木花佐久夜比売が一夜妻だったということで、産屋を炎上させてまで認知してもらわなければならなかったということですから。認知はされたけれど、王子として宮中で育てられたわけではなく、地方豪族に過ぎなかったということになります。

ところが記紀では磐余彦は十五歳で皇太子になったとされ、四十五歳のときには既に筑紫倭国の大王になっていたらしく、兄弟や王子たちに東征に行く宣言をします。


「天孫降臨以来、一百七十九萬二千四百七十餘歳が経ったが、未だに西辺にあり、全土を王化していない。東に美しい土地があるという、青い山が四周にあり、その地には天から饒速日命が下っているという。そこは六合の中なれば、大業を広げて、天下を治めるにふさわしい土地であろう。よって、この地を都とすべきだ」（日本書紀）

つまり天照大神の大八洲を統治せよという命令で神器を授かって天孫降臨したのに長い年月を経てまだ西の端の筑紫にとどまっている。畿内には饒速日王国があり、そこが青い山々に囲まれた素晴らしい土地で大八洲の真ん中にあたるから、そこを都にしようと呼びかけたのです。

この宣言では明らかに、筑紫倭国全体の東遷なのですが、もし一夜妻の子の孫だったとしたら磐余彦が皇太子になったり大王になっていた筈はありません。つまり筑紫倭国の伝承は磐余彦の家系の伝承以外残っていないので、皇太子になり、大王になっていたことにしたのです。

第一皇太子という制度はわりと後に作られたのではないかということが言われています。草壁皇子の立太子が最初だといいますが、それ以前のものには同時代史料がないというのが根拠ですから、あった証拠はないけれど、なかった証拠もないのです。

そういう場合、記紀ではあったことになっているのですから、否定するのならそれなりの根拠が必要ですね。同時代史料が七世紀まではなんであれほとんどないわけです。同時代史料はなかって当然で、ないから皇太子の制度がなかったとは言えないのです。

ただし生前譲位という慣習がなかったので、世継ぎを決めるのはよほど慎重であったと思われます。昔は医療が発達していなかったので、若くして亡くなる人が多かったので、父より先死ぬのは親不孝だといいますが、父より先に死ぬ人は多かったのです。特に有力な王位継承者は辺境での戦など危険性の大きい仕事を任されることが多かったのです。何故なら王位継承が決まってしまうと、早く父王に死んでもらわないと、こちらが先に死ぬかもしれないと思って、謀略の匂いのする王の不審死が起こりがちになります。

それで父王もなかなか継承者は決めませんし、有力と見なされている者を危険な仕事につけて殺されないようにするのです。ヤマトタケル説話などはその典型ですね。ですから太子を決めるなどはとても危険なことなので、磐余彦が太子になったという話は信用できません。

5 神武東征の大義名分はなんだったか？

☆親の仇討ちし恩を忘れしか、仇とつるんで追い払うとは

記紀では末っ子の磐余彦大王が兄たちや筑紫倭国の軍勢を率いて東遷ということになっていますが、磐余彦の兄たちは戦いで死んでしまい磐余彦だけが生き残ったので大王になったということが実相のようです。

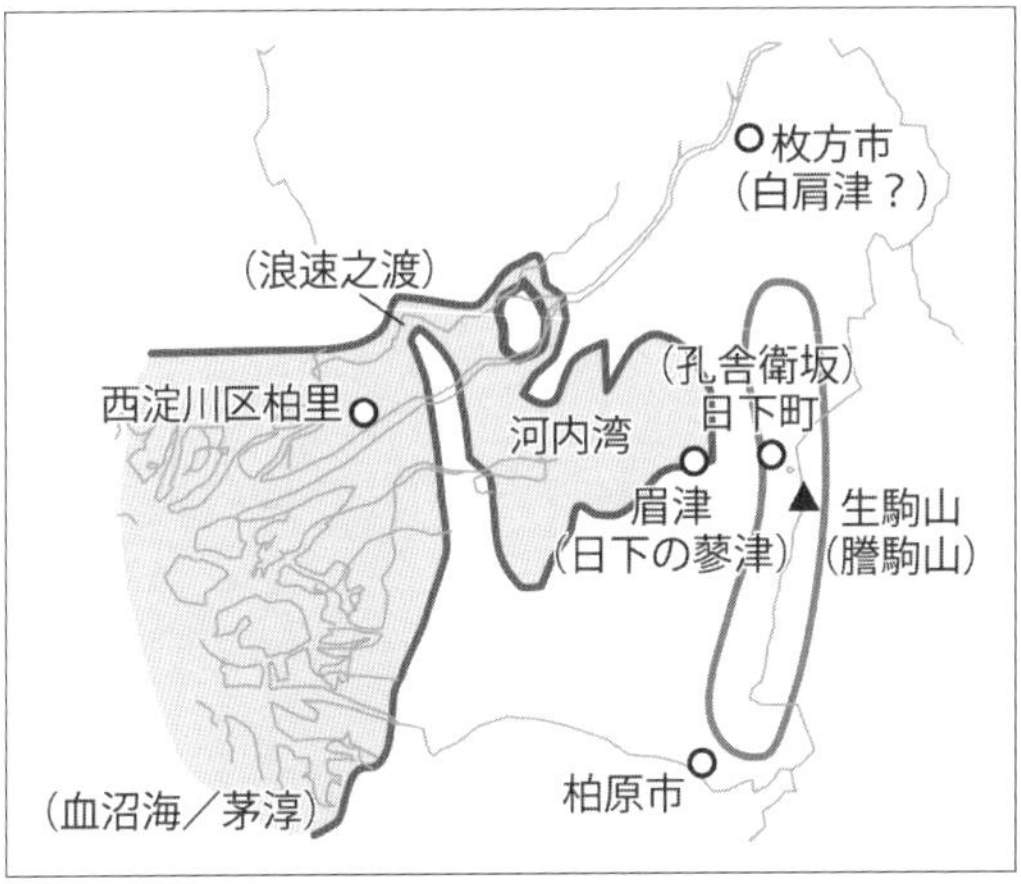

五瀬命は、登美毘古の矢串に当って負傷しました。それで**「吾は日神の御子たるに、日に向かって戦うのは良くなかった。それで、賤しい奴の痛手を負ってしまった。今よりは廻り込んで行って、日を背に負って撃とう。」**と言われたそうです。

「吾者爲日神之御子、向日而戰不良。」は実は**「敵者爲日神之御子、向日而戰不良。」**が口誦伝承だったかもしれませんね。元々磐余彦一族は月讀命の子孫です。相手の饒速日一族こそ天照大神の子孫なのですから。それに意味もその方が理屈にあっています。日に向かって戦うのが不味《まず》いのは、自分が日の御子だからでなく、相手が日の神だから相手が眩しいからでしょう。

それで大阪湾に退却して紀州周りで背後を突くことになるのですが、大阪湾を茅渟《ちぬ》の海と呼ぶのは、血沼海に由来しています。五瀬命の負傷がひどかったことが分かりますね。

「一行が船で進もうとした時、海上で突然暴風雨に遭遇して、船団は漂流しました。その時、稲飯命

嘆かれて「ああ何としたことだ。わが祖先は天神、母は海神であるというのに、どうして私を陸で苦しめ、また海で苦しめるのであろうか。」と仰せられ、言い終わるやそのまま剣を抜き、海に身を投じて鋤持神《さいもちのかみ》となられました。

三毛入野命もまた恨んで「わが母と姨《おば》とは二柱《ふたはしら》とも海神である。それなのにどうして波を立てて私を溺れさせるのか」と仰せられて、波頭を踏んで常世郷《とこよのくに》に行ってしまわれました。」

もっとも高千穂の伝承では、三毛入野命は兄弟たちからはぐれてしまったので、出発地の高千穂に帰還したらしいです。

ですから、盾津の戦いに敗れて海に逃れたのですが、瀬戸内海を抜けたら強風で船が転覆してしまったのでしょうね。結局磐余彦だけが生き残ったということで、磐余彦が大王に成ったということです。

このように磐余彦は兄弟を殺されたので大変登美毘古や長髄彦を恨みに思っていて、「撃ちてしやまむ」をスローガンに大和・河内を侵略の血で染めたのです。

宇陀では土雲と呼ばれていた地元の人々をご馳走すると集めてコックに歌を合図に一斉に斬り殺させるという虐殺事件さえ起こしています。

「故、其の弟宇迦斯《うかし》【此者宇陀水取等之祖也】其地より幸行して、忍坂の大室に到りし時に、尾生《おお》ひたる土雲《つちぐも》【訓云具毛】の八十建《やそたける》、其の室に在りて、待ち居なる。故尓《しか》くして、天つ神御子の命以て、饗《あえ》を八十建に賜ひき。是に、八十建に宛てて、八十膳夫《かしはで》を設けて、人毎に刀を佩《は》けて、其の膳夫に誨《をし》へて曰ひしく、「歌ふを聞かば、一時に斬れ」といひき。故、其の土雲を打たむことを明せる歌に曰く、

10歌釈文：新編古典文学全集本「古事記」

忍坂の　大室屋に　人多《さわ》に　来入り居り　人多に　入り居りとも　厳々《たけだけ》し　久米の子らが　頭椎《くぶつつ》い、石椎《いしつつ》い持ち　撃ちてし止まむ　厳々し　久米の子らが　頭椎い、石椎い持ち　今撃たば宣し

如此歌ひて、刀を抜きて一時に打ち殺しき。」

「尾生《おお》ひたる」ということで本当に尻尾があったのかどうかそのように見える衣裳だったのか分かりませんが、要するに野蛮人で邪魔とみなしたのか、だまし討ちしているわけです。

記紀では大義名分は邇邇藝命が大八洲を統治する権利を天照大神から授かって天降りしたということですね。それが実は邇邇藝命は月讀命の孫であり、月讀命に与えられた使命は筑紫倭国の建国に限定されていたわけですから、記紀の大義名分は成り立ちません。

では何が大義名分だったか？　それは三輪山の大国主命を奇襲した武御雷軍を、饒速日一世の忘れ形見である宇摩志麻遅命が、大国主命支持派、出雲帝国残党を糾合して三輪山から撃退したことにあるのです。それで宇摩志麻遅命は見事に饒速日王国を再建し、自ら饒速日二世王と成ったのですが、この撃退を非常に高海原や筑紫倭国は恨んでいたということです。

元々、饒速日一世は出雲帝国の畿内侵攻によって戦災死したようです。記紀はそのことを無視していますが、『先代旧事本紀』は死因は伏せていますが、饒速日大王の死は高天原でも大きな事

件だったことを伺わせています。その仇ですね、宇摩志麻遅命の親の仇を取ってやったのに、その恩を忘れて出雲帝国の残党とつるんで武御雷軍を撃退するとは何事かということです。

宇摩志麻遅命は長髄彦《ながすねひこ》に育てられています。長髄彦は饒速日一世に仕えていたのですが、出雲帝国に降伏してからは出雲帝国軍に編入されていて、重用《ちょうよう》されていたわけですから、出雲帝国への恨みは薄らいでいます。その育ての親たちは晩年の大国主命は名君ぶりに強く敬愛の念を抱いていましたから、宇摩志麻遅命にすれば武御雷軍に後ろ盾に成ってもらって饒速日王国を再建するよりも、出雲帝国軍の残党を糾合して武御雷軍を撃退して、饒速日王国を再建する方が安定すると考えたわけです。大変賢明な判断ですが、それでは武御雷軍からは恨まれますね。

武御雷軍は高海原（高天原）・海原・筑紫倭国の連合軍ですから、筑紫倭国にも饒速日王国を打倒すべきだという考えの人が居たわけです。そして高海原の実権を握っていた高御産巣日神も磐余彦一族の動きを支援しようとしたわけです。

熊野に饒速日命の子だとされている高倉下《たかくらじ》という豪族がいまして、その夢に武御雷命が持っていた佐士布都神という刀を倉に落とすからそれを磐余彦に献上せよと武御雷命に言われたのです。それは記紀では天照大神と高木神（高御産巣日神）が武御雷を救援に送ろうと考えて武御雷に打診したら、刀だけでいいということで、高倉下を通して磐余彦に授けたということです。その時磐余彦は熊野で毒気にやられて倒れていたのです。その刀で元気を取り戻したそうです。

それにしても高倉下は自分の親である饒速日神に逆らって、神武東征に肩入れしたのでしょうか？　恐らく高倉下は、宇摩志麻遅命《うましまちのみこと》の異母兄でしょう。母は熊野の人で身分が低かったと思われます。宇摩志麻遅命が出雲帝国残党と結んで親の仇を取ってくれた武御雷軍を撃退したことに反撥していたのです。

しかしそれから一世紀経っていますね。ですから高倉下というのも代々高倉下を継いでいるのです。高倉下一世も高倉下四世も区別がないわけですね。それが記紀の欠陥です。神武東征で名刀佐士布都神を落とした武御雷神も大国主命をやっつけた武御雷神の子孫なのです。そのことを書いてないので何のことか分からない、神様だから歳を取らないなんて勝手に思い込んでしまうのです。もちろん当時は天照大神の現人神は高海原にも河内・大和にも伊勢にもどこにも存在しません。

それから八咫鴉という三本足の鴉を高御産巣日神が送って、道案内にしていますね。ようするに情報とかピンチの時に救援して命を助けてくれているということで、磐余彦は大変高御産巣日神に感謝していますね。八咫鴉は高句麗も国家のシンボルにしていましたから、高御産巣日神は朝鮮半島に深い関わりがあり、高天原は実は半島南端の高海原だったという我々の見解に傍証を与えてくれていますね。

6 筑紫倭国は神武東征後も残った

☆磐余彦一族率ひ東征す筑紫倭国は動かざりしや

以上の考察で、磐余彦一族は筑紫倭国の一豪族であったこと、海原倭国や瀬戸内の海洋民と縁故をつくっていたこと、筑紫倭国では大王に成れないので、東征して建国しようと考えたこと。河内大和は素晴らしい土地だけれど、そこは饒速日神が支配しているということだけれど、武御雷軍を撃退して国を再建したものだから、高海原・海原・筑紫倭国同盟の敵であり、打倒してもいいということで東征したことが分かります。

では何故そのように記紀は書かなかったのでしょう。そう書けば、大国主命を奇襲で倒したことが前提になってしまい、国譲りが軍事的強制であることが露骨に分かってしまいますね。大国主命の祟りは御間城入彦大王（崇神天皇）のときに人口の過半が死んでしまったぐらいですから、恐ろしくて悪く書けないということでしょうね。

それに建国の大義名分を示す箇所ですから、それは七世紀以降の天照大神の嫡流であるという立場で饒速日王国を併合して、磐余彦大王の臣下に饒速日命を下したとしておきたかったわけですね。それを唯一の大義名分にすることで、天照大神の嫡流であることを強調しているわけです。もし天照大神の嫡流でなかったら、他の大義名分はないのですから野蛮な侵略軍でしかない、だから大和政権の支配の正当性および正統性は、天照大神の嫡流であることにかかっているから、磐余彦大王が天照大神の嫡流であることは、間違いないはずだということです。

我々からみればそれは非常に危ないレトリックですが、それだけは疑うな、疑うと全部崩れてしまうぞということです。しかし記紀の矛盾点を精査したら天照大神ではなくて、月讀命が磐余彦の祖先だということはもはや明白なのです。繰り返しになりますが、天照大神からの万世一系というのは、途中で怪しくなっているというだけでなく、そもそも端緒において差し替えられているということなのです。

最後に確認して置きますが、磐余彦一族の東征ですから、筑紫倭国は残ったわけです。そして大帯彦大王（景行天皇）が筑紫に遠征した時は熊襲が支配していた。ということは四世紀前半に筑紫倭国は熊襲に滅ぼされたということです。

三世紀半ばの邪馬台国が大和にあったという仮説では、西日本の統合はすでになされていたことが前提なので、磐余彦東征は筑紫倭国全体の東遷であったことになります。磐余彦東征後も筑紫倭国は残っていたのは否定できないので、この仮説も危ういということですね。

次回はいよいよ邪馬台国論争を整理して、倭人三国仮説が使い物になるかどうか検討することにしましょう。

☆第八講

邪馬台国の謎

邪馬台国大和説で納得できるか

1 邪馬台国の「やまと」は何処か？

☆倭人住む山門がやまとの謂れなら筑紫山門が古《いにしへ》ならずや

「邪馬台国論争」は、纏向の箸墓古墳の建造年代が卑弥呼の没年と一致するということで、俄然大和説が有利になって、考古学者の九割方は大和説だという評判があります。考古学の先生方は墓だとか鏡だとかなどで判断するせいもあるのでしょうが、ウェブなどを見ますと、民間ではまだまだ九州説の人が書き込んでいますね。

三世紀の段階の文字史料がないものですから、箸墓古墳の建造年代と卑弥呼没年が一致しても、大和説が正しいとしたら卑弥呼の墓だろうといえるだけで、邪馬台国大和説の正しさ自体はまだまだ証明されていないのです。

「邪馬台国」は『三国志』「魏志倭人伝」では「邪馬臺國」とは書いていないのです。「邪馬壹國」なのです。臺ですと台の繁字体で「ト」と読めますが、「壹」は「一」の繁字体だから「ト」とは読めません。つまり邪馬台国は大和のことだろう、「ヤマト国」と読めるからというのは安易な考えだということですね。

それで古田武彦先生が一九七一年に『邪馬台国はなかった』というベストセラーを出されたのです。しかし『魏志倭人伝』に「邪馬壹國」も一度しか出てきません。その後の中国文献では「臺」になっているのだから書き間違えたのではないかという反論もあります。微妙な問題では断定してしまうと、それに囚われるので、ヤマトと読むのは間違いかもしれないと留意しておくことにしましょう。

「やまと」と読めるとして、その大和は、奈良の大和ではなく、筑紫の山門《やまと》かもしれません。大和説というけれど「大和」と書いてどうして「やまと」と読めるのかが問題ですね。

よくこう説明されます。国名は対外的には「倭」だけれど国内的には「やまと」だった「倭」を国内では「やまと」と読ませていたというのです。だから『古事記』や『日本書紀』では「倭」と書いて「やまと」と読ませています。つまり「倭」というのは「ちび」という蔑称なので嫌ったというわけです。

それはちょっと違います。倭国は倭人の国ということで倭は民族名です。民族名として国内向けは「天・海（あま・あめ）」なのです。倭人に対しては天人とか海人でやはり「あま」と呼んでいたのです。

「やまと」は地形からくるのです。「山門」です。つまり扇状地のようなところに中心的な集落があり、宮があったのでしょう。それが地名になり、国名にもなるわけです。「倭人住む山門」という言い習わしがあって、それで「倭」だけで「やまと」と読むようになったと私は解釈しています。だから筑紫の山門の方が奈良の大和より古い言い方だということですね。

ヒントは谷川健一さんの『白鳥伝説』です。「日下」と書いて「くさか」と読む、これはどう見ても変てこですね。「飛鳥」と書いて「あすか」と読むのも納得出来ません。谷川さんによれば「日下《ひのもと》の草香」だったというのです。つまり太陽神が宮を建てて支配していたのが草香だったのです。それで「日下」で「くさか」と読むようになったそうです。

同様に「飛鳥《とぶとり》の明日香《あすか》」という言い慣わしがあって、「飛鳥」だけで「あすか」になったのです。

そのバージョンとすれば「倭人住む山門」から「倭」だけで「やまと」読めるのです。

「倭」だと「ちび」のイメージなので、「和」にして平和国家のイメージにしたわけです。それは聖徳太子の摂政期でしょう。『憲法十七条』で「和を以て貴しと為す」と言っています。明らかに「倭」と「和」をかけているわけです。倭国は四世紀後半に新羅侵攻をしていまして海賊国家みたいに恐れられていたわけです。それで隋も高句麗も倭国の兵力を頼ろうとするので、いや「倭」は「和」だ、平和国家ですよと宣言して、介入を避けたのです。

ところが大山誠一さんたちは平和国家宣言の意義もあった『憲法十七条』を後世の偽作と決めつけて平和外交のお手本にすべき歴史を消してしまいます。

ではどうして「大和」でも「やまと」なのかということですが、恐らく筑紫にも「山門」という地名があり、そこも「和」で「やまと」と呼ばれていたのでしょう。それでそこと区別するために大八洲全体の中心である「やまと」だから「大和」と書かせたのでしょう。でも慣習的には「やまと」と呼び習わされていたので、「大和」で「やまと」と読んだのではないかと思われます。

それに、記紀の表記で「日本」と書いているのに「やまと」と読ませている箇所もありますよ。それは「日下」と同じ要領です。つまり「日本《ひのもと》の大和《やまと》」が元で「日本」で「やまと」と読むようになったのです。

では「日下」では「くさか」と読むのに、「日本」ではどうして「やまと」と読むのでしょうか？実は、河内湖の辺《ほと》りに草香があって、そこに天照大神が宮を建てて太陽神国家をつくったので「日下の草香」から「日下」で「くさか」と読むようになったのですが、それは相当古いですね。紀元前五〇年～紀元前七〇年頃でしょう。もっともこの天照大神自身が海下りして建国したという説はまだ私以外は唱えていませんが。

「日本《ひのもと》の大和《やまと》」の謂れはこうです。「日本」で太陽神の支配と大陸から見て日の昇る処という二つの意味があって、その両方の意味を表そうとして、「日下」が「日本」になったのです。その中心が大和つまり今の奈良県ですね。それで「日本の大和」に由来して「日本」で「やまと」と読ませたのです。もちろん聖徳太子の摂政期以降ですね。

『日本書紀』は「やまと書紀」とは読まず、「日本武尊」は「にほんタケルのみこと」と読まず「ヤマトタケルのみこと」と読みますね。それは何故でしょう、法則的なことは分かりません。用例集を作る必要が有りますね。

ともかく邪馬台国が「やまと」だとしますと、筑紫の山門なのか奈良の纏向なのかということになります。そのことに限定して考察すれば、筑紫倭国と大和政権が並立していたら筑紫の山門が邪馬台国の本拠で、統一倭国になっていたら奈良の纏向が邪馬台国の本拠地だったのです。

2 倭国は統一されていたのか？

☆オオタラシ筑紫を攻めしその上は大和・筑紫は一つならむや

複雑な行程のことは後に回して、倭国が何時統一されたのかという議論を先に片付けておいた方が理解がスムーズに行きそうですね。学校の歴史教科書では四世紀中頃までに西日本統一はなされていたとありますね。卑弥呼の死は『魏志倭人伝』では次のように記されています。

「その八年（二四七年）、太守王頎《おうき》官に到る。倭の女王卑弥呼、狗奴國《くなこく》の男王卑弥弓呼《ひみここ》と素より和せず。倭の載斯烏越《さいしうえつ》等を遣わして郡に詣《まい》り、相攻撃する状を説く。塞曹掾史《さいそうえんし》張政等を遣わし、因って詔書・黄幢をもたらし、難升米に拝仮せしめ、檄をつくりてこれを告喩す。」

「その八年（二四七年）、太守王頎が着任した。倭の女王卑弥呼は、狗奴國の男王卑弥弓呼と以前から不仲であった。倭の載斯烏越らを帯方郡に遣わし、互いに攻撃しあっている（戦争中？）状況を報告させた。（そこで帯方郡から）塞曹掾史（国境守備隊長）張政らを遣わし、詔書・黄幢《こうどう》（黄色い旗）を持って難升米に与え、檄文をつくって告諭（告げさとす）させた。」

「卑弥呼以て死す。大いに冢《ちょう》を作る。径百余歩、徇葬する者、奴婢百余人。更に男王を立てしも、國中服せず。更更《さらさら》相誅殺し、当時千余人を殺す。また卑弥呼の宗女壹与年十三なるを立てて王となし、國中遂に定まる。政等、檄を以て壹与を告喩す。」

卑弥呼は死んだ。大きな塚（墓）を作った。直径（？）百余歩で、徇葬者の奴婢は百余人。あらためて男王を擁立したが、国中の混乱は治まらなかった。戦いは続き千余人が死んだ。

そこで卑弥呼の宗女壹与（とよ・いよ）年十三才を擁立し女王となし、国中が遂に治まった。政等は、檄文を以て壹与を激励した。

ここで窺えるのは狗奴國の男王卑弥弓呼との戦争があり、死んだのもそれが直接間接に原因したのではないかと思われます。九州説だと「**此女王境界所盡其南有狗奴國男子爲王**」となっていますので、狗奴國は邪馬台国の南に在って、「クの国」という意味だとやはり熊襲勢力だと考えられます。大和説だと東国に狗奴国を同定しなければならず、はっきりしません。

九州説をとりますと、熊襲と争っていて、筑紫（九州）全体の統合も完成していないわけで、西日本統一どころではないということです。でも四世紀中でも西日本の統合はできても熊襲との戦いは続いていたぞという反論が予想されます。帯中彦大王（仲哀天皇）は熊襲征伐のために筑紫の香椎宮に居たわけですから。その話は、神功皇后の新羅侵攻の話の際に詳しく展開します。

ともかく大帯彦大王（景行天皇）の筑紫遠征により四世紀中頃に西日本統一がなされたので、三世紀中頃は筑紫倭国と大和政権はまだ並立していたのです。記紀には磐余彦の東征（神武東征）以降に筑紫倭国と大和政権が統合したという話は全く出てきません。そういうことがあったとしたら最大の歴史的事件ですから、書いていた筈ですね。

もっとも記紀では磐余彦大王（神武天皇）の東征が西日本統合だという建前ですから、そういう統合が遠征の形とか婚姻などによる形であったとしても書けなかったのです。それに九州説を取るのでしたら、磐余彦大王の東征が西日本の統合ではなかったことの説明が要ります。それに磐余彦大王が実在したかどうかも大問題です。しかし、その問題は前回取り上げましたので、復習しておいてください。

初代と十代が同一だとしたら、二百年近く神武東征をずらして西暦三〇〇年頃に磐余彦東征があったことになり、邪馬台国は神武以前ということになります。卑弥呼と天照大神と同一視する人などには都合がいいでしょうね。

でも記紀では、天照大神の孫が邇邇藝命でその曽孫が磐余彦になっています。だから百五十年ほど遡る必要が有ります。卑弥呼没年西暦二四八～九年は変えられませんからね。もっとも神話時代だからそういう話は創作だとして卑弥呼の後に神武が東征してきたことにすれば別ですが。

そう言えば騎馬民族征服王朝説だと崇神天皇が騎馬民族だということになっています。でもそれを採用してしまいますと、記紀の話はほとんど後世の作り話になってしまいます。それに騎馬民族が大挙乗り込むためには馬を運ぶ船がたくさんいることになり、当時の倭人の船で運べたかどうか、また倭人が協力したかどうか怪しいですね。考古学的にも軍馬を大量に日本海を越えて運ぶのは不可能だし、軍事用に馬を飼育した形跡はなく、騎馬民族征服説は成り立たないようです。

記紀は神武東征によって西日本の統合ができたことになっていますから、それだけ見ますと、記紀自体は大和説に都合がいいのです。とすると三世紀中頃に女王が登場しなければならないけれど、ちょうど欠史時代ですし、そこには女王は出てきません。女王国があったことは『魏志倭人伝』から言えば史実であって、否定できません。

女王卑弥呼は、大和政権のことでないとすると、筑紫政権のことだということになり、記紀の神武東征が西日本統合だというのが間違っていることになります。筑紫説では、神武東征が史実としてあったとしたら、それは筑紫倭国全体が東遷したのではなく、磐余彦一族の東征だったことになります。つまり磐余彦が十五歳で筑紫倭国の太子になったとかいうのは後世の改変だということです。やはり磐余彦一族が邇邇藝命の一夜妻の子の孫が磐余彦だったので、彼らが地方豪族に過ぎなかったことが分かります。「一夜妻」というのがキーワードですね。

では、筑紫倭国と大和政権に分かれていても、卑弥呼は大和政権の女王だった可能性は考えられないのでしょうか。奴国や伊都国などは筑紫です。それらも邪馬台国を構成しています。その本国が大和にあれば、筑紫倭国と大和政権に分かれていたということは有りえませんね。

それじゃあ、磐余彦東征でできた大和政権と筑紫倭国は並立していたけれど、三世紀半ばまでに統合したとしますと、中心が筑紫から大和に変わったと仮定しましょう。いわゆる邪馬台国東遷説ですね。ただし、後世になって、神武東征で大八洲統合ができたように改変したので、その東遷の経緯は記紀からは抹消されてしまった可能性はないでしょうか。

それなら『魏志倭人伝』では「倭国は乱れて、国々は互いに攻撃し合い年を経た。そこで、協同して一人の女子を王とした。」という卑弥呼が共立された事情や狗奴国との戦争などが書かれているのに、東遷のことが書かれていないのは不自然ですね。それに『魏志倭人伝』にも邪馬台国の勢力圏の東側にも倭人の国があるとしていますから、倭国統一が三世紀にはなされていなかったことは明白でしょう。

「女王国の東、海を渡ること千余里。復国《また》有りて、皆、倭種。又、侏儒国有りて、その南に在り。人長は三、四尺。女王を去ること四千余里。又、裸国、黒歯国有りて、復、その東南に在り。船行一年にして至るべし。」

3 卑弥呼とは誰か？

① 卑弥呼は天照大神か？

☆卑弥呼とは日の巫女なりや天照す女神の化身と崇められしか

『邪馬台国』があったことは確かで、女王卑弥呼がいたことも疑いないところです。乱れていた倭国の平和を回復した偉大な女王なので、伝承されている筈ですね。では記紀に登場する人物から卑弥呼がモデルになっていそうな人物を探すことにしましょう。

先ず、卑弥呼が天照大神だという説を検討しましょう。卑弥呼というのが「日の巫女」を音写したとすると、太陽神を祭祀する巫女は、太陽神の依代《よりしろ》となるわけですから、取り憑いている間は太陽神それ自体になっているわけで、日の巫女はすなわち天照大神だとは考えられないでしょうか。

卑弥呼の晩年に日食がありました。二四七年三月二十四日と二四八年九月五日です。それが卑弥呼の権力の衰退や死の暗示になったとか、二四八年には卑弥呼が死んでいたとしたら壹與の時代の到来を感じさせたみたいな話もあります。それはでも倭国が太陽神信仰中心だったとしたらの話です。しかし当時は畿内の大和政権も筑紫倭国も天照大神は主神でも大王家の祖先神でもなかったのです。だから権力の問題にはならなかったでしょう。

でもそのことは七世紀初頭の神道大改革によって封印されたので、卑弥呼の時代も太陽神が主神で、祖先神だったとみんな千四百年間思い込んできたわけです。

『古事記』では太陽神信仰を強調するために「彦」を「日子」としていますね。「媛」は「比賣」

だけれど。ともかく天照大神の嫡流ということが最大の権力の正統性を支える論理だったわけです。

しかし「ひ」は「日」だけでなく「火」も「霊」も意味していたのです。「ひこ」は霊性が高い人で、「ひめ」は霊性が高い女なのです。「ひみこ」は「霊性が高い巫女」という意味とも解釈できます。

では本当に私が言うように『魏志倭人伝』では卑弥呼の巫女としての性格に太陽神信仰との関連はないと言えるか、宗教的な記事を集めて検証しましょう。

1、そこの風習では、事を起して行動に移るときには、為す言動があり、すなわち骨を焼いて卜占で吉凶を占う。先ず卜占《ぼくせん》を唱えるが、その語句は令亀の法の如く、火坼《かたく》（熱で生じた亀裂）を観て兆《きざし》を占う。

2、名を卑彌呼といい、鬼道（五斗米道の教え）に従い、（呪術で）よく衆を惑わす。

3、その死には棺有れども槨《かく》無く、土を封じて冢《ちょう》を作る。始めて死するや、停喪《ていそう》すること十余日。時に当たり肉を食わず。喪主哭泣《こっきゅう》し、他人、就きて歌舞し飲酒す。已に葬るや、家をあげて水中に詣《いた》りて澡浴《そうよく》し、以て練沐《れんもく》の如くす。

4、その俗、挙事行来に、云為《うんい》する所あれば、輒《すなわ》ち骨を灼きて卜《ぼく》し、以て吉凶を占い、先ず卜する所を告ぐ。その辞は令亀の法の如く、火坼を観て兆を占う。その会同《かいどう》・坐起《ざき》には、父子男女別なし。人、性として酒を嗜《たしな》む。大人の敬する所を見れば、ただ手を搏《う》ち以て跪拝《きはい》に当つ。

5、卑弥呼以て死す。大いに冢を作る。径百余歩、徇葬する者、奴婢百余人。

卑弥呼が天照大神と呼ばれるとしたら、鏡を使った祭祀や光のパフォーマンスがあってもいいはずですね。ただ時期的にどうでしょう。崇神天皇＝神武天皇だとすると、その半世紀前まで卑弥呼が居た可能性はないでしょうか。

たとえいても天照大神的な太陽神中心の祭祀をしていないので、天照大神に比定するのは無理でしょう。『魏志倭人伝』を使って議論している以上、宗教の話だけ『魏志倭人伝』を無視しようというのは虫が良すぎます。

②神功皇后と卑弥呼の関連

☆天照す女神が憑くは昼間なら、灯を上げて見はアリエールかは

記紀で神功皇后を書くときは『魏志倭人伝』を参照したという解釈もあります。卑弥呼の記事を入れようとしても大和政権の伝承には三世紀、四世紀の女帝がないので、神功皇后という架空の人物を作って、卑弥呼の真似で巫女的なことをさせたという解釈です。唐では卑弥呼という鬼道を行う女王が居たことになっているので、歴史書を編纂するに際しては神功皇后が必要だったというのです。

七世紀までは同時代の文字史料がほとんどないので、史実の確定は出来ませんが、神功皇后にはリアリティを感じる箇所がいくつもあります。もし架空の人物だったら、架空の人物だと疑われないように書くはずですし、きっちりと血統が七世紀以降の皇室につながっているように書く

筈ですね。わざわざ神功皇后で切れているように気づかせようとするでしょうか? 第十講で詳しく展開します。

朝鮮古代史の常識からみれば当時倭国が新羅を占領してしまうような事件は見当たらないように言われます。しかし、倭が紀元前後から海岸を荒らしたことは『三国史記』にありますし、「高句麗好太王碑文」でも大規模な侵攻は窺えます。朝鮮・韓国の研究者は倭国を未開で弱小だったと見なしたいのです。文字の本格的な使用が仏教を導入した6世紀後半以降なので、朝鮮諸国に文明において遅れをとっていて、とても大船団で侵攻するような国力はなかったはずだと誤解しています。

ところが倭の本拠地は任那・加羅の地域にあったのです。新羅侵攻もその高海原（高天原は五世紀からの呼び名）と海原（対馬・壱岐）がお膳立てして、倭国西朝を半強制的に参戦させたものだということなのです。

もし息長帯比売命（神功皇后）が架空の人物なら、新羅侵攻を強制されたようには描かない筈ですね。それに帯中彦大王（仲哀天皇）が住吉明神の教えに背いたので死んでしまったような発想は、記紀の編纂者は思い浮かぶはずはありません。八世紀初めの記紀の段階では天照大神の直系の大王家は神々よりも格が上ですから、呪い殺されたり、寿命が縮められる事はありえません。架空ではなくて、本当に住吉明神に脅された、あるいは「死んでしまえ」に当たる言葉「一道《ひとみち》に向かいたまへ」を憑依された息長帯比売命から言われたので、ショックで寿命を縮めたようなことがあったのでしょう。

元々は高海原が宗主国で、海原は大八洲の三倭国を通商で結んでまとめていたので、住吉明神の方が帯中彦大王より格が上だったのです。後世の大和政権一元論の立場からの作り話ではそういう設定は不可能なのです。

神功皇后が卑弥呼に結び付けられるのは、香椎宮での沙庭で、天照大神が憑依したと記紀にあるからでしょう。それは七世紀になってから主神が差し替えられたので、元々は天之御中主大神が憑依したという話だったのを差し替えられてしまったのです。

もし天照大神に憑依してもらおうとするなら、夜中に沙庭はしませんね。ところが仲哀天皇は「灯をあげてみれば」息をしていなかったと描かれています、だから夜中だったのです。『古事記』仲哀天皇から引用しておきます。

「故、未だ幾久しくあらずて御琴の音《ね》を聞かず。即ち火を擧げて見れば既に崩《かむあが》り訖《をは》んぬ。」

③卑弥呼は百襲媛《ももそひめ》か？

☆百襲媛祟りし神の御杖代《みつえしろ》女王卑弥呼にありえざらまし

大和三輪山の近くに箸墓古墳があり、その築造年代が二四八年頃で卑弥呼の没年と一致するので、箸墓古墳に埋葬されている百襲媛《ももそひめ》こそ卑弥呼ではなかったかという説が大和説を唱える人々の間では有力です。

七代孝霊天皇の娘で、倭迹迹日百襲姫命《やまとととびももそひめのみこと》が正式名です。「ととび」は「鳥飛」ではないかということで、鳥が霊を表すとしますと脱霊型の巫女《みこ》ではないかということですね。巫女という点では卑弥呼も鬼道《きどう》の巫女ということですから一致しています。

でも卑弥呼は女王ですが、百襲媛は大物主神の御杖代《みつえしろ》であり、神の花嫁なのですから、明らかに立場が違います。どうして女王だった人が祟り神の花嫁だったことになったのか、そのあたりの説明なしで、墓の築造年代と卑弥呼の没年の一致だけで卑弥呼に決定というのは、かなり強引ですね。

三輪山の山頂には、高宮神社があります。それに、古代には日向神社が置かれ太陽祭祀が行われていたと考えられているそうです。三輪山の神の花嫁である百襲姫命がそれを仕切っていたのではと説明されているようです。

その説明こそ類推でしょう。もし天照大神が主神や大王家の祖先神なら、大王自らが祭祀する筈で、娘が代わりに祀るはずはありません。それに娘は大物主神に御杖代として捧げているわけです。御杖代の仕事は下手すると人口の過半が死んでしまうような大物主神の祟りがあるわけですから、祟り鎮めの上に太陽神まで祀るというのは考えにくいですね。

もっとも三輪山が太陽神信仰と縁が深いことは確かです。饒速日神は三輪山から駆け上る朝日の信仰だったわけで、その饒速日神は物部氏の族長になっているのです。ですから、物部氏の族長が饒速日神の現人神として仕切っていたと考えるべきでしょう。

百襲姫命が太陽神信仰を仕切っていたというのは、天照大神の血統だからということでしょうが、それがそもそも間違いで、大和政権の大王家は月讀命の子孫だったのです。七世紀になってから大胆にも祖先神を差し替えたのです。

百襲姫命が卑弥呼だったことを前提に考えるから、祟り神の御杖代でありながら、主神・祖先神の祭祀の主宰者という矛盾したことになるのです。大王は主神や祖先神を祀って、その権威を一身に受けて、他の神々と人々、森羅万象を支配するのです。ただ祟り神は大王や王朝自体に恨みを持っていて、従わないので、娘を捧げて慰め、祟らないで守ってくれるようにお願いしているのです。

④卑弥呼は甕依姫《みかよりひめ》か？

☆日の神の依代なりや甕依は宇気比の差し替えきづかざりしか

九州王朝説の古田武彦先生は「筑後国風土記逸文」に出てくる甕依姫《みかよりひめ》が卑弥呼《ひみか》だとされていますね。ウィキペディアから借用します。

「昔、この（筑前・筑後）国境に荒ぶる神がいて通行人の半分は生き半分は死んでいた。その数は極めて多かった。そこで「人の命尽の神」と言った。筑紫君、肥君らの占いによって、筑紫君等の先祖である甕依姫を祭司としてまつらせたところ、これより以降は通行人に神の被害がなくなったという。これを持って「筑紫の神」と言う。」

古田先生は卑弥呼を「日甕《ひみか》」と読みまして、太陽神が宿る依代と解釈されています。ですから、神功皇后が香椎宮の沙庭で天照大神が取り憑いたというのと同じなんですね。古田先生はラジオ放送で卑弥呼の遺跡が全くないのに神功皇后の遺跡が全国にたくさんある。特に筑紫に集中しているということで、実は筑紫の神功皇后の遺跡は卑弥呼の遺跡ではないかと言われているわけです。ということは、卑弥呼を記紀では神功皇后にしてデフォルメしているということでしょう。古田先生は九州王朝は七世紀まで続いたという主張なのです。それで、神功皇后の東遷などは作り話だということでしょうね。ともかく卑弥呼伝承が「筑後国風土記逸文」では甕依姫として遺ったという説のようです。

残念ながら私は、卑弥呼の君臨した筑紫倭国は熊襲に滅ぼされて、語り部は皆死んでしまった。文章化されていなかったので、卑弥呼伝承も全てなくなってしまったというのが歴史の厳しい現実ではないかと思います。それに神功皇后の話は卑弥呼の話よりも一世紀以上後ですね。もちろん創作だったら適当に挿し込むわけで、少々ずれても気にしないのかもしれませんが。

4 前方後円墳・三角縁神獣鏡の分布

① 箸墓古墳をめぐって

☆箸墓は時期規模ともに重なれど大王なりや祟り神の妻

さて大和説で決まりというのが考古学界では九割方を占めていると言われますね。それは恐らく纏向《まきむく》の箸墓古墳《はしはかこふん》の築造年代が卑弥呼の没年と重なりそうだということがきっかけです。

箸墓古墳の周濠《しゅうごう》で見つかった土器についていた炭化物の年代測定の結果西暦二四〇年～二六〇年に絞り込めたので、卑弥呼の死去が西暦二四八年とすれば卑弥呼の墓である可能性が高まったと評判になりました。でもそれは卑弥呼の墓と年代的な矛盾がないだけのことで、邪馬台国が大和だったらという前提のもとで言えることです。

それから卑弥呼の墓の径百歩だと『魏志倭人伝』にあるので、これは箸墓古墳の後円部の直系約一五〇メートルで「**卑彌呼以死大作冢徑百餘歩狥葬者奴碑百餘人**」とほぼ一致します。

魏・晋時代の一里は三百歩なんです。魏・晋時代の一里は四三五・六メートルですから、一歩は約一四五センチですね。だから百余歩は約一四五メートル強となります。「卑彌呼以死大作冢徑百餘歩狥葬者奴碑百餘人」と一致するわけです。でも、『魏志倭人伝』ではどうも短里（七六〜七七メートル）が採用されているようなのです。とすれば、一歩は約二五センチとなり百余歩で約三〇メートルほどとなり、大きさが違います。でも「殉葬者奴婢百餘人」というのですから相当巨大な古墳のようですね。

もし邪馬台国九州説を唱えるのだったら、どうしてその時期に突然巨大な古墳が大和でできたのかを説明する必要が有ります。そこは九州説の弱いところでしょう。明らかに前方後円墳の分布をみますと、畿内が圧倒していますね。

畿内中心に前方後円墳が分布していて、全国に広がっているというだけで、権力の中心が畿内にあり、大和政権が全国を統合していた証拠だと考えている人が多いようです。

ことはそんなに単純ではありません。倭人通商圏が形成されていて、倭人文化が共有されていれば、同じ形の墓が各地に作られても、畿内政権による統合がなされていたと決めつけることはないのです。

海原倭国による水運で倭人各国はひとつの通商圏にまとめられていますから、関東から九州まで前方後円墳が分布していることが国家統合の決定的証拠とはいえないのです。墓制について地方豪族まで大和政権の定めた墓の形に統制されたという証拠はありません。

ではどうして前方後円墳という特徴的な墳形ができたのか、同一権力による統制以外に考えられるでしょうか?

古田学派の「市民の古代」の会長をされていた藤田友治さんの『前方後円墳』（ミネルヴァ書房）によれば、あれは壺型だというのです。

壺はそこに入れられた魂の霊力を何倍、何千倍、何万倍に増幅する働きがあると信仰されていたのではないか、だとすると、巨大な壺に族長の遺体を安置することにより、族長霊がその部族を守ってくれる効果が期待できると考えたということです。

そうなると巨大化を競い合うのは分かりますね。だから前方後円墳という言い方は当時はしていません。江戸時代後期の蒲生君平の『山陵史』ではじめて使われたらしいのです。墓の形を死者を運ぶ車の形としたので前が方形ということになったのです。

ところでよく問題にされるのですが、箸墓古墳は卑弥呼の墓とすれば『魏志倭人伝』には「径百餘歩」とあり円墳ではないのか、前方後円墳なら円墳の直径で表現するより長さ二七八メートルで表現するはずだといいますね。約二百歩足らずです。それで山尾幸久先生が若手研究者だった頃に箸墓古墳は最初円墳だったけれど、後《のち》に前に祭場を方形につくったので前方後円墳になったという論文を発表されたことがあります。なるほどと思いましたね。でもその後の調査で最初から壺型だったという説が有力になりましたが。

古墳時代は卑弥呼の墓から始まったということですから、古墳の数や大きさなどは卑弥呼が亡くなってからの話です。それに古墳の量から畿内のほうが大規模な国家があったとしても、筑紫に邪馬台国連合がなかったとはいえません。

もし大八洲に筑紫と畿内に倭人国家が並立していたら、魏の遣いは大規模な方に行ったのじゃないですかと思われがちですが、それは断定できません。軍事的な意義としては筑紫倭国の方が利用しやすくて、それで筑紫倭国に行ったことも考えられます。『魏志倭人伝』には邪馬台国連合の東にも倭種の国があると記していて、それの方が小国だとは書いていませんね。

②三角縁神獣鏡を巡って

☆授かりし銅鏡百枚いずれなる三角縁は五百を超えて

『魏志倭人伝』では魏の皇帝が卑弥呼に魏の鏡を百枚下賜《かし》したという記事がありまして、その鏡が三角縁神獣鏡《さんかくえんしんじゅうきょう》かどうか、また三角縁神獣鏡の分布から邪馬台国の場所が特定できないかどうか、大いに議論がありました。

「さらに特別に紺地句文錦《こんじこうもんきん》三匹・細班華罽《さいはんかけい》五張・白絹五十匹・金八両・五尺刀二口・銅鏡百枚・真珠・鉛丹各々五十斤を与えよう。」魏から特別に倭国に好意を示そうとおまけに下賜されたものに入っていたもので、これを配ることで、魏の後ろ盾があることをアピールできるのです。この銅鏡百枚というのは三角縁神獣鏡のことかと思われていたのですが、それが百枚どころか既に五四〇枚も出土しているので、三角縁神獣鏡とは枚数的に合いません。

魏の年号が入っているので、魏で作られたモノだと思われがちですが、それがこれまで一枚も中国で見つかっていなかったので、倭国で宋から来た工人に作らせたものではないかという説もあります。ところが二〇一五年（平成二七年）には中国の骨董市で三角縁神獣鏡が発見されたそうです。それで倭人に下賜したらありがたがるので、倭人への贈答用の特別誂えという説もあります。

鏡を使った再生を祈る儀礼があって古墳から出て来るのかもしれないという話も聞いたことがあります。壺型古墳と考えれば古墳自体が呪術的な存在ですから、鏡を入れてその機能を強くするのは、よくあることだということで、特に卑弥呼と結びつける必然性はないでしょう。

大和政権があって、その墓制が大和政権によって統合された地域に広がったと考えれば、その墓の分布や副葬品である鏡の分布がその統合の証拠として有効だと思われがちです。

三世紀半ばに大和政権が西日本全体を統合していないと邪馬台国大和説が成り立たないわけですから、大和説を唱える限り、墓制の一致や副葬品の一致が権力統合の証拠というしかないわけですね。でもそれは直接文献では証明できないのです。

私は、三貴神が三倭国をつくり、その興亡の歴史が展開され、その結果として磐余彦の東征があったと考えられるが、磐余彦は邇邇藝命の一夜妻の子の孫だから、地方豪族としか考えられません。だから磐余彦東征によっては西日本統合は出来ておらず、それは大帯彦大王の筑紫遠征までまたなければならないのです。としたら三世紀半ばは統合されていないから、大和説には無理があるという説明をしています。

でもこう反論されますね。「記紀はあくまで伝承にすぎないわけで、証拠にはならない。科学的実証的にはやはり考古学的な実証に頼るしかないのでは」と。しかし科学的に実証できるのは限られています。国家的には統合されていなくても倭人たちは海原倭国という水運を仕切っていた人々によって一つの倭人通商圏にまとめ上げられていたから、考古学者たちのいう大和政権が三世紀半ばには西日本を統合していたというのは証拠不十分なのです。

そのように私は考えていますが、それも仮説です。『魏志倭人伝』を読んでも狗邪韓国《くやかんこく》（「狗邪」は「伽耶」を魏の人が聞き間違えたものでしょう）が宗主国的な権威をもったとか、対馬国と一大国（壱岐）が海原倭国としてまとまっていたとも書いていませんし、交易はしていたとあるけれど、倭人通商圏を仕切っていたとも書いていません。それでやすいさんの妄想の世界ではないのかと言われかねません。

5 邪馬台国をたずねて旅程をたどる

☆幻の邪馬台国はいずくやと短里放射で筑紫山門か

「魏志倭人伝」に従っていくと太平洋の中に行ってしまうので、先ず、一里が何メートルにあたるのか、はっきりさせる必要が有りますね。それに方角も南に何ヶ月もいったらはるか南方洋上ですから、方角の見直しも必要です。

長里は一里が四三四メートルなのですが、『魏志倭人伝』の記述は短里説つまり一里が七六～七七メートルに基いていたと思われます。次頁の表ではかなり誤差が出ていますが、現在のように正確に測れたわけではありませんから、長里説では説明がつきません。短里説を採用してしまうと邪馬台国が畿内に届かないことになるので、長里説を採用する人もいますが、その人達は誇

	出発地	到着地	里数	実測値	1里の長さ	里数累計
①	帯方郡(ソウル)	狗邪韓国(金海)	7000余里	670 km	95.71m	7000余里
②	狗邪韓国	対海国(対馬国)	1000余里	116 km	80 m	8000余里
③	対海国	一大国(壱岐国)	1000余里	64.9 km	64.9 m	9000余里
④	一大国	末盧国(唐津)	1000余里	24.5 km	24.5 m	10000余里
⑤	末盧国	伊都国(前原)	500里	30 km	60m	10500余里
⑥	伊都国	奴国(博多)	100里	20 km	200m	10600余里
⑦		不弥国	100里			
⑧		投馬国	水行20日			
⑨		邪馬台国	水行10日+ 陸行1月			
⑩	帯方郡	女王国	12000余里			12000余里

①から⑥　実測値計 925 km÷10600 里=87.3　1里=87.3m

伊都国から邪馬台国の距離は 1500 里、1里=87.3m だと約 130 km

張していると解釈するわけです。

邪馬台国連合に狗邪韓国・対馬国・一大国なども属していたとしたら、私の言う高海原が宗主国という説は崩れますね。でも『魏志倭人伝』では、狗邪韓国・対馬国・一大国（壱岐）・末盧国（松浦）までは邪馬台国連合に属していたとはなっていません。もっとも属していなかったと書いてあるわけではありませんが。狗邪韓国から伊都国までの地図を載せますね。その後を考えましょう。（末盧国から）東南陸行五百里到伊都國、末盧国から伊都国の方角は東南ではないですね。

次に「東南至奴國百里」とありますが地図上では東ですね。東南だったら内陸部に入るところですが、「漢委奴國王」の金印が出たのは博多湾の志賀島ですから、ここでも「南」が信用できません。奥野正男さんによりますと、日の出の方角を東と認識していたので、夏には四十五度ほど北にずれることになり、実際は東北東にあっても、東南と認識してしまったようです。

奴国は人口が二万余戸もあります。伊都国や不弥《ふみ》国が千余戸に対してえらく多いのです。それで奴国が伊都国の東南に三世紀に移動していたとしたら、狗奴国との戦争のために伊

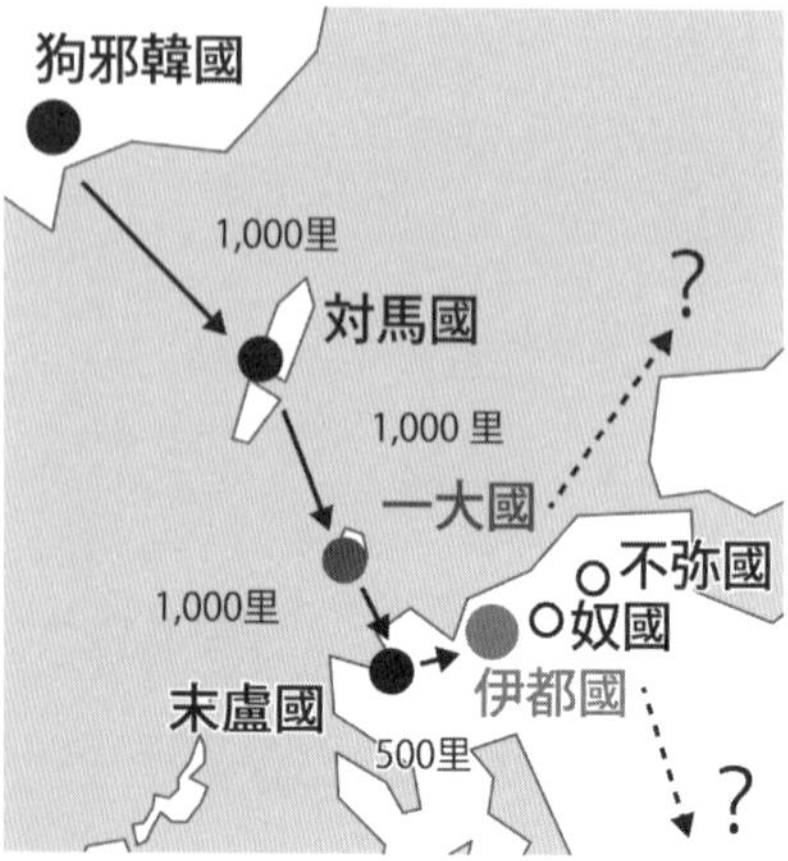

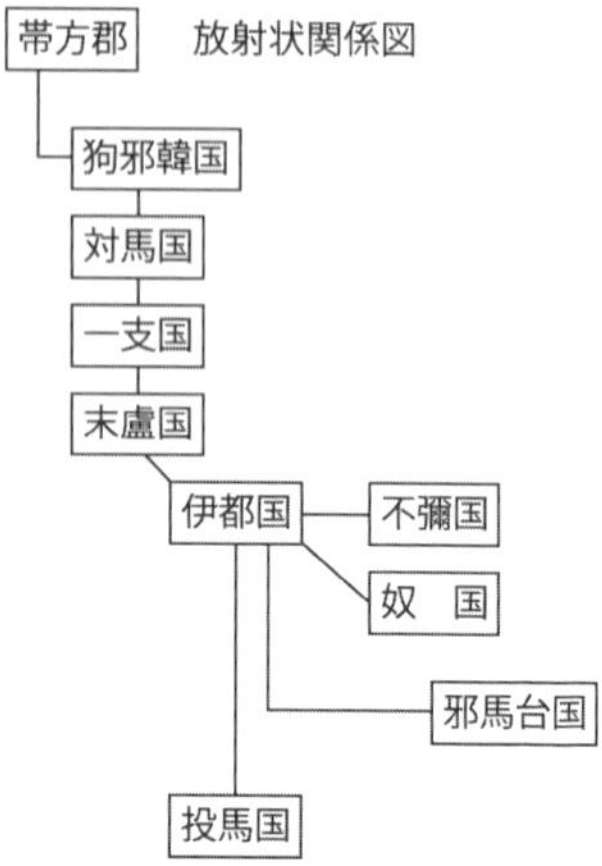

都国や不弥国から徴兵していたからという解釈も有るようです。もちろん博多湾に奴国があったとしたら、そこが交易の中心地だから人口が多かったということでしょう。

その不弥国は「東行至不彌國百里」とあるので、奴国から東に行くのか、それとも伊都国から放射読みして東なのかで読み方の論争があります。上の図だと奴国からさらに百里です。榎一雄が一九四七年に放射読みを考えついたのですが、「郡使往来し常に駐する所」とあるので、伊都国が起点だと気付いたのでしょうが、まさしく画期的な発見ですね。おかげで九州説ですんなり読めます。

奴国は、中心的な国という意味で「中国《なかこく》」と呼ばれていたと推理できます。その名残に「那珂川《なかがわ》」があります。「なか」を「ぬか」と聞き取られて「奴」の字を当てられてしまったのでしょう。元々は博多湾にいて中心的な国だったので、光武帝から金印をもらっていたのですが、筑紫全体の統合を目指して、大王家は山門《やまと》に進出して邪馬台国を作ったと思われます。放射読みだと、不弥国も博多湾近辺にあったことになります。博多の近くに東隣に宇美があり、不弥国はそこだったと言われていますから、当時は奴国が南下していれば博多湾あたりも不弥国だったかもしれません。

次に登場するのが投馬国です。「**南至投馬國水行二十日**」とありますね。これは不弥国が北九州市の門司あたりだったらそこから船に乗って南下するので素直に読めますが、放射説で伊都国から南と言われるとちょっとひっかかりますね。それに水行二十日となるとかかりすぎて、日本列島から離れてしまいます。

南とすればやはり薩摩の方に投馬国があって、筑紫倭国に属していたのでしょう。水行二十日は伝聞でしょうから聞き間違いです。実際に魏の遣いが投馬国に行ったということではないでしょう。邪馬台国に匹敵する五万戸もある国です。

さてやっと邪馬台国が登場します。「**南至邪馬壹國女王之所都水行十日陸行一月**」「**南邪馬台国に至る**」では、放射読みにしないと、それこそ薩摩から南へ太平洋のど真ん中になってしまいます。伊都国の南に、先程の奴国南下説だと奴国の西にあったということになります。だから結局「山門」説が妥当じゃないかというところに落ち着きます。

しかし距離がびっくりですね、「**水行十日陸行一月**」とあります。邪馬台国大和説なら南を東と解釈しまして、瀬戸内を十日かけて水路でいくか、山陽道を陸路行けば一月かかるところに邪馬台国があるということになります。九州説だと古田武彦先生は、「**水行十日陸行一月**」を帯方郡から距離であるとしています。「**自郡至女王國萬二千餘里**」が短里で書かれています、これが「水行十日陸行一月」ぐらいかかったのだろうということです。

「自女王國以北、其戸數道里可得略載、其餘旁國遠絶、不可得詳。」つまり女王国より以北は戸数・道里を略載できるが他の国は国名しか分からないとなっていて、その戸数・道里が記されているのは狗邪韓国・対馬国・一大国・末盧国と筑紫北部の伊都国・奴国・不弥国だけですから、そこに注目すると邪馬台国筑紫山門説は説得力が有ります。

6 邪馬台国東遷説の可能性

☆邪馬台は卑弥呼の御代は筑紫でも壱与の御代には大和に遷るや

元々、邪馬台国東遷説というのは、吉野ケ里遺跡と纒向遺跡を対比して、吉野ケ里に邪馬台国があったのが、三世紀になって纒向に移動したというような説だった記憶があります。

吉野ヶ里は三世紀になって大規模化しましたが、三世紀後半には衰退します。纒向は三世紀になってから整備されたようです。箸墓古墳の年代が二四〇年から二六〇年ということですが、纒向遺跡全体としては三世紀末から四世紀前半が最盛期です。それに残念ながら土器などで纒向で作られた土器以外のいわゆる搬入土器には九州で作られた搬入土器は見当たりません。隣国の伊勢が多いですね。もっとも九州から移動してきても土器を持ってくるのは面倒ですからね。

邪馬台国は卑弥呼の晩年になって東遷したとか、卑弥呼が亡くなってから東遷したとか、その際に卑弥呼の墓を纒向に遷したというようないろんなタイプの説があります。『魏志倭人伝』を読む限り、邪馬台国の位置を畿内大和にもっていくのは無理があるので、一応筑紫に想定しておき、考古学的な遺物では畿内が豊富なので、熊襲の狗奴国との戦いもあり、思い切って畿内大和に新天地を求めたのではないかという解釈です。もっとも『魏志倭人伝』には東遷を匂わせるような記事は見当たりません。

磐余彦（神武）東征を二世紀初頭に置きますと、三世紀半ばの卑弥呼の死は大和政権が出来てからになります。しかも磐余彦は筑紫の一豪族だったとすると、磐余彦東征によってできた大和政権は畿内政権であって、筑紫倭国は継続していたことになりますから、邪馬台国は筑紫しか考えらません。ところが同じ九州説の安本美典さんは、卑弥呼を天照大神に比定し、邪馬台国は神武東征で大和に遷ったという図式です。

しかし天照大神から磐余彦への系図は直系の系図になっていて、それで天照大神―忍穂耳命―邇邇藝命―火遠理命―鵜草葺不合命―磐余彦命は五代ですから、やはり百年はかかるでしょう。ともかく二四八年に卑弥呼がなくなり、その孫の曽孫の神武が三世紀の内に東遷するのはとても無理です。

安本さんは記紀が直系相続になっているのは信用していなくて、しかも古い時代ほど在位年数を短く取ります。そうすると神武の活躍二八〇年から三〇〇年でその五代前の天照大神は、卑弥呼同様二四八年頃没したと考えてもおかしくないことになります。

磐余彦は、邇邇藝命の一夜妻の子の孫だったので、筑紫倭国の王者ではなくて、地方豪族だったと私は解釈しますが、なにしろ説話なので一夜妻とか、産屋炎上とか、海幸彦・山幸彦の対立とか、海神宮とか、和邇の姿でお産するのを覗いたとか、東南アジアの説話の寄せ集めで史実とは程遠いと無視してしまえば、神武は筑紫倭国の大王だったという解釈になるのでしょう。

しかし天照大神の嫡流であることをアピールする意図で説話をつくるのですから、わざわざそ

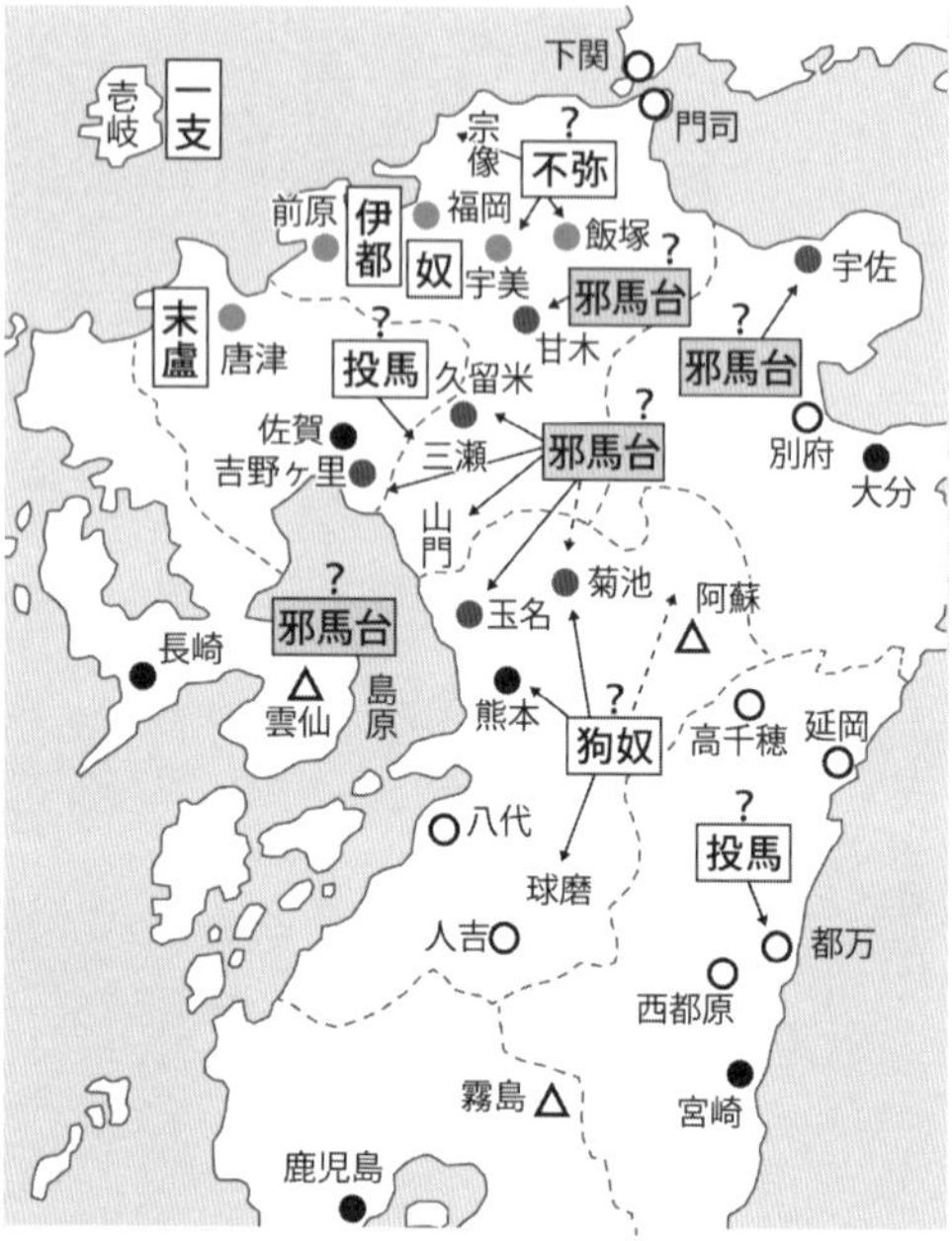

福岡県山門郡瀬高町サイト『邪馬台国を歩く』
http://inoues.net/setaka.html　より作成

れを疑わせるような一夜妻の子の孫のような血統にするでしょうか。一夜妻の子の孫というのが史実の反映とすれば、当然地方豪族に過ぎなかったことになるはずです。

それに安本さんは、天照大神は高天原で君臨していたと考えますので、天照大神＝卑弥呼ということになり、だから邪馬台国は高天原だということになります。それで高天原は朝倉市の甘木近辺に比定しています。甘木、安川、香山、岩屋・岩戸などの地名を神話由来とみています。

地名が筑紫と大和に共通のとか類似したのが多いので、邪馬台国が遷ったという印象をうけているようですね。瀬戸内の水運とか陸路もあるわけですから、筑紫から畿内大和の開拓に人々は移動していたので、地名も筑紫に由来していても不思議ではありません。東遷してしまって、筑紫に邪馬台国＝高天原がなくなったということなら、高天原からその後も神功皇后の新羅侵攻のような宗主国的な指示がありますから、話が矛盾します。

私の倭人三国仮説だと、《三貴神―三倭国―三種の神器》がセットになっていますから、月讀命のことは置いといて天照大神と卑弥呼を勝手に結びつけたりしません。天照大神を筑紫にもってきたら、じゃあ月讀命は何処にいたのか、宙に浮いてしまうのです。

記紀説話から古層は何かを見つけ出し、それがどう改変されたか検証すべきなんです。つまり古層は、大八洲に三貴神を送り込んで建国させ、それを海原の水運で結び、高海原がその三国をうまくコントロールするという構図です。それに抗って出雲帝国ができたり、出雲帝国を武御雷軍の奇襲でぶち壊したり、またその武御雷軍を宇摩志麻治命が出雲帝国残党を糾合して撃退したりするというプロセスがその上に展開したのです。

そうして再建された饒速日王国を百年後に制裁して、大和政権を樹立したのが磐余彦の東征だった。そして実は饒速日王国こそ天照大神が自ら海下りして建てた国で、磐余彦は天照大神の子孫ではなく、月讀命の子孫だったというわけです。それは第三講で詳しく展開しましたね。

☆第九講
英雄時代の謎
景行天皇と倭建命は架空の英雄か

1 景行天皇架空説の根拠
☆たらしなる七世紀の称号をつけて活躍四世紀の王

前回は邪馬台国論争について検討しました。その際、西日本の統合を行ったのは、大帯彦大王（景行天皇）の筑紫遠征であり、その時期は西暦四世紀前半だということでしたね。三世紀中頃に邪馬台国の女王卑弥呼が亡くなったのですが、その頃は筑紫倭国と大和政権とは別だったということです。邪馬台国大和説の大前提は、西日本が既に統合されていたことにあるわけですから、九州説を択る人は景行天皇の筑紫遠征以前は統合されていなかったことになります。

逆に邪馬台国大和説を択るのなら、何時、どのように西日本の統合がなされたのかの説明ができないと説得力はありません。記紀の記述に従えば、紀元前六六〇年になりますが、それはあり得ないとしても、磐余彦大王（神武天皇）の東征によって西暦二世紀初頭に統合されたことになるでしょう。

しかし本講義では磐余彦は邇邇芸命の一夜妻の子の孫ですから、王家を継承していたのではなく、地方豪族にすぎなかったので、磐余彦東征後も筑紫倭国はそのままだったということとです。

それで筑紫倭国は続いていた筈なのに、大帯彦大王は筑紫に遠征したものの、その時、筑紫倭国は存在しませんでした。筑紫倭国は一体何時どういう形で消滅したのでしょう？　しかしそれを検討する前に、ブーイングが起こります。この話は大帯彦大王（景行天皇）が実在したという前提で話しているが、学会では景行天皇は架空説の方が優勢ではないのかというのです。だから景行天皇の筑紫遠征の話の前に、景行天皇の実在を証明しろと言われるのです。

四世紀の同時代史料は見つかりませんから、架空の人物である可能性はありますね。しかし息子の若帯彦大王（成務天皇）は志賀の高穴穂宮で統治されたと言われ、その遺跡もあります。

その兄にあたる大碓命と小碓命についてですが、小碓命は倭建命と呼ばれ超人的な活躍をしています。あまりの超人的な活躍ぶりなので、かえって作り話だろうと言われます。その問題は後回しにして、大帯彦大王は西日本の統合を果たした人物として画期的な活躍をしていますので、相当の架空の人物だった証明でもない限り、安易に実在しなかったことにすべきではありません。

戦後実証史学は記紀が七世紀、八世紀にかなり権力者の都合で改変されていて、架空の大王もたくさんいるのだという前提で、存在した確固たる同時代史料や遺跡や遺物でもない限り、存在しなかったことにする傾向があります。しかしそれでは四世紀の歴史がほとんど消去されてしまいかねませんので、そうすると研究者たちが想像の翼を無制約に広げて、飛躍した議論が展開されることになります。

四、五世紀までの歴史はほとんど王朝の成立を証明するような証拠はないから、それ以降に朝鮮半島を経由して騎馬民族が侵攻したのではないかとか、御間城入彦（崇神）大王はミマキだから任那の城に入城した貴人ということで、任那を制して大八洲に侵攻したとか、朝鮮半島からの侵攻や朝鮮諸国の王室から大和政権に婿入りして大王になったとかいう説もあるようです。それらの中には真剣に検討しなければならないものもあるでしょうが、むしろ記紀の記述は信用できないということで、架空説で空白にしておいて、その歴史の空白を空想とかこじつけで埋め合わせているのもあるようです。

しかし四世紀を空白にしておいて半島からの侵攻などを仮定してしまいますと、今度は四世紀以前の伝承から切れてしまいますので、三貴神や饒速日、大国主などの説話や神武東征説話、崇神朝の祟りの話や箸墓伝説、大帯彦（景行天皇）の筑紫遠征などからの歴史の流れが、全くのおとぎ話になってしまいます。

実際に大帯彦（景行天皇）、小碓命（倭建命）、帯中彦（仲哀天皇）、息長帯媛（神功皇后）などが架空とされているのは、話の内容が英雄伝説化されていて現実離れしているせいもありますが、歴史物語と歴史を切り離して、歴史物語を歴史から消してしまったので、逆に薄弱な根拠で四、五世紀以降に大和政権の成立を説こうとするからなのです。

私が採用している「歴史知」という方法は、同時代の文字史料がほとんどない上古の歴史は、史実と確定できるようなものもないので、歴史物語として最大限に了解できるものによって歴史像を形成しておこうという方法です。ですから確かな証拠が見つかって、間違いと分かればいつでも撤回しますし、再構成し直す用意はありますが、今のところは確実に間違っているという証拠はない以上、歴史の流れとして最もあったと考えられる歴史像を作っておいて、それで納得しておこうということです。

たとえば欠史八代については大和政権の起源を古くするためにデッチ上げたという解釈もありますが、一代を百歳以上にすることで古く装っていますから、デッチあげるのだったらもっとたくさんの大王をデッチあげて不自然な年齢にしないという方法もあり得たはずです。ですから私の方法は、五代で百年程度だったとして、実在したと了解しておこうということです。内容が伝わっていないのは、初代のような建国者は詳しく伝わって当然だけれど、これと言った特色がなかったので、二代から九代は古いので口誦がだんだんと忘れられていったということで説明がつきますね。居なかったはっきりした証拠がないものを居なかったと決めつける必要はないだろうということです。

居なかったと決めつければ、それでは、彼の家族や知人や家臣たちなどもたとえ記紀に名前が出ていても架空の人物だと決めつけられがちに成ります。では大帯彦大王（景行天皇）が架空とされる根拠は何でしょう。ひとつは名前ですね。大帯彦が帯彦（たらしひこ）つまりたらしは威力を及ぼすという意味で支配者を意味し、彦は貴い男を意味するのでこの部分は称号なので大だけの名前になり、結局「大旦那」ぐらいの名前だから、普通名詞と変わらないから、いい加減につけたもので架空だろうというのです。でも現在でも、「太郎」とか「治」とかザラに居ますから名前が単純というのは架空説の根拠としては説得力はありません。

「タラシヒコ」という称号は十二代景行（大帯彦）・十三代成務（若帯彦）・十四代仲哀（足仲彦の三天皇が持っています。七世紀前半の三四代舒明（息長足日広額）天皇・三五代皇極（三七代斉明）（天豊財重日足姫尊）天皇に同じタラシがついています。それでタラシヒコの称号は実は、七世紀前半のものでないか、十二、十三、十四代の称号は後世の造作だ決めつける研究者がいるのです。

しかしそれも穿った見方ですね。口誦伝承があって、昔～帯彦と呼ばれていた大王がいたということを七世紀の朝廷でも伝承されていたとすれば、かっこいい称号なので同じ称号をつけたのかも分かりませんね。後世にも同じ称号があることが過去にあったことを否定する根拠になるという論理は説得力に欠けています。

もう今（二〇一九年）から半世紀以上前の話になりますが、私が立命館大学の日本史学専攻の学部生だったころ、「歴史は常に現代史だ」というような言葉が流行っていた記憶があります。つまり現代は今体験しているありありとした事実ですね。過去の歴史は常に記憶として再生され、現在において再構成されるので、現代のバイアスがかかってしまう。過去の中に現代の体験を投影して、過去の歴史だったことにしてしまうというわけです。それで現代使われている称号も過去に架空の大王を作る際に使ってしまうということでしょう。

そういうことも一概には否定できませんが、四世紀に大帯彦大王が実在して、筑紫が熊襲に制圧されたので、筑紫に遠征して西日本統合を完成させたという歴史があったとしたら、それは重大事件ですから、口誦伝承されて七世紀まで伝承された可能性も大いにあるわけですね。

もっと酷い話ですが、白村江の戦いから持統天皇の文武天皇への譲位までの歴史を神話化して、神功皇后の新羅遠征から神功皇后から応神天皇への皇位継承までの話を創作したという説があります。景行天皇から神功皇后までの話は架空だと決めつけていればそういうことになるのかもしれません。そういうことで空白の四世紀を作り出し、今度は全く荒唐無稽な半島からの侵攻譚等を入れて、大和政権の成立を説明しようとするわけです。その方が科学的だと思っているようですね。

私の歴史知という方法では、どちらも所詮歴史物語の域をでないのなら、記紀伝承で明らかに間違っていると思われるところを修正して、納得できる歴史像を形成しておいたほうがいいのではないかということです。つまり大帯彦大王（景行天皇）の筑紫遠征や倭建命の熊襲征伐や蝦夷平定、息長帯比売命（神功皇后）の新羅侵攻や倭国再統合、強盛大国としての河内王朝の形成もなかった証拠はないのだから、明らかにオーバーなところや矛盾点などを修正しながら歴史の流れとして認めてもいいのではないかということです。

2 熊襲による筑紫倭国滅亡

☆輝ける女王卑弥呼の栄光も露と消へしは熊曾故かは

神武東征が筑紫の一豪族磐余彦一族の東征であり、筑紫倭国全体の東遷ではないということは既に展開してあります。ということは筑紫倭国はその後も続いていたわけです。だから邪馬台国大和説は、西日本統合が前提なので成り立ちません。筑紫の山門《やまと》を中心にした筑紫倭国が卑弥呼の時代も続いていたということです。ただし、三世紀前半は熊襲勢力と思われる狗奴国との戦争が激化していて、卑弥呼の死もそれに関係しているかもしれません。

卑弥呼の死後男王が立ちますが内紛が収まらないので、卑弥呼の宗族である壹與《いよ》（臺與の書き間違いなら読みは「とよ」）を立てたら治まったということですが、ともかく内紛をしていたら熊襲に滅ぼされてしまうような状態で、壹與を立てたということらしいですね。

邪馬台国東遷説だと筑紫では国造りは難しいということで、大和纏向《まきむく》に国を遷したということになります。しかしその説はこの講義では採用できません。だって西暦二世紀初めに磐余彦大王が大和政権を建てていますから、三世紀後半に壹與が国を西に遷して大和政権ができたという説はとれません。

四世紀の初めに崇神天皇（御間城入彦大王）が即位十二年にしてやっと国を鎮め、各地に将軍を派遣して大八洲の統合にのりだします。これを四道将軍といいます。ただし筑紫倭国が続いていたという前提にたてば、西道将軍の吉備彦は筑紫までは平定していないはずです。

筑紫にまで遠征した大和政権の大王は大帯彦大王（景行天皇）が最初です。それは筑紫倭国が熊襲勢力に滅ぼされてしまったからだと思われます。熊襲による筑紫制圧があり、筑紫倭国が滅ぼされたという私の説に対して、村落や古墳などに筑紫倭国が滅ぼされたというのならその痕跡があってもよさそうだが、全く無いので、熊襲による筑紫倭国滅亡仮説は裏が取れないという批判がありますが、大帯彦大王の遠征後、生き残った倭人はもとに戻ったので、遺跡にはその痕跡は遺っていないということでしょう。ただ、筑紫倭国の伝承は語り部がほとんど殺されたのか、磐余彦の家系に関する説話以外はすべてなくなっているわけです。『日本書紀』景行紀より引用します。

「十二年秋七月、熊襲これに背いて朝貢せず。八月乙未朔己酉、筑紫に御幸《みゆき》す。九月甲子朔戊辰、周芳娑麼《すはのさば》に至る。時に天皇、南に望みて、群卿に詔して曰はく、「南の方に、烟氣、多く起つ。必に賊、将に在らむ。」則ちこれに留まり、先づ、多臣の祖、武諸木・國前臣の祖、

菟名手・物部君の祖、夏花を遣はし、其の状を察しめる。」

現在の山口県のところまで、熊襲は進出していたわけです。偵察をだしたところ神夏磯媛《かむなつそひめ》という熊襲の女王の軍勢で、大帯彦大王の到着を待ち、連携して熊襲を討伐しようということです。

ええ？　それなら熊襲を裏切るということになりますね。

「爰《ここ》に女人有り。神夏磯媛《かむなつそひめ》と曰ふ。其の徒衆、甚多なり。一國の魁帥《かいすい》なり。天皇の使者の至るを聆《き》きて、則ち磯津山の賢木《さかき》を抜りて、以て、上枝に八握劒《やつかのつるぎ》を挂《か》け、中枝に八咫鏡《やたのかがみ》を挂け、下枝に八尺瓊《やさかにのたま》を挂け、亦、素幡《しろはた》を船の舳に樹てて、参向《まいり》て啓して曰す。」

「一國の魁帥」とありますが、恐らく一部族を率いていただけでなく、熊襲全体を統率していた時期もあったのでしょう。何故分かるかといいますと、賢木に三種の神器を掲げていますね。これは筑紫倭国を倒した時に得た戦利品なのです。

筑紫倭国の神器は八尺瓊の勾玉ですね。出雲の神器は大国主を奇襲した際に奪ったもので天叢雲剣ですが、八握劒とここではなっています。饒速日王国には八咫の鏡が伝承されていたのですが、大国主命が奪っていました。これも大国主命をやっつけた際に奪ったものでしょう。それらは筑紫倭国に持ち帰られていたわけですね。それは高海原（高天原）に献上されたと思われますが、あるいは筑紫倭国は模造品を作らせて、本物は自分で持っていたか、本物は献上して、模造品を筑紫に置いておいたかしたのでしょう。

それは倭人国家にとって最も重要な神器ですから、熊襲全体の王が筑紫倭国を倒した記念に握っていたのでしょう。ですから熊襲が筑紫倭国を滅ぼしたということが窺えます。そして三種の神器を差し出せば服従の印になるということです。それに船の舳先《へさき》に素幡《しらはた》つまり白旗を掲げていますから、戦わずして降伏の合図なのです。

3 景行天皇の熊襲攻略戦略――敵の内紛を利用する

☆大王の寵愛得むと父酔わせ殺《あや》めし娘罪に問はれき

いきなり相手の女王が降伏してくるとは幸先がいいですが、これはどういう事態かということですね。恐らく、筑紫倭国を滅ぼしたものの、だれが筑紫の王になるかで内戦になったのでしょう。もちろん熊襲の中の他の部族を裏切って、大和政権に与《くみ》するのは心苦しいところがあったでしょうが、恐らく今まで、神夏磯媛に従っていた連中が叛旗を翻して、女王を斃しにかかってきたので、生き延びて、彼らをやっつける方策としては大和政権と手を組むしかなかったということでしょう。

しかし記紀の記述はそのまま簡単には信じられませんね。筑紫倭国を滅ぼされたので、同じ倭人の大和政権が討伐に来たのだから、普通なら、待ち伏せして攻撃を加えて、大和政権を倒してから、その勢いで、熊襲内の反逆者をやっつけるところです。だとすると周防の座間で待ち伏せしていた敵をいち早く察知して、夜陰に紛れてか何かで、神夏磯媛を拉致したかもしれません。その上で、自ら進んで降伏したことにし、熊襲内の反女王派を一緒にやっつけるという同意を取り付けたのかもしれません。

ともかく大帯彦大王としては筑紫は既に熊襲の手に落ちていたので、大和から遠征して、敵地で熊襲を遠征軍がやっつけるのは極めて困難ですから、敵の分断作戦しか勝つ方法はありません。その意味では神夏磯媛の方から進んで降伏してきたというのはちょっと出来過ぎですから、待ち伏せ作戦を事前に察知して、手薄になった敵の本陣を衝いて神夏磯媛を拉致したうえで、敵の内紛を最大限利用したということでしょうね。

筑紫倭国は滅亡していましたから、熊襲が筑紫の大部分を制圧していたわけです。いわばアウェーでの戦いですから、大帯彦大王も苦戦を強いられますから、そこは計略で切り抜ける必要が有ります。娘を寵愛しておいて、その娘が大王に気に入られようと、自分の父を酒に酔わして殺したら、親不孝だと言ってその娘を殺し、妹を国造にしています。金品や地位、大王の寵愛などで誘って、親不孝をさせたり、仲間割れをさせて熊襲同士を戦わせて、できるだけ自分は危険を回避して勢力を拡大する作戦ですね。それでも筑紫遠征に七年余りかかっています。

ただ景行天皇架空説の根拠にもされていますが、この筑紫遠征の記事は『日本書紀』にはあっても『古事記』には出てきません。それは『古事記』は倭建命の英雄譚に力を入れていますから、景行天皇の筑紫遠征は省略したようです。それは西日本統合は既に神武天皇の東征で出来ているというのが、記紀の立場ですから、景行天皇の筑紫遠征は綻びを修繕したにすぎないからです。私の説では景行天皇の筑紫遠征で西日本統合が初めて出来たのですから、景行天皇は倭建命以上の大英雄として扱われるべきなのです。

4 倭建命は実在したか？

☆大碓の手足ちぎりて薦つつみ投げ棄てつとやねぎ教へしか

大帯彦命（景行天皇）の筑紫遠征は、西暦三三〇年代に行われたと想像されます。平定に七年間かかったのです。しかし纏向に戻りますと、数年後に熊襲が貢をよこさなくなったので三四五年頃に小碓皇子が単身刺客《しかく》として派遣されます。いきなり皇子を刺客だなんて面食らいますね。『古事記』にあたってみましょう。

「兄は朝夕の大御食《おほみけ》に参い出で來ざる。專ら汝、泥疑《ねぎ》教え覺《さと》せ。如此《かく》詔りて以後、五日に至るまで猶参い出でず。爾くして天皇小碓命に問い賜わく、「何しかも汝が兄は久しく参い出でざる。若し未だ誨《おし》えず有りや」。答えて白さく、「既に泥疑爲つ」。また詔らさく、「如何にか泥疑つる」。答えて白さく、「朝曙《あさけ》に厠に入りし時に、持ち捕り批《ひだ》きて、其の枝に引き闕きて薦に裹《つつ》みて投げ棄てき」。是に天皇、其の御子の建けく荒き情《こころ》を惶《おそ》れて詔りて、「西の方に熊曾建《くまそたける》二人有り。是、伏わず禮无《いやな》き人等ぞ。故、其の人等を取れ」と遣しき。」

食事というのは食材となって命を与えてくれる動植物を神として祀り、感謝を捧げる神聖な儀礼ですから、宮中では王子たちは大王と共に食事をしなければならないのです。それをすっぽかしている大碓王子を教え諭して、食事に連れてくるように弟の小碓王子に命じていたのに五日たってもこないので、小碓王子に「まだ教えていないのか」と尋ねると、「既にねぎました」と応えます。

つまり「ねぎ」は「ねんごろに」という意味ですが、かみ砕いて分かりやすく教えなさいという意味を曲解して、兄の体を「バラバラにして薦に包んで投げ捨て」たというのです。

梅原猛先生は、スーパー歌舞伎の台本にするにあたって、このままだと狂気としか言えませんので、兄を諭しに行ったら、兄から謀反計画を打ち明けられ、それで加担を拒否したら、兄が切りかかって来たので、返り討ちにしてしまったことにしています。確かに『古事記』のままだと使えませんね。

それで帝はびっくりして、あまりに猛々しく荒っぽいので、恐れまして、「西の方に熊曾建《くまそたける》兄弟がいるが、やつらは帝に伏さないで、貢などの献上しないなど礼に欠けるので、だからその二人を殺してこい」と刺客にしたのです。熊曾を平定するのに単身忍び込んで頭目を二人殺してくるなど、王位継承の有力者に命令するのは非常識ですね。ところが最近の韓流《はんりゅう》時代劇の古代版などですと、そういう武芸に長けしかも隠密的な行動や刺客をする王子などが出てくるので、魂消《たまげ》ます。

結局倭媛の入れ知恵で女装して熊曾の館の落成の宴に紛れ込み、酒で酔わせた上で兄建の胸を刺し、逃げる弟建が上がり框《がまち》から落ちそうになったところを尻に剣を挿し込んで殺します。これは強い小碓が強さを隠して弱い女のふりをし、強い熊曾を酒で弱くして騙し討ちするというやり方です。

どうも兄をいきなり手足を引き抜いて殺して薦にくるんで捨てたというのはいくらなんでも乱暴すぎて、信じがたいですね。『日本書紀』では兄殺しの話はありません。熊襲征伐から凱旋した小碓王子は、蝦夷征伐についていては帰ったばかりだからと言って兄に譲りますと、兄は怖くなっ

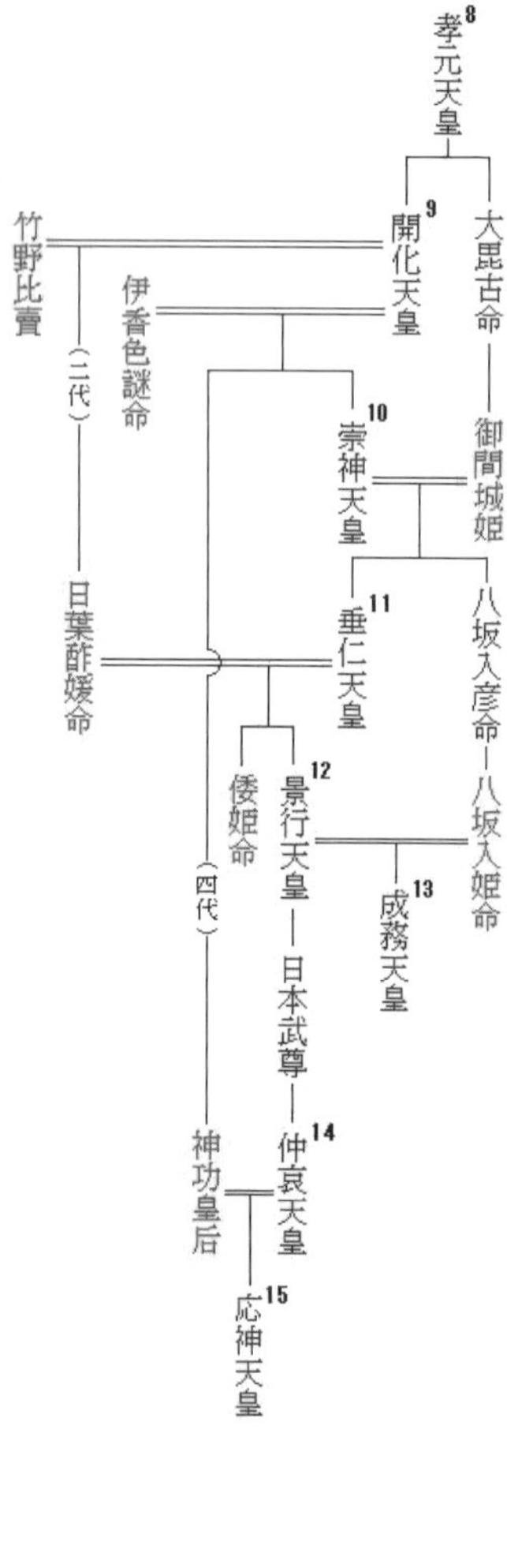

て所在を晦《くら》ましたので、父帝は地方官に大碓王子を左遷しています。

経緯は定かではありませんが、父帝は高齢だし、纏向の都をまた長期間留守にすれば、纏向でクーデターが起きたり、蝦夷に攻め込まれたりしないともかぎりません。だから熊曾建兄弟を討つように小碓王子に命じたことはあるかもしれませんね。ただし、単身刺客としてでなくて、暗殺団を率いて、まだ若いので実際は暗殺団について行ったということかもしれません。

そして熊曾を油断させるために宴会に女性の接待係や踊り子を潜入させ、酒に眠り薬やしびれ薬を仕込んで、抵抗できなくなったところを討ち取ったということでしょう。韓流ドラマでも王子が超人的に強いように描いていますが、その方がお話として面白いからで、実際には戦闘集団が強かったということでしょう。

それにしても王子にそんな危険な仕事をさせるだろうかという疑問ももっともですが、王にすれば、王子の存在が脅威だということです。昔は若くても病気や戦で死ぬ事が多く、王が死ぬのを待っていますと、王子の方が先に死ぬこともよくあるわけです。ですから幼いうちから太子を決めておくことはなかったようです。太子に成れば、早く父王に死んでもらいたいということで、毒をもられたりするかもしれないということですね。それで太子も決めないし、息子が大きくなればどんどん危険な仕事につけて、勉強させるわけです。もしそれで死ねば、王子はいくらでもいますから、世継ぎの心配はないということです。

それに若い内に色々冒険して危機を切り抜けてきたことで、立派な大王に成れるということもありますね。だから小碓王子が実在して危険な冒険をさせられたということはあった可能性は十分あります。もちろん記紀のヤマトタケル説話自体は物語性が強くて史実とはかかなり乖離しているでしょうね。

5 建国説話としてのヤマトタケル

☆戦いに斃れし戦士は白鳥に成りて平和の夢にはばたく

それにしてもあくまでも物語としてですが、興味深いのが熊曾の弟建に建《たける》の名をもらうということですね。物語では単身乗り込んできて、熊曾の勇者たちを女装で欺き、頭を二人もやっつけたのですから、その勇気と知恵に驚嘆させられたのです。そこで自分の建という名を名乗って欲しいというのです。名前には霊が宿っているので、ヤマトタケルが活躍することで熊曾建の霊もそこに加わって活躍することになるということですね。言霊信仰の一種でしょう。ただ名前に霊が宿るという二元論的解釈より、名前が霊であるという解釈の方が正確かもしれません。弟建から小碓王子に建という名前霊が乗り移ったということです。

それから物語としては単身乗り込んだ小碓王子を熊曾の勇者たちは酔っ払っていることもありますが、頭目がやられると敵討ちだということで小碓王子をやっつけそうなのに、恭順してしまいます。恐らくその理由は、小碓王子の行動があまりに勇猛だったので、とても人間業とは思えない、きっと荒ぶる神須佐之男命が再来したに違いないと思ったのでしょう。須佐之男命が相手なら何十人、何百人、何千人かかったって勝てっこない、死体の山を重ねるだけだということですね。ですからここで須佐之男命の武による出雲建国を再現しているということです。

熊曾を鎮めて、大和に凱旋する前に小碓王子は出雲に立ち寄っています。出雲については大帯彦大王が熊曾を平定したので、その勢いに呑まれて大和政権に服属していたのですが、やはり貢を怠りがちになっていたようなので、小碓王子が立ち寄って服属を確認しようとしたわけです。つまり三倭国の統合を大帯彦大王は成し遂げたものの、熊曾だけでなく出雲も分離しようという動きがすぐに出てきたわけですね。

出雲でもアウェーですから、謀略を使って出雲建を殺します。つまり盟友関係の契をして油断させておいてから、武術の手合わせをしようと誘い、刀を交換しようと言って、赤樫で作った偽の刀を相手に取らせて斬り殺してしまったのです。大和政権からみれば出雲は大和に服属しているのですから対等ではありえません。友の交わりなど無礼なので殺しても良いということですが、友の契りは小碓王子から相手を油断させるために提案したようなので、小碓王子の振る舞いは卑怯ですね。さすがに梅原猛先生もスーパー歌舞伎の戯曲を書く時に、出雲建の話はあまりに卑怯な騙し方なので、主人公にふさわしくないとして、スルーされています。

それで西日本統合の補修を成し遂げた小碓王子は、意気揚々と纏向に凱旋しましたが、すぐに蝦夷平定を命じられます。しかも吉備彦というお付きを一人つけただけです。『日本書紀』ではさすがに軍を率いさせています。『古事記』では小碓王子が兄をバラバラにしたり、単身熊曾に乗り込んでも見事に敵の頭をやっつけて凱旋したりで、父帝は乱暴な息子に脅威を感じて危険な仕事をさせるわけで、親子の葛藤が物語のテーマになっています。『日本書紀』では熊曾や蝦夷などの辺境民を平定して大八洲の統合と安定を図る帝や王子の活躍がテーマです。親子の葛藤は描かれていないわけです。

人間ドラマとしては親子の葛藤を入れた『古事記』の方が迫力があります。そのことによって、大和政権から差別され、虐げられている辺境の民と、帝から遠ざけられ、辺境民に殺させようとされている小碓王子とは、その境遇に共通性があります。だからただ武力で押さえつければいいというのではなく、どうすれば大和と熊曾や蝦夷が共存共栄できるかまで考えさせられる内容になっているのです。

と言ってもさすがに単身で敵地に乗り込ませるのは非現実的で説得力に欠けますね。実際には十名程度随行者はいたはずです。蝦夷を平定すると言っても、お供はほとんど居なかったのですから、軍事的に攻略するのではなく、各地の豪族の館を巡って事情を視察する巡察使が実際の役目だったと思われます。あくまで各地の実情を視察し、貢が遅れている事情をよく調べて、対策を一緒に考え、指導する役目です。各地を巡るので、いろいろな対策を見聞でき、また比較対照して名案を考え出したり、地縁的な協力体制を作るのに仲介役になったりしたのでしょう。

蝦夷の中で明らかに大和政権に背いている豪族のところへは行かず、その周辺の豪族をたずねで、地位や利益を与えるからと言って、その反逆者を孤立させ、蝦夷によって蝦夷を討たせるというやり方だったようです。だからヤマトタケルの一行が軍事的に襲撃される『古事記』に描かれた場面は、相模野の火攻めぐらいで、後は、海が荒れたり、鹿が襲って来たように見えたり、伊吹山で氷雨にうたれたりです。結局物語では伊吹山での被災が原因で能褒野《のぼの》で死んでしまいます。

伊吹山の現地の伝承では、ヤマトタケルは伊吹山でなくなって、白鳥になったようですが、『古事記』では能褒野までたどり着いてから死んだことになっています。伊吹山で重症になっているので、本当なら、尾張の美夜受媛《みやずひめ》の館に戻り休養する筈ですね。何故無謀にも大和への帰路を急いだのかちょっと説得力がない展開です。ただ悲劇としては、熊曾や蝦夷は平定されてしまうのですが、彼らにすれば倭人の支配というのは、外から無理強いされたもので納得できないので、大和政権側もなにか大切な者を犠牲に差し出す必要があるのです。それが英雄ヤマトタケルの死ということでしょう。

こうして四世紀になってやっと西日本だけでなく北陸・信濃・東海・関東まで大八洲の統合がなされていったという建国叙事詩になっているわけです。しかも『古事記』のヤマトタケル説話は文学としてもよくできていますね。相当の詩人でないと書けないので梅原猛先生は、柿本人麻呂の労作ではないかと睨んでいます。弟橘比売命《おとたちばなひめのみこと》が走水で嵐にあって神の怒りを鎮めるために入水する際に詠った「佐泥佐斯 佐賀牟能袁怒邇 毛由流肥能 本那迦邇多知弖 斗比斯岐美波母（さねさし相武《さがむ》の小野に燃ゆる火の火中《ほなか》に立ちて問いし君はも）」などは短歌史上最高傑作ではないかと私も思っています。万葉仮名でも書いたのは、「相武の小野に」を「相模の小野に」と私も間違えて覚えていたからです。相武は相模と武蔵野の総称です。

絶体絶命のピンチの中で自分の生き死により、命がけで自分を追ってきてくれた弟橘媛の命を救いたいという気持が強くて絶叫してくれたわけですから、これほど確かな愛の証しはありません。九分九厘生還出来そうもない、蝦夷征伐に夫はでかけ、草生《くさむ》す屍《かばね》になって骨も帰ってこないのが運命です。それなら追いかけて、夫が死んだら自分も死のうという覚悟ですね。そして相模野か武蔵野で騙されて火攻めでいよいよ最後という時に自分の名を呼んでくれて、弟橘媛はそれで十分報われたのです。それで夫を救えるのなら自分の命は喜んで捧げられるという気持になれてこの歌を詠み入水したのです。

しかし愛する女を救えないで、国を救って何になるという気持にもなるわけで、彼女の死をムダにしないようにと目一杯頑張るのですが、箱根で白鹿を誤って殺してしまい、ひょっとして弟橘媛が生まれ変わって会いにきてくれたかもしれないのに、また無用な殺生をして自分の妻を死に追いやったのではないと思うと哀しみが溢れるのを止められなくなり、「吾嬬《あづま》はや」と嗚咽《おえつ》します。

戦の哀しみというのは戦士だけではなく、戦士の家族の哀しみでもあるわけで、現存する最古の歴史書が厭戦的な気分に溢れ、平和への切実な願いが盛られているのです。これは日本人として大いに誇りにすべきことですね。

しかもヤマトタケルは死んだら、戦士から白鳥に変身しますね。戦士として戦ってもそのことでもたらされる平和は一時的です。戦いは戦いを呼びます。蝦夷《えみし》の独立の戦いは平安時代まで続き、陸奥に奥州藤原氏という蝦夷の王国ができ、頼朝軍に追われて蝦夷地《えぞち》に移りました。それがアイヌの祖先ではないかと言われています。

武器を持たない、動物を殺さない白鳥になってこそ平和で豊かな国造りができるということですね。ですから、『古事記』のヤマトタケル説話は武力による国造りではなくて、和による国造りの理想の夢を託しているのです。儒教的に言うならば、覇道を退け、王道つまり仁義に基づく国造りですね。また現代的に言うなら『憲法第九条』の精神です。

6 倭国の東西分裂へ

☆大八洲倭人三国まとまれば高海原も呑まれけるかも

『古事記』では大帯彦大王（景行天皇）と小碓王子（倭建命）の親子の葛藤が描かれていますが、それは次世代の東西分裂への布石になっています。しかし東西分裂があったことは記紀では隠蔽されています。元々大八洲の統合は、高海原（高天原）や海原（壱岐・対馬）にとっては阻止しなければならない事態だったのです。というのは強盛大国としての大八洲の誕生は、倭人通商圏に対する高海原の宗主権の喪失だけでなく、地位が逆転し、呑み込まれてしまうことになりかねないからです。

ヤマトタケルの霊である白鳥は大和纏向には戻らずに、河内湖にたどり着きます。現在の大白鳥の南限は千葉あたりですが、昔は琉球にも大白鳥がいたらしいのです。河内湖の沿岸は物部氏の居住地で、物部氏のトーテムは白鳥で、死んだら白鳥になるというのは物部氏のトーテム信仰が起源なのです。物部の兵士たちは大和政権のために辺境で戦いました。死んでも骸は戻りませんが、白鳥になって舞い戻ると信仰されていたのです。そういう河内湖の白鳥伝説があったので、ヤマトタケル説話でもヤマトタケルの霊は白鳥になって河内湖にやってきたわけですね。

「倭《やまと》は国のまほろば」と詠っていたのに大和には行けない、帝への屈折した思いがあったわけです。そして白鳥はしばらく白鳥塚にいたのですが、また飛び立ちまして河内葛城山に向かったのです。そこに葛城高額媛《かつらぎたかぬかひめ》が住んでいまして、その娘が息長帯比売命《おきながたらしひめのみこと》になります。彼女がヤマトタケルの息子である帯中彦と結婚しましたが、若帯彦大王（成務天皇）に謀反の疑いをかけられ、追われる身になりまして、二人は敦賀《つるが》の気比《けひ》に逃げ、結局、筑紫香椎宮に倭国西朝を建国することになります。もちろん高海原や海原の倭国分裂工作に乗せられたということです。

☆第十講

神功皇后伝説の謎

倭国東西分裂と河内王朝の形成

1　父殁後三十四年に誕生した帯中彦

☆ずらしたる年月元に戻しなば、浮びけらしな東西分裂

四世紀前半に、大帯彦《おほたらしひこ》大王（景行天皇）の筑紫遠征の結果西日本の統合が実現しましたが、すぐにそのほころびが見えてきたので、小碓皇子《おうすのみこ》（倭 建 命《やまとたけるのみこと》）が熊曾や出雲を平定し、さらには東国に入って、東海から関東の各地まで行って、大八洲のほとんどを大和朝廷に従わせたのです。しかし早くも次の世代には統一倭国はまた東西に分裂してしまったのです。

「その嘘ホント？　倭国の東西分裂が四世紀後半にあったなんて、今まで聞いたことが無いよ」と驚かれるかもしれません。『日本書紀』の記述をたどりますと、倭建（小碓皇子）が亡くなったのは景行四三年でした。景行六〇年に天皇崩御なので、景行天皇（大帯彦）は存命だったのです。景行天皇没後成務天皇（若帯彦）が即位しました。成務即位四十八年に帯中彦が三十一歳なので、成務即位後十七年で帯中彦が誕生です。

確かに小碓皇子没後三十四年で彼の皇子である帯中彦（後

の仲哀天皇）が誕生したことになっているのは矛盾していますね。帯中彦は次のように述べています。

「群臣に詔してのりたまはく『朕《われ》未だ弱冠《かうぶり》およばずして、父王既に崩《かむさ》りましぬ。すなはち神霊、白鳥になりて天《あめ》に上ります。』と。」

つまり「自分が二十歳にならぬ時に父は亡くなっていた」とあるので、父との年齢差は父が三十歳で亡くなったと言われていますから、十歳ちょっとしかないことになります。一方小碓皇子と若帯彦の年齢差は九歳しかないので、若帯彦と帯中彦の年齢差は数歳しかないのです。

なるほど記紀の記述の矛盾から志賀高穴穂宮に若帯彦大王（成務天皇）が君臨し、筑紫香椎宮に帯中彦大王（仲哀天皇）が君臨していたという倭国の東西分裂の可能性が浮かび上がるわけですが、それは記紀の記述を正しいことを前提していますね。記紀の数字の正しさを信用しながら、記紀の過ちを論証するのはそれ自体矛盾しているようにも思えますね。

それに現在の実証史学の通説では、景行天皇から神功皇后までは架空の人物だったことになっていますので、先ず実在していたことを証明しないと実証史学の研究者たちには相手にしてもらえないかもしれませんね。

小碓皇子歿後三十四年に生まれたのは精子冷凍技術がなかったので、明らかに間違いでその分遡らせると同世代ということは、理屈としては正しいけれど、実在が大前提ですね。でも実証史家たちは架空説だから、痛くも痒くもないということでしょう。むしろデタラメがはっきりして架空説が補強されたぐらいに受け取るでしょうね。

でも倭国分裂があぶり出されるのだったら、そっちのほうが面白そうだから架空説を撤回して実在説、倭国東西分裂説に乗り換える人も出てくるかもしれません。ともかくどちらが説得力があるか比較する必要が有ります。

邪馬台国の卑弥呼や壹與の場合、男王だと豪族たちが勢いを競い合って内乱になってしまう。そこで女王を共立するとよく治まったということです。息長帯比売命の場合は、夫は住吉明神の教えに従わなかったので、亡くなってしまった。子は妊娠したばかりだから、すぐには大王にはできないので、その中継ぎとして実質女王の役割を息長帯比売命が務めたのです。

それを実証史家たちが解釈すると、中継ぎの女王が出た七世紀から八世紀の時代に神功皇后を考えついたのではないかという解釈になるのです。特に持統天皇は息子の草壁皇子に継がせるために、称制をして時間稼ぎをし、草壁皇子が病死すると孫の珂瑠皇子に継がせるために自ら即位したと受けとめるわけですね。

『日本書紀』の書き方が、即位の経緯を略しているようなところがあるのです。それで何か持統天皇が皇親会議に諮らずに、孫にいずれ継がせるためにさっさと勝手に即位してしまったようにも解釈できますね。

吉野盟約では、どの皇子も自分の子として扱うと誓約し、それに違えば天罰で死んでも良いみたいに言っていたのです。だから決してでしゃばって、強引に即位しておいてから「文句あるか」みたいな態度はとらなかったと思います。むしろ皇子たちだけの皇親会議で皇后を即位させることを決めて、本人に即位をみんなで迫ったと思われます。

それに比べて、帯中彦大王には既に大中姫という妃に麛坂王、忍熊王という王子がいたにもかかわらず、自分の腹に宿した子に大王位を継がせるために、大王職を代行したわけですから、持統天皇とはだいぶ違います。

2 住吉明神はもののまぎれの神か？

☆月延べの効能ありや石ころになかりしならば紛れの子なれ

『懐風藻』によりますと、持統天皇は、高市皇子の没後、王公卿士を禁中に召集して、誰を皇太子にするか議論させたところ、衆議紛紜《しゅうぎふんうん》となったのですが、葛野王《かどのおう》が「子孫相承」が原則で、「兄弟相承」では乱れると主張したのです。それで持統天皇の孫の珂瑠皇子の立太子が決まったのです。一応『憲法十七条』の衆智を集めて話し合いで決めるというやり方をとっていますね。

息長帯比売命の場合は、どうでしょう。夫である帯中彦大王の死を伏して、住吉明神とは密事を交わして参戦を誓約したわけです。そして自分の腹の子が大王位を継承すると宣言したわけですね。

その時の腹の子の実父が、帯中彦大王＝仲哀天皇なら問題ないですが、住吉明神だったというのが私の解釈なのです。そうなると単なる中継ぎ問題で済まなくなります。中継ぎ女帝だから七世紀以降をモデルにして神功皇后を作ったという説もぶっ飛びます。

この腹の子の実父が住吉明神だというのは、秘本だった『住吉大社神代記』に基いての推理です。そこには沙庭《さにわ》で仲哀天皇が崩御された後で、息長帯比売命と住吉明神は密事を行った、それは夫婦の営みだと書いてあります。

「ここにおいて神天皇に謂て曰く、「汝王《いましおほきみ》このごとく信ぜずば、必ずその国を得ず、ただ今皇后《おほきさき》の孕める御子、けだし得る有り。この夜天皇忽ち病発し、以て崩りたまひき。ここに皇后と大神密事《ひめごと》有り、俗に云ふ夫婦之密事の通り。時に皇后天皇神の教へに従はずして、早崩りたまひしを傷みたまひき。」

しかし『住吉大社神代記』の中身は誰も知らなかったし、天皇家か朝廷に対して遺恨をもっていた津守氏が妄想を書いたのかもしれないじゃないかと世紀の大不倫には疑問視する人もいるかもしれません。

でも月延石《つきのべいし》の話があるのです。誉田別命《ほむだわけのみこと》が仲哀天皇の子なら出征と産み月が重なるので、出産を遅らせたということです。そして戻ってから筑紫で生んでいますね。月延石などでお産は遅らせるのは無理でしょうから、つまりは仲哀天皇の子ではなかったわけです。それなら誰の子か、建内宿禰《たけのうちのすくね》が誉田別皇子を我が子のごとく可愛がったというので、建内宿禰の子という説もあるようですが、禰宜《ねぎ》の津守氏によると住吉明神の側にいたいという息長帯比売命の願いがあったので、隣の第四本宮に息長帯比売命を祀ったという伝承があるのです。それでやはり住吉明神の子という疑いが濃厚です。

応神天皇を祀っているのが八幡宮ですが、『八幡宇佐宮御託宣集』というのがあります。そこの禰宜がどうも『住吉大社神代記』を読んだか、住吉大社の禰宜から聞いたのでしょうね。「**神**

託を以て云く、『八幡は住吉を父と為し、香椎を母と為す』」と記しています。

それに紫式部の『源氏物語』では光源氏は藤壺女御との不倫を伏せたので、その結果生まれた子が父帝の子とされ、皇位を継いでしまい、天皇の子でないのに天皇になるという紛れを起こしてしまいます。住吉明神が光源氏の守り神になっているのは、実は住吉明神こそ紛れの神だからなのです。

つまり『源氏物語』は好色によって関係を作っていく貴族文化では、天皇家でも摂関家でも「もののまぎれ」は避けられず、その血統の高貴性というのは虚妄にならざるを得ないことを暴露しているのです。その虚妄故に虚妄でないことを示すために雅な文化が創造されるという逆説を描いているのです。仏教的無常観に基づいた不倫文学になっていて、それが根源的に貴族文化を批評し、その創造性の秘密を解き明かしているところがすごいわけですね。だから『源氏物語』は最高傑作なのです。

つまり神功皇后伝説が七世紀末の創作だとしたら、住吉明神とのスキャンダルが露見するような内容を盛り込むはずがないでしょう。記紀の目的は天皇家の支配の正統性を強調するのが狙いなのですから、創作するのにわざわざ応神天皇からは神武天皇の血統ではないと勘ぐられるように創作するはずがありません。ということは現人神の住吉明神も息長帯比売命も実在したということなのです。

その意味では万世一系の皇統というのは、虚妄性を持っているのですが、逆に虚妄だからこそ、虚妄性を埋めようとして雅な文化が創造されるということもできるわけで、そういう構造があるので「万世一系」という観念もしぶとく続いたのでしょう。

3 七世紀が神功皇后伝説のネタか？

☆斉明は出陣前に祟り死ぬ、倭人世界の覇者のモデルか

直木孝次郎先生は「神功皇后伝説の誕生」（『日本古代の氏族と天皇』塙書房一九六四年刊所収）で次のように述べておられます。

「第一に、神功皇后は、仲哀天皇の死後、政治・軍事の実権を握り、応神天皇誕生後も成長するまでの間は、朝廷の中心にあって政治をとり、事実上女帝同様に描かれているが（書紀は巻九を神功紀にあてる）、推古天皇の即位以前にはこのような現象は外に例がない。顕宗天皇の即位の前に、姉の飯豊《いいとよ》青皇女《あおのひめみこ》の摂政があり、これを天皇とする古伝もあるが、書紀によればその期間は僅か一年で、神功皇后とは比較にならない。」

確かに例外的です。何しろ息長帯比売命は帯中彦大王の皇后になっただけでなく、住吉明神や建内宿禰と結託して、実質的に女帝として君臨していたわけですね。それも卑弥呼みたいに共立されたというより、権力闘争を勝ち抜いて天下を取ったとも解釈可能です。そんな女傑は他にいません。だから凄いわけですね。ところが直木先生はそんなの凄すぎて信じられないというのです。しかし実際に居たという伝承があるわけですから、居なかったことを実証できないのなら、居たと考えるのが筋ではないでしょうか？

直木先生によると四世紀の新羅はまだそんなに強国ではなかったから、四世紀に倭国が朝鮮半

島に侵攻した話なら本当は当時既に強国だった高句麗との戦いとかが伝えられるはずなのに、七世紀に強国だった新羅との関係ばかり出てくるのは、神功皇后伝説自体が七世紀になってから創作されたのではないかということのようです。

斉明天皇が重祚《ちょうそ》されて五年目六十七歳で百済を再興すべく筑紫朝倉宮に遷りました。その際に神木を伐ったのが祟って急死したということです。新羅遠征軍が出発する前だったわけです。それがモデルで神功皇后伝承を創作したというのはいただけませんね、神のたたりで死んだのは斉明天皇自身だったのに、伝承では死んだのは本人ではなく新羅遠征を拒んだ仲哀天皇です。そして斉明天皇本人は新羅遠征する前に死んでいるから新羅遠征のモデルになっていません。むしろ神功皇后伝承があったので、斉明天皇が無理をして筑紫に行ったと考えた方が筋が通っていますね。

七世紀がモデルという発想は、何故新羅が脅威で、新羅を叩く必要があったかという事情を考えていないからそういう見方になるのです。四世紀に入って筑紫倭国は熊曽が強盛となって滅ぼされてしまいました。その際に任那・加羅にあった高海原（五世紀以降は天空にあげられ高天原とよばれる）は、筑紫倭国防衛に相当の国力を注ぎ込んだので、かなり国力が衰退したのです。その隙をうかがって新羅が台頭してきたということです。元々新羅の建国には大八洲の倭人も関わっていたとされていますが、倭人の出身なのに宗主国の衰退の機を捉えて台頭して徐々に高海原を蚕食しつつあるわけで、今の内にたたいておかないと、新羅に乗っ取られてしまうという危機感があったわけです。

日本の古代史研究者は倭国というと大八洲の倭国しか念頭にないわけですが、元々半島南端部に倭人の本拠地があり、そこから対馬・壱岐に進出して、そこを橋頭堡にして大八洲に多くの倭人の国を建てていったのです。

4 憑依《ひょうい》したのは天照大神《あまてらすおおみかみ》か？

☆天照が憑くなら時は夜じゃなし火を挙げて見るは昼のことかは

そう言えば、記紀の記述では、高天原の支配者である天照大神が息長帯比売命に憑依して宝の国の新羅を帯中彦大王（仲哀天皇）に授けるみたいな形で新羅侵攻への参戦を誘っていますね。それでだから大八州の倭国が主体で新羅侵攻したように古代史研究者からも解釈されています。それで朝鮮・韓国の学者は倭人はまだ文字もまともに読み書きできないのに半島まで侵略できるはずがないという言い方で、神功皇后の新羅侵攻を否定しているのです。

大八洲の倭人が文字をあまり使ってないことは確かですが、それと戦力とはまた別問題です。高海原の支配者は、実は天照大神ではなかったのです。つまり三貴神は、大八洲に建国する神ということで、天照大神は難波に草香宮を建てた、月讀命は筑紫を建国し、須佐之男命は出雲を建国したわけです。それに高海原は造化三神が仕切っていました。だからおそらく憑依したのは天之御中主神だったと思われます。しかし天照大神が憑依したと記紀にあるのに、それが実は天照大神ではなかったという証拠でも在るのですか？　と反論されることがありますが、そう言われると『古事記』の沙庭《さにわ》の場面で説明しています。

天照大神が憑依するのだったら沙庭は昼間に行われる筈ですが、帯中彦大王が琴の音を響かせないので、**「即ち火を擧げて見れば既に崩《かむあが》り訖《おは》むぬ。」**つまり灯を挙げてみれば死んでいたことになっています。つまり沙庭は夜中なのです。だから七世紀の初めに高天原の支配者を天照大神だったことにする宗教改革があり、それも遡って、天照大神が誕生してすぐ高天原に上げられたことにしたので、沙庭も天照大神が憑依したことにしたのですが、「灯をあげてみれば」という箇所をうっかり消し忘れていたわけですね。

大王の称号にあたる「タラシ」ですが、漢字では「帯」「足」などで表記されています。この称号は息長帯比売命の他には大王には次のように使われています。

ヤマトタラシヒコクニオシヒト（第六代、孝安）
オオタラシヒコオシロワケ（第十二代、景行）
ワカタラシヒコ（第十三代、成務）
タラシナカツヒコ（第十四代、仲哀）
オキナガタラシヒヒロヌカ（第三十四代、舒明）
アメトヨタカライカシヒタラシヒメ（第三十五・七代、皇極・斉明）

第六代は欠史時代なので除外しますと、七世紀の大王の称号を四世紀の架空の景行・成務・仲哀という大王の称号として使ったのではないかと直木先生は見ておられます。

架空かどうかは、七世紀の大王の称号と同じかどうかでは決まりません。四世紀に「タラシ」があって、四世紀の英雄時代の「タラシ」という称号に憧れて七世紀も「タラシ」を使ったかもしれないからです。

では景行・成務・仲哀天皇及び神功皇后の架空説がどれも根拠薄弱だとしますと、実在していた可能性は大きくなります。実証史学は実在していた決定的な物証がない限りなかったことにしようという「なかった論」ですが、文字史料が殆ど無い七世紀以前にその方法を採用すれば、「歴史の消しゴム」になって、納得できる歴史像を思い描くことができなくなってしまうのです。

実証史学の一見、荒唐無稽な「なかった論」がどうして戦後横行して、直木孝次郎や門脇禎二といった学界を代表するような学者たちまで嵌ってしまったのか、今から考えると不思議に思われるかもしれません。残念ながら文字史料が記紀以外にはほとんどないわけなので、どうすれば記紀という天皇家中心の歴史書に制約されずに古代史を展開するかが、戦後の進歩的歴史学の大きな課題だったのです。それで同時代史料、考古学的資料で裏付けがとれないものはすべてなかったことにするとか、記紀の書かれた時代の出来事を材料にしたとして、四世紀までの記紀の内容を創作として説明しようという方法論が流行ったということですね。

5 倭国の東西分裂の理由

☆いわれなき謀反の疑いかけられて、筑紫に逃れ宮構えたり

高海原と海原にとっては、大八洲の倭国はバラバラに分かれているほうが、コントロールし易いので都合が良いと考えていたのです。それに対して大八洲の倭国は次第に発達すればやがて勢力を競い合い、興亡を繰り返して、ついには一つに統合しようとします。最初大八洲統合は出雲

帝国によって試みられましたが、高海原から筑紫倭国への侵攻をやめるように説得されました。その説得が成功して、出雲帝国は善隣友好で平和で豊かな国造りに方向転換したのですが、今度は出雲帝国が経済大国化して経済的に吸収されることを恐れた高海原と海原と筑紫倭国の一部は、極秘裏に武御雷神が率いる奇襲軍を養成しました。それによって出雲帝国は崩壊させられたのです。

しかし出雲帝国軍によって滅ぼされた饒速日命の忘れ形見である宇摩志麻治命が、その奇襲軍を撃退して、饒速日王国を再建したのです。

父の仇を取ってやったのに、武御雷軍は撃退されたので、恩を仇で返されたとして、再建された饒速日王国に対して高海原・海原・筑紫倭国の同盟はいつか制裁を加えようと考えていたのです。それで磐余彦の東征を支援したのです。磐余彦は邇邇芸命の曽孫ですが、一夜妻の子の孫ですから、地方豪族であり、一豪族の東征なので、その後にも筑紫倭国は続いていたわけです。

それで景行天皇の筑紫遠征まで西日本統合はなかったということですね。景行天皇が畿内に引き上げてから熊曾・出雲に独立の動きがあり、これを小碓皇子が熊曾タケル兄弟、出雲タケルを殺して鎮め、さらには東海・関東の蝦夷の平定にも奔走したわけです。

そうしますと大八洲統合が進んだので、高海原や海原は強盛大国化しつつある大和政権をこれまでのように自由にコントロールできなくなり、呑み込まれる危機を感じますから、分裂工作を考えることになるのは必定です。

景行天皇と小碓皇子の間にも『古事記』では親子の葛藤があり、父帝が小碓皇子を恐れて、危険な仕事を命じるのに小碓皇子は父親に殺されるのがとても辛いわけですね。この葛藤が両者の息子の時代に倭国東西分裂となって現れたとも言えるかもしれません。

大帯彦大王の後を継いだのは若帯彦大王（成務天皇）です。志賀高穴穂宮で統治していたのです。彼の政治の目玉は豪族間に縦の序列を作って、王権を強化しようというところです。

「今朕嗣ぎて宝祚《あまつひつぎ》を践《し》れり。夙《つと》に夜に兢《わなな》きる。然るに黎元《おほみたから》、むくめくむしのごとくにして野心《あらきこころ》を不悛《あらためず》。これ国郡《くにこほり》に君長《ひとごのかみ》なく、県邑《あがたむら》に首渠《おびと》なければなり。今より以後、国郡に長《おさ》を立て、県邑に首《おびと》を置く。すなはち当たれる国の幹《おさ》しき者を取りて、その国郡の首長《ひとごのかみ》に任《まけ》よ。これ中区《うつしく》の蕃屏《かくし》とならむ。五年秋九月、諸国に令《のりごと》して、国郡に造長《みやつこおさ》をたて、県邑に稲置《いなぎ》を置《た》つ。並びに盾矛《たてほこ》を賜ひてとなす。」

国郡に君長・造長を置き、県邑に首渠・稲置を置いて、きっちり豪族を縦の秩序で統制して官僚制を整えようという主旨ですね。そうでないと、豪族たちが勢力争いを起こして、その中で強いのが台頭し、大王を脅かすことになるからでしょう。大王にすれば当然の発想ですが、豪族たちにすれば、下の方の序列にされるのは嫌ですから、自分が強いところをアピールしようとして、各地に争いが絶えなくなります。

それで各地で紛争が起きて収拾できなくなったので、この改革の責任を発案した建内宿禰《たけのうちのすくね》に押し付けて、しかも建内宿禰が帯中彦と結託してクーデターを企んでいるかの疑いをかけ、この機会に両方共殺して、若帯彦大王に対抗し得る勢力を根絶しようと図ったわけです。

しかも疑いがかかるようなデマの情報を高海原や海原の連中が分裂工作として流していたかも

しれません。どこまで関わっていたか、今となっては分かりませんが、建内宿禰が帯中彦と結託しているようにみせかけ、そのうえで彼らをうまく逃して、筑紫に連れていき、倭国西朝を立ち上げさせたということです。

それでは息長帯比売命は、倭国分裂および倭国西朝の立ち上げにどんな役割を果したのでしょう。彼女の父方は息長宿禰で第九代開化天皇の玄孫です。母方は新羅の王子だった天之日矛の子孫です。とても皇后になれるような家柄とは言えません。それが皇后にまで成っているのは、帯中彦の逃亡や潜伏などで大きな功績があったからでしょう。

『日本書紀』では仲哀天皇は即位の翌年敦賀の気比の宮に行宮《あんぐう》を建てて住んでいますが、息長帯比売命を気比に残し、翌月には紀州に向かっているのです。それから熊襲退治だといって筑紫に向かったとしています。そしてあとから息長帯比売命を筑紫に呼び寄せます。これは実は成務天皇とトラブルになって畿内に居られなくなった事態を表現しているのではないでしょうか。

ということは、帯中彦が謀反の嫌疑をかけられていると感づいた息長帯比売は、帯中彦を彼女の母方の祖先の土地である気比に連れていき、気比にしばらく潜伏させてから紀州を経由させて穴門（関門海峡の港）に逃したのでしょう。それができるためには息長帯比売命の一族と水運を司っていた海原の水運業者達の間に何か特別に親密な連係があったということですね。

今となっては、詳しい事情までは分かりませんが、豪族を縦の秩序に包摂しようとすることに対して猛反発した豪族たちの動きを捉えて、海原が様々な複雑な工作を仕掛けたことは十分考えられますね。それと倭国が統合されてしまうと、畿内中心になりがちなので、筑紫の衰退を危惧した筑紫の倭人たちが筑紫倭国の再興の動きを見せていて、海原が倭国分裂の動きと結合させたと考えられますね。

仲哀天皇は即位の翌年気比に行き、紀州に回って、そこで熊曾が貢をよこさないと聞き、高穴穂宮に戻らずにそのまま筑紫に向かっています。『日本書紀』にあるように、本当に即位して大王になっているのなら、高穴穂宮に一旦戻って、熊曾を討つ態勢をしっかり整えて、筑紫に向かうところですね。だからこの即位から翌年の《気比↓紀州↓筑紫》の動きは、実は若帯彦大王（成務天皇）の元で謀反の嫌疑をかけられ、筑紫に倭国西朝を建てるために潜行していた動きだったということだと思われます。

ですから息長帯比売命も高穴穂宮からではなく、敦賀の角鹿《つぬが》から穴門《あなと》に向かっているわけです。高穴穂宮政権内で熾烈な権力闘争があり、危うく粛清されるところを逃げ延びたということなのです。そして実はその裏で分裂工作をしていたのが高海原と海原の同盟だったということですね。

そうだったとしますと、海原が新羅侵攻への参戦を要請した時に、帯中彦大王がにべもなく拒否したのに対して、誰のお陰で大王に成れたと思っているのだと住吉明神（海原の棟梁）が、帯中彦大王に対して死んでしまえという気持になるのも理解できますね。

小碓皇子歿後三十四年後に小碓皇子の息子帯中彦が生まれたのはおかしいとして、その分ずらすことで、倭国東西分裂が見えてくるのです。そうなることが分かっていても、架空説に固執している実証史家たちは、「歴史を見るメガネ」を外してしまっているので、年齢など信用できないとして、ずらしてみようともしないのです。それでは何も見えてきません。

6 高海原が天空に上げられて高天原に

☆海原の彼方の国の高海原空に上げられファンタジーに

では新羅侵攻が実際にあって、成功したとしますと、高海原の勝利だったはずですから、その後も高海原は栄えてもよさそうなのに、五世紀には河内王朝の属領になってしまっています。これは一見矛盾するように思えますね。

新羅侵攻で鉄資源や製鉄技術の倭国西朝への導入が進みます。倭国東朝との勢力均衡が崩れ、倭国西朝が優位に立つことになります。元々筑紫に逃れた豪族の親戚筋は倭国東朝に多勢いましたから、倭国東朝は内紛が深刻になり、自壊してしまったのです。残るは帯中彦大王（仲哀天皇）の王子たちです。息長帯比売命は、麛坂王《かごさかのみこ》・忍熊王《おしくまのみこ》を謀反に追い立てて亡ぼしてしまいます。かくして倭国再統一を成し遂げたのです。

高海原や海原は統一倭国の出現を最も危惧していたわけですから、これまで通りでしたら、早速分裂工作をおこなうところでした。

海原（対馬・壱岐などの津の連合国家）は、倭国をバラバラにしてそれを水運で結ぶことで利益をあげてきました。だから倭国統合には反対だったのです。しかし水運や道路の発達によって一つの経済圏に結ばれていきますから、いつまでもバラバラにして支配するというやり方は通用しなくなりますね。むしろ倭国を統合する中核の役割を海原が担うことによって、統一倭国を意のままにする方が海原の利益に叶うのではないかという方向に転換する可能性もあるわけです。

しかし海原は壱岐・対馬の水域が本拠地でした。統一倭国の中心を壱岐・対馬に置くわけにもいきませんね。それで住吉大社を中心にする住之江と呼ばれる地域に壱岐・対馬の水運の人々を移住させました。おそらく当時としては豪邸で、インフラも整備された「住みよい（大阪弁で「すみええ」）」ところにしたのです。そこを倭国の流通の中心地にしたわけです。

そのことによって住吉明神は、倭国の水運を仕切ることができたのです。しかも彼は、息長帯比売命と密事を交わして、誉田別命を生ませて、河内王朝の血統を自分の血統にしています。息長帯比売命との親密な関係によって天下の実権を握ったようにも見えますね。

確かに本人はそのつもりだったかもしれませんが、住吉大社は息長帯比売命が天下を取るための巨大な漁網だったかもしれません。住吉大社周辺に海原の人々を集住させて大八洲の経済的統合を成し遂げたと同時に、海原を大八洲のど真ん中に取り込んだわけですね。そして誉田別命の実父は住吉明神だったかもしれませんが、あくまでも帯中彦大王の息子として誉田別命と認められ、帝位を継いだわけですから、「もののまぎれ」はなかったことにしたわけです。ここで一首、

天下捕る住吉大社は漁網かな手足なくせり高海原は

それで壱岐・対馬は水運の中心が住之江に遷ったことで衰退しますね。そこで高海原も孤立してしまいます。これを息長帯比売命はどのように河内王朝の属国にしたのでしょうか。

その事情も分からなくなっていますね。息長帯比売命と住吉三神は一体化しているので、高海原は孤立してしまいます。それに河内王朝が強盛大国化するに伴い、人材が必要なので、高海原の高官の子弟などを引き抜いたのでしょう。その上に高海原を仕切っていた造化三神を仲違いさ

せるような謀略を行い、内紛で凋落するようにしてから、他国からの侵略に備えるということで、大八洲からの倭国軍が派遣されて、属国化してしまったという段取りでしょう。そのうえで伝説上の神々の国の面影がなくなったので、高海原を天空にあげ、高天原だったことにしたわけです。そして任那・加羅は元から大八洲の倭国の属領だったことにしたわけです。大逆転ですね。

それで高海原からの海下りが、五世紀以降は、高天原からの天降りだったことになるのです。しかし、古代朝鮮の史料や遺跡からはそれを裏付けるようなものはありません。

古代朝鮮の『三国史記』なども現存しているのは十四世紀以降でしょう。韓国・朝鮮の研究者は倭人は漢字をあまり使ってなかったので、未開国扱いで、半島に進出する力は無かったと見て、新羅に追われた百済が七世紀に大八洲に倭国を作ったように解釈している人もいるくらいです。ただ、高天原は加羅にあったという解釈が韓国では有力で高天原故地の史跡があります。

アカデミックな戦後史学では、記紀神話は七世紀末の創作と捉える傾向が強くて、古くからの伝承があって、それを後世の権力者の都合で改変したという観点が希薄になっているので、「高天原」は、〈元は何で、どこに実在したかと〉いう発想に乏しいですね。

つまり高天原自体「形而上」の観念界として見なしているので、宗主国としての立場や利権などはまったく考慮されませんし、海原倭国の存在にもあまり関心が向けられていません。そうなると高天原によって潰された出雲帝国もおとぎ話や、天照大神の嫡流が大八洲を支配すべきだという理念を「国譲り説話」で示した創作神話にすぎないように受け取られてしまいます。しかし近年の出雲の遺跡発掘や、須佐之男命・大国主命を祭る神社が全国に何千とあることを見ても出雲帝国を幻にしてしまうのは説得力がありません。

☆第十一講

聖徳太子の謎

『憲法十七条』と神道大改革

1 聖徳太子に『憲法十七条』は書けたか？

☆文字知りて半世紀しか経たぬのに並ぶことなき名文書けしや

神功皇后の天下を取った女傑の話の次が、七世紀の『憲法十七條』に飛びます。西暦五世紀、及び六世紀の大和政権の歴史について、何分研究不足なので、講義としては飛ばさざるを得ないのですが、第一講でふれましたように、六世紀末までは、天照大神は高天原の主神ではなかったし、大王家の祖先神としても捉えられていなかったのです。

聖徳太子と言えば、『憲法十七條』で「篤く三宝を敬へ、三宝とは仏法僧なり」ということで、仏教を中心の国造りに尽力されたという印象はありますが、今日は天照大神を主神・皇祖神にする神道大改革を行ったというお話ですから、新鮮ですね。神道でも大改革をしていたとは、驚きですね。とは言うものの『憲法十七條』には神道関係のことは一切触れられていませんね。

『憲法十七條』は国家の大事なことは衆智を集めよく話し合って決め、決まって詔に成れば、それをみんなで守りましょうという、話し合い政治の原則を定めたものです。制定当時は神道改革について深刻な議論を行っていたので、お互いに言いたいことを言い合うだけでまとまらなかったのでしょう。それに、まとまっても、平気で無視する者がいると、争いの原因になります。平和で豊かな国造りのためにはどういう祭祀のかたちが良いか、一から考え直そうということで、『憲法十七條』が定められたのです。

しかし『憲法十七條』の制定当時でどんな議論があったかの史料はありません。『日本書紀』の中に出来上がったのが、記録されているわけです。中には七世紀前半にはなかった言葉も入っています。同時代の史料にも『憲法十七條』について関説したものは皆無ですから、聖徳太子が制定したというのはかなり無理があるのではないかという意見もあるようです。

同時代の史料に触れられていないというのは、よく指摘されることですね。そういう理屈は、文字が普通に使われていて、多くの人が色んな所に日記や覚書を認《したた》めている時代には通用する話です。七世紀前半の文字記録は仏像の光背銘や寺社の目録とか荷札などの木簡とか極めて少ないわけで、『憲法十七條』に触れた文章が残っていないことが『憲法十七條』が存在しなかった証拠にはなりません。

江戸末期の狩谷棭斎《かりやえきさい》が書紀作家の作としたのですが、津田左右吉も、一九三〇年の『日本上代史研究』（岩波書店刊）で「国司国造」という言葉や書かれている内容は、推古朝当時の国制と合わないので、『日本書紀』編纂の頃に作成されたものであろうとしました。さらに森博達は、『日本書紀の謎を解く』（中公新書一九九九年）において、聖徳太子の書いた原本『十七条憲法』は存在したかもしれないが、それは立証できないので、現状では後世の作とするより他ないと推定しています。

確かに、奈良時代になって歴史書を編纂する際に、『憲法十七條』の内容を当時の人にも理解できるように手直しした箇所はあったかもしれませんが、和の精神や話し合って決めていくことの大切さなどの根本的なところは、制定当時からあったと思います。最近の無かった論は、現存しているのが、手直しされたものというより、七世紀初めには到底書けないもので、後世の偽作だという決めつけになっています。その代表格が大山誠一さんです。厩戸王歿後に聖徳太子信仰が盛んになったので、業績も後世に偽作されたというスタンスです。

梅原猛著『聖徳太子Ⅱ　憲法十七条』（小学館一九八一年刊）によりますと、『憲法十七條』は見事な四六駢儷体《しろくべんれいたい》で儒教・仏教・法家などの考え方が織り交ぜられた非常にレベルの高い文章だというのです。でも梅原先生は、当時は高句麗・百済から高僧が来て、厩戸王の学問指導に当たり、エリートを法興寺に集めて英才教育していたし、必要とあれば力を合わせて高度な文章も作れないことはなかったと受け止めておられます。摂政ということで文責は厩戸王にあっても、彼が独力で書いたと見る必要はありません。

2　話し合って決める和の精神

☆和を以て貴しと為す憲法で不滅のエートス刻みたりしか

では『憲法十七條』から話し合いを重視している箇所を抜き書きしておきましょう。

「一に曰はく、和を以て貴しと為し、忤《さから》ふこと無きを宗と為す。人皆党《たむら》有りて、亦達者少し。是を以て或は君父に順《したが》はずして、乍《たちま》ち隣里に違《たご》ふ。然れども上和《やはら》ぎ下睦《むつ》びて、事を論《あげつら》ふに諧《ととの》へば、則ち事理自ら通ず、何事か成らざらむ。」

「以和為貴」が国是ですね。倭国は豪族間でも他国に対しても和つまり友好親善を基本にやっていきますという宣言です。もちろん「倭」をもじって「和」にしているわけです。つまり「倭」だと「チビ」みたいな蔑称なのです。そういう押しつけのマイナス・イメージを撥ねのけて、同じ音だけれど「和」に変えて、平和国家をアピールしたのです。

当時は高句麗と隋が深刻な対立状態なので、どちらも倭の武力を活用しようとしていたので、どちらにも肩入れしないで平和国家として共存共栄を図っていくということです。

ただ全体の和を貴ぶあまり、「逆らわない」ことをモットーにせよというので、全体主義的だという現代人の批判もあるようです。しかし重大なことは話し合って決めることを眼目にしていますから、全体主義ではないのです。決まったことはみんなで協力して実現させようという意味で「逆らわない」ことがモットーなのです。

大いに議論を戦わせればいいのですが、その際に私利私欲を前面に出して、少しでも自分や自分の仲間が有利になるように持っていこうとなると、なかなかまとまりませんし、みんなで力を合わせてやっていこうという気になれません。

それぞれ主義主張があり、考え方の違いがあるので、議論する必要があるのですが、それはあくまでもみんなが力を合わせて、みんながしあわせにやっていけるようにするためです。それぞれ意見はあっても、どれも真理に到達しているわけではないので、互いの意見をよく聴き、学びあって、みんなにとって何が良いか、喧嘩腰でなく、仲良く話し合えば物事の道理が自ずから通じて、どんな困難でも解決できるものだというわけですから、全体主義ではありません。

「二に曰わく、篤《あつ》く三宝《さんぼう》を敬え。三宝とは仏と法と僧となり、則《すなは》ち四生《ししょう》の終帰、万国の極宗《ごくしゅう》なり。何《いず》れの世、何れの人かこの法を貴ばざる。人尤《はなは》だ悪《あ》しきもの鮮《すく》なし、能《よ》く教うれば従う。それ三宝に帰せずんば、何をもってか枉《まが》れるを直《ただ》さん。」

でも話し合っても、いつもすれ違いということがありますね。そこで仏教という有り難い教えを先ず信仰しなさい。生きとし生けるものを大切にして慈悲の心で生きる生き方が示されているので、これを信仰していれば共通する価値観が形成され、歪んだ考えなどを改めさせることができる筈だというのです。

「三に曰わく、詔《みことのり》を承《うけたまはり》ては必ず謹《つつし》め。君をば則《すなは》ち天とし、臣《しん》をば則ち地とす。天覆《おほ》い地載せて四時《しじ》順行し、万気《ばんき》通うことを得。地、天を覆わんと欲するときは、則ち壊《やぶ》るることを致さむのみ。ここをもって、君言《のたま》へば臣 承《うけたまは》り、上行なえば下靡《なび》く。ゆえに、詔を承けては必ず慎め。謹まずんばおのずから敗れん。」

せっかく議論して決めたことでも、実行出来なければ、議論も含めて無駄だったということですね。国家も議会などで決定した法律などが実行されなければ国家の体をなしません。君が天で臣が地だなどは、封建的な国家観ですが、決定されたことは執行されなければならないというのが国家が機能を保つ大前提であることは変わりません。

もしこの時期に神道大改革の議論が行われていたとしたら、確かに効果的な憲法かもしれませんね。その眼目は、天之御中主神を主神から降ろし、月讀命を大王家の祖先神から降ろし、そして天照大神を主神及び祖先神にするということです。降ろされた神々が祟るのではないかと思うと、この世の終わりを招くようなものだと大反対する人も多かったでしょう。

でも磐余彦大王（神武天皇）の東遷以前は饒速日王国で太陽神が支配していたのです。だから農業が産業の中心である以上、太陽神が主神の方がはるかに馴染みやすいので、大歓迎の人々も多かったと思いますね。

主神の差し替えは、水運や漁業が盛んだった昔の倭人は北極星信仰が中心でよかったけれど、大和政権は農耕中心なので太陽神中心にしようということで理解は得やすいと思いますが、これまで祖先神としてきた月讀命を降ろして天照大神に差し替えるのは流石《さすが》に良心の呵責《かしゃく》に苦しんだと思われます。

その証拠に伊勢神宮に内宮に月讀神社があり、外宮にも月夜見神社があります。祟を鎮めようとしたのかもしれません。京都の秦氏縁《ゆかり》の松尾大社にも月讀神社があります。秦氏は太子のブレーンであったかも知れず、祖先神差し替えを進言したかも知れません。

差し替えに反発して月讀命が祟るのではと心配した厩戸王に対して、秦氏は、「倭国のような国は世界にいくつも在る、そのうちひとつで祖先神から降ろされたからって、月が怒って祟ったりする筈がないと」笑い飛ばしたかもしれません。でも気が咎めたのか秦氏の氏神を祭る松尾大社の中に月讀神社を作ったのです。月讀命を祀っている神社は全国に二十ほどしかなく、何千とある天照大神や須佐之男命関係の神社に比べますと淋しい限りです。

『憲法十七條』「十に曰く」には独善に陥り、感情に奔《はし》らないように「凡夫の自覚」を説いていますね。これも神道改革と関連があるとしたら、主神及び祖先神を差し替えるなど、恐ろしい瀆神《とくしん》行為には違いないけれど、日本の国の根本は農業だを考えると、敢えて祖先を差し替えても神道大改革を断行するのが理性的な選択だとなったかもしれません。

「十に曰わく、忿《こころのいかり》を絶ち瞋《おもてのいかり》を棄《す》て、人の違うを怒らざれ。人みな心あり、心おのおの執るところあり。彼是とすれば則ちわれは非とす。われ是とすれば則ち彼は非とす。われ必ず聖なるにあらず。彼必ず愚なるにあらず。共にこれ凡夫のみ。是非の理《ことわり》なんぞよく定むべき。相共に賢愚なること鐶《みみがね》の端《はし》なきがごとし。ここをもって、かの人瞋《いか》ると雖《いへど》も、かえってわが失《あやまち》を恐れよ。われ独り得たりと雖も、衆に従いて同じく挙《おこな》へ。」

主神・祖先神を差し替えて、祭祀を一新するようなことは、みんなで議論すると収拾がつかなくなるものですが、みんなが幸福に暮らせる平和で豊かな国を作ることを共通認識において、知恵を出し合えば、自ずと改革の必要は理解されるということです。私利私欲に囚われるから、議論していても自分たちの利害が増えるか減るかで、感情的な議論になってしまいます。

ともに過ちやすい凡夫であることを理解した上で、みんなにとって良い案はどれか謙虚に話し合うといい案にまとまるものです。議論が白熱して対立意見の人が怒っているようなときは、自分の案に過ちがないか、よく見直してみる必要が有ります。そして自分の考えに絶対正しいという自信があっても、決まった以上は、決定に従うべきです。もしその決定に過ちがあれば、悪い結果になりますから、また全体で見直せるわけですが、決定に不服で従わなかったら、従わないものがいるから失敗したことになり、間違いを正すことができなくなります。

「十七に曰わく、それ事《こと》は独り断《さだ》むべからず。必ず衆とともによろしく論《あげつら》うべし。少事はこれ軽し。必ずしも衆とすべからず。ただ大事を論うに逮《およ》びては、もしは失《あやまち》あらんことを疑う。故《ゆえ》に、衆とともに相弁《あいわきま》うるときは、辞《ことば》すなわち理《ことわり》を得ん。」

3 厩戸王の捨身飼虎

☆降ろされし神の祟りを一身に背負ひて厩戸基《もとい》固めり

神道大改革のような国体に関わる重大事はもちろんみんなで話し合いましょうということになりますね。そうしますと、どうしても議論したことが漏れる筈で、封印なんてとても不可能だということよく言われます。

そこが大問題ですね。一旦、決定すればそういう議論がなされたこと自体、箝口令《かんこうれい》が敷かれたはずです。しかも改革の内容と矛盾する神話や伝承を語ると厳罰に処せられたと考えられます。当時は蘇我氏の権勢が強かったので、蘇我氏の独裁傾向を強めてしまい、かえって蘇我政権の墓穴を掘ったかもしれません。

この議論がなんとかまとまったので、日本は太陽神の国という意味で「日本」に成ったわけですから、改めて建国し直したとも言える重大な決定ですね。なんとかまとめるのに決め手と成ったのは何でしょう。

それは厩戸王が神道改革に伴って、天之御中主神を主神から、月讀命を祖先神から降ろしたことに対する神罰を一身に引き受けると神々とみんなの前で誓約したことです。

もし天之御中主神が主神を降ろされた事を怒って、天の中心から降りたら、天は中心を失って、天が崩れてくるところですね。それを厩戸王一人の犠牲ですまそうなんて、虫が良すぎませんか？月讀命が怒って、月がいなく成ったら、暦が成り立たなくなったりするかもしれません。どうして厩戸王の犠牲だけで済まされるのでしょうか？

それは厩戸王の犠牲は倭国全体が滅びるのと同じぐらい価値があるからです。釈尊が出家したために、彼が王子だった国がほろびてしまったのです。つまり釈迦の出家はインドの小国を滅ぼす結果になったとしても、仕方ないほど大きな意義があるということです。

厩戸王は菩薩太子として育てられ、将来は菩薩天子になる予定でした。だとしますと、菩薩太子は倭国全体よりも重い存在なのです。それで厩戸王が一身で神罰を引き受けることは、倭国全体が罰で滅ぼされるよりも重大だということです。それに彼は救世観音《くぜかんのん》の生まれ変わりだと言う伝承もあったようなのです。

4 太子信仰は生前からか？

☆厩戸の真の偉業は封印す、日の本の国取り戻したり

最近の研究では、厩戸王を聖徳太子として、信仰の対象にしたのは厩戸王が歿後だいぶ経ってからだということで、生前はそれほど特別視されていなかったという見解の人が多くなっています。

東アジアで仏教国にするためには菩薩天子が必要だということで、天子や太子が菩薩に成って、仏教で国をまとめるという動きがあったのを見落としているとそういう見解に成ります。梁の武帝、百済の聖明王などが典型ですね。倭国は厩戸王が菩薩太子としてみんなの期待を背負っていたのです。よく太子信仰が歿後盛んになったことを言う人が、生前の物証がないので、生前は信仰の対象ではなかったと決めつけますが、それは七世紀前半の歴史や偉人のことを論じたような同時代の文書がほとんど現存しないということを無視しているのです。

六〇七年作と言われる法隆寺薬師如来像光背銘には「東宮《とうぐう》聖王」が刻まれています。生前崇拝されていた証拠だったのです。ところが書体が初唐で、初唐の書体は倭国では七世紀末ということなので、偽作ではないかとされています。六二二年作の法隆寺釈迦三尊像は「法皇」の文字があり、聖徳太子を指しています。これは「天皇」があるから「法皇」だろうとされ、まだ「天皇」が使われていないからやはり信用できないという人が多いですね。

「天皇」号が何時からかと関連していますね。天皇号開始時期の問題は次回に本格的に検討しますが、一九六〇年代までは推古朝が定説だったのです。ところが律令国家完成期に「天皇」や

「日本」が開始されたという人が、推古朝の物証に疑問を挟んでいるわけですね。これは何故「天皇」や「日本」が使用されるようになったのかという原点に戻って考え直すべきなのです。

菩薩太子となると国家的に将来菩薩天子として国をまとめるべき大王の王子を、救世観音や釈迦如来の生まれ変わりだと言って、周囲も本人も信じ込ませて育てたのです。そういうことなら生前から崇拝されていたことになりますね。しかし、その史料があるかということが問題です。梅原先生の場合は、東アジアの仏教国の動きから説明されていたのです。

文字史料はほとんどないわけですから、我々は当時百済や梁の動きを手本にしていただろうと推測しているわけです。それに没後太子信仰が盛んになったという人も生前に菩薩太子として育てられたことを否定する材料を持っているわけではありません。それに生前になんら崇敬されていなかったし、崇敬されるようなことをしていない人物を、歿後聖者に仕立て上げたと考えるより、生前から崇敬されていて、多くの政治的にも、宗教的にも大きな業績を挙げられた人を歿後聖者として信仰したと考える方が自然ですね。

それで話を神々の差し替えに対する神罰を厩戸王が一身に背負うと、神仏や貴族たちの前で誓約されて、差し替えの合意を取り付けたという所に戻します。つまりこれは、神々を差し替えるのは、国家の必要からで、責任は朝廷や為政者全体が負うべきですね。ということは厩戸王は一身でみんなの罪を贖ったということになります。これはイエス・キリストの贖罪と共通していますね。秦氏が景教の影響を受けていたのではないかという説もあるようですが、梅原先生の『隠された十字架』も題名は示唆的ですがどうなのでしょう。

梅原先生の怨霊史観に関して、トンデモ説みたいに言う人もいますが、梅原先生は秦氏のルー

●聖徳太子関係系図

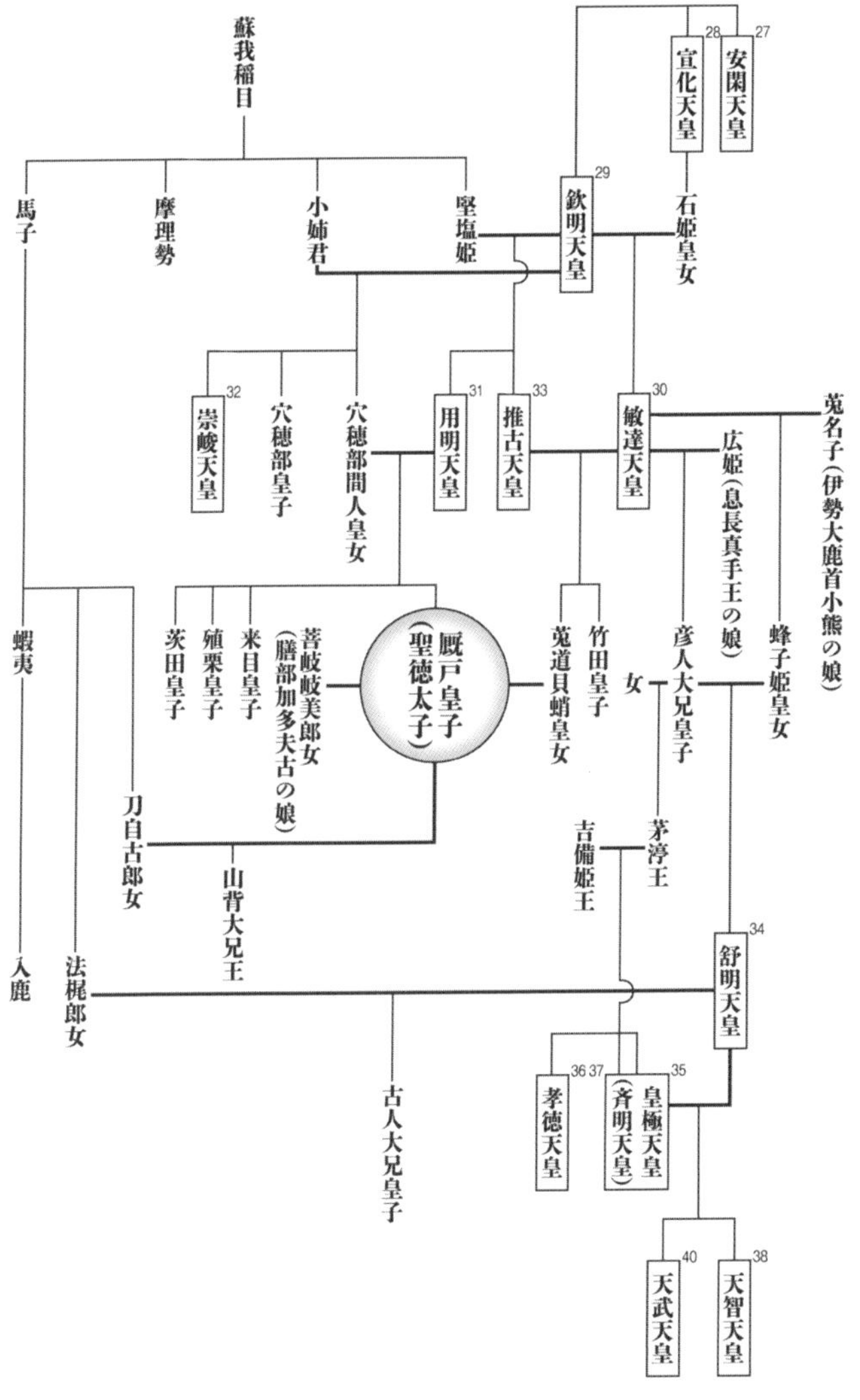

27 安閑天皇
28 宣化天皇
石姫皇女
29 欽明天皇
蘇我稲目
堅塩姫
小姉君
摩理勢
馬子
30 敏達天皇
菟名子（伊勢大鹿首小熊の娘）
広姫（息長真手王の娘）
33 推古天皇
31 用明天皇
穴穂部間人皇女
穴穂部皇子
32 崇峻天皇
蜂子姫皇女
彦人大兄皇子
女
竹田皇子
菟道貝蛸皇女
厩戸皇子（聖徳太子）
菩岐岐美郎女（膳部加多夫古の娘）
来目皇子
殖栗皇子
茨田皇子
蝦夷
刀自古郎女
山背大兄王
茅渟王
吉備姫王
34 舒明天皇
法提郎女
入鹿
古人大兄皇子
35 皇極天皇
37（斉明天皇）
36 孝徳天皇
38 天智天皇
40 天武天皇

ツとかキリスト教、ユダヤ教の影響なども関心は持っておられますが、まだ史料的には不十分なので、踏み込んだ言及はされておられません。私は、聖者とされる要件に人々の罪を一身に背負って、贖罪をするということが挙げられると思われますので、イエス・キリストと聖徳太子には贖罪としての共通性があると思います。

そう言えば『隠された十字架』で何故、聖徳太子が怨霊として祟ったかの原因を、聖徳太子の後継者である山背大兄皇子一族が蘇我入鹿らに襲われて、一族が集団自決を図った事件をあげられていましたね。そのことによって聖徳太子の血脈が絶えてしまった。その恨みから怨霊になったということです。それなら山背大兄皇子が怨霊になったと考えた方が説得力がある気もしますね。それに比べて、神々の差し替えについての神罰で聖徳太子の霊が永劫の苦しみに遭っているとすれば、その犠牲を無にして、仏教に帰依せず、天照大神を主神・皇祖神として祭祀しない人々は聖徳太子から祟られて当然ということになりますね。

確かに、難問でした。主神や祖先神を差し替えるという行為は、差し替えられた神々の祟なしでは済まされないものです。なぜなら信仰は、それに背けば祟りがあるぞという脅かしがあって、初めて根付くものです。そうでないと信仰対象に願《がん》をかけて、それを叶えてもらえたらラッキーみたいな程度で終わってしまいます。そうではなく、信仰するならとことん信じ込み、そこから逃れようとすると、神罰が下るぐらいに思わないと、切実な信仰になりません。そんな軽い信仰に対して、本気のご利益など期待できないのです。どうせ信じるのなら命がけで、背けば身の破滅になる神罰に襲われるぐらいでないと本気の信仰にならないのです。

差し替えても大丈夫、倭国と似たような国は何百とあって、そのうち一つが主神や祖先神から外されたからといって、いちいち祟っていられないと甘く考えると、どんな天罰が下されるかも知れないということです。差し替えによって神罰が下ればそれこそ倭国が潰れてしまうかもしれないと分かっていて、それを覚悟のうえで、敢えて差し替えるということなのです。

その場合に太子が一身で国全体の罪を贖えるという判断は、大きな賭けですが、一身を投げ打って国を救い、人民を救うということですから、そのスケールの大きな慈悲に感動して信じてしまったということでしょう。もちろん太子が救世観音の生まれ変わりであるように云われていたので、太子一人の命は倭人全体の命や倭国の存亡に勝るとも劣らないぐらい尊いと捉えられていたということです。

でもこの改革は、改革したことがとんでもない瀆神なので、はじめからそうだったことにしなければならなかったのですね。それで改革自体無かったこととされ、厩戸王の捨身飼虎もなかったことにしたと考えられます。だとしたら太子信仰が後からますます盛んになったということと矛盾するようにも思われますね。

改革自体は封印されますが、仏教をさかんにし、神道を大改革したことは、中身は封印されたにしても、人々の崇敬を誘い、歿後も聖人だったとして祭祀されることになります。

5 天皇は伊勢神宮をどうして参拝できなかったのか？

☆天照皇祖に据えるそのために女神に変えて宇気比せしとや

天照大神が主神であり、万世一系の皇統の祖先神であるとされたことによって、伊勢神宮が最も格の高い神社になったのですね。それで大王家は天照大神の孫である邇邇藝命の曾孫磐余彦大王（神武天皇）の嫡流であることによって大八洲を支配する資格が与えられていることになっています。ですから代々天皇は伊勢神宮に年に一度は、あるいはせめて代替わりの時には参拝するはずなのですが、どうした理由からか、「旧来の陋習《ろうしゅう》を破り、天地の公道に基づくべし」とされた『五箇条の御誓文』を出して、初めて明治天皇が参拝したのです。

朝廷側の言い訳としては、伊勢神宮の御神体である八咫の鏡の複製みたいなのが天照大神が直接邇邇藝命に授けてあり、宮中でそれを天照大神だと思って祭祀するように言われているから、伊勢神宮に参拝しなくてもいいということのようです。まあ日常的にはいいとしても、やはり、年に一度とか、代替わりの報告とかは伊勢に出向くべきでしょうね。全く参拝していないというのはやはり何かを恐れ足が竦《すく》んでいるのです。熊野詣はするけれど伊勢詣はしないとなるとやはり何かあると思いますね。

持統天皇は壬申の乱の時に伊勢から神風が吹きまして、その御蔭で勝利したということで、天照大神には大変感謝しているのです。それで伊勢に行幸された際に当然伊勢神宮に御礼参りをする筈が、伊勢に行きながら、伊勢神宮には足が竦んで参拝できなかったようです。これは何か重大な行けない理由があると思われます。

やすい仮説が当たっていたら、月讀命と差し替えられたこと、そのことで物部氏の祖先だったのに、大王家の祖先にもされてしまったことを怒っているという想像はできますね。当時は天照大神の現人神はいなかったので、さぞ怒っているだろうと朝廷の方が受け止めているということでしょう。

天照大神の現人神と名乗る者が出てきて、人民の信仰を集めたりすると、天照大神が主神かつ皇祖神となれば、朝廷より高い地位をもってしまいます。そうすると朝廷に対して不満をもっている連中が現人神の天照大神を押し立てて朝廷に対抗するようになりかねません。

私の、三貴神の海下り建国仮説によりますと、天照大神は三貴神の一人として難波に草香宮を建てて原「日本国」を建てました。原「日本国」は大国主命率いる出雲帝国軍に席巻されまして、饒速日一世の時にいったん滅亡したのです。出雲帝国軍は武御雷命が率いる奇襲軍にやられてしまったのです。でも饒速日大王の遺児である宇摩志麻治命が出雲帝国軍の残党を糾合して奇襲軍を撃退して饒速日王国を再建したのでしたね。それが一世紀後に磐余彦一族の東征軍によって倒されたので、この時点で天照大神の建てた「日本国」は再度滅亡させられたので、大和政権に対しては天照大神は怨恨があったことになります。

それはもちろんありますが、それにもまして天照大神が怒っているだろうと当時の関係者が忖《そん》度《たく》した理由が、「宇気比」における月讀命との差し替えで、性まで交換させられ女神だったことにされてしまったことです。元々天照大神が性同一性障害で女神になりたいとか思っていたのなら別ですが、大和政権の勝手な都合で、女神にさせられてしまったら、だれだって頭にきます。

日本神話でその中心である主神・皇祖神が天照大神という女神であるということは、日本神話の華のようでとても素晴らしいことのように思いますが、大和政権の祖先神にするためのつじつま合わせのごまかしで女神にさせられていたとしたら話は別です。

特に天照大神の正妃だったとされる瀬織津姫神にすれば、夫が女神にされたのではたまったものじゃありません。自分の立場がなくなってしまいます。

瀬織津姫は汚れを清める清流の神だった筈が、伊勢神宮では荒祭宮に天照大神の荒魂として祀られ、別名を八十禍津日神とされています。つまり人々に禍を大いにもたらす祟り神とされているのです。

天照大神が女神にされたので、伊勢神宮では瀬織津姫を女神天照大神の正妃として説明するわけにいかず、苦し紛れに孫の饒速日命の妻にしていますが、饒速日命は物部氏の祖先神として物部氏が各地のアマテル神社で祀っています。饒速日命も太陽神なので、正式名は天照国照彦火明櫛玉饒速日命で「天照」が入っているので、天照大神の正妃といっても、饒速日命の妻だったのだろうというのです。

「そりゃあないぜ」ですね。天照大神の孫饒速日命一世は、長髄彦の妹三炊屋媛に遺児宇摩志麻治命を宿して、大国主命の出雲帝国軍の侵攻で亡くなっています。その後、宇摩志麻治命は饒速日王国を再建しまして、饒速日大王二世になっていますからその妃なのか、そうなるときりがありません。伊勢神宮は饒速日命を祀っていません。なぜなら饒速日命は、磐余彦大王の臣下となり、物部氏の族長になったので、物部氏が祀っているのです。天皇の皇女がなる斎宮が御杖代として仕えるのは天照大神です。だからやはり瀬織津姫神を天照大神の荒魂として伊勢神宮に祀られているとしたら、天照大神の正妃だったということになりますね。

6 天之御中主神から天照大神への主神差し替え

☆御中主天の主は降りるとも地上の主と成りて輝け

では高天原の主神が天之御中主神だったのが、聖徳太子の摂政期の神道大改革で天照大神に差し替えられたということについて、整理してみましょう。

1、西暦六〇〇年の『隋書』「倭国伝」遣隋使の記事で、「天未だ明けざるに出て聴政す」とあり、大王は夜明け前真っ暗な時に祭祀を行っていたので、主神・祖先神が太陽神ではありえません。

2、御間城入彦大王(崇神天皇)は宮中で天照大神を祀りましたが、それは主神としてではなかったのです。祟り神としてでした。天照大神は各地を転々として、最後に伊勢に祀られたのです。天照大神は、あくまで御杖代としての斎宮が神の花嫁として仕えて、宥《なだ》める祟り神だったのです。

3、天地開闢《てんちかいびゃく》に当たって初めて登場した神は天の中心である天之御中主神(北極星)でした。そして、高御産巣日神、神産巣日神も含めて造化三神であり、彼らが高天原を仕切っていたのです。ところが記紀は造化三神を直ぐに隠れさせてしまいました。それは天照大神が高天原に上げられた時に支配神に成れるためにだと考えられます。天照大神が高天原に上げられていなければ、この造化三神が隠れたという設定も七世紀以降の改変と見なされます。

4、神産巣日神は大国主命を助けていますし、高御産巣日神は国譲り神話や神武東征神話で活躍しており、隠れたという話には、綻《ほころ》びが見えます。

5、四世紀神功皇后説話の香椎宮の沙庭で息長帯比売命に憑依《ひょうい》したのは天照大神ではなくて、天之御中主神と思われます。何故なら真夜中に沙庭をしているからです。

6、住吉大社の第四本宮は憑依した神を祀ったとしたら天之御中主神だったはずが、七世紀になり天照大神に差し替えを朝廷から要求され、妥協として神功皇后を第四本宮に祭祀しているのです。

7、西暦六〇七年の第二回遣隋使で「日出る処の天子、書を日没する処の天子に致す。つつがなきや」とあります。ここでは、太陽中心の世界把握が表現されています。この時までに主神・皇祖神を天照大神に差し替えた神道大改革が為されたという仮説が成り立つのです。

では天之御中主神が主神であった根拠としてはどういうものがあるでしょう。

1、最初に登場する神であることです。天の中心である北極星だから、中心があることで万物が秩序を持ち、創造されることができるという考えなので、主神と見なされます。

2、全世界的にみれば、水運・水産の民、砂漠の民は夜に方角を示す北極星を主神として崇拝する事が多いのです。それと対照的に農業を中心とする民は太陽を主神とし、大地や水の神、豊穣神を祭祀する場合が多いと言われます。倭人は元々、海洋民なので、天之御中主神（北極星）を主神としていましたが、大和政権は農耕中心なので倭人の天之御中主神を中心にする信仰がそぐわなくなりました。

3、太陽神を祖先とする物部氏の宗家が滅亡し、隋の文帝に夜間の祭祀を理にかなわないと言われたこともあり、議論の末に、神の祟りは一身に引き受けるという摂政厩戸王が改革をまとめたようです。

4、しかし天の中心である天之御中主神が怒って、中心から降りたら天の中心がなくなり、世界が崩壊するという恐れを感じて、天之御中主神の現人神に大王がなり、その称号を天皇にするということにして、天之御中主神を主神から降ろす代償にしたようです。これが天皇号採用のきっかけだったのです。

☆第十二講

天皇号開始の謎

日本国再興と封印された改革

1 主神差し替えの代償としての天皇号

☆御中主、天より降り現人の御神となりて世を知ろしめせ

いよいよ『天照の建てた国☆日本建国12の謎を解く　万世一系の真相』の最終講義です。ここまでお付き合いくださり感謝します。

前回の流れを受けまして、神道大改革の二つの柱の内の〈主神差し替え〉の話から入りましょう。主神差し替えは天之御中主神から天照大神への差し替えです。もう一つは皇祖神の差し替えで、月讀命から天照大神への差し替えでしたね。

天之御中主神は北極星です。天の中心である北極星を主神として信仰するのが天之御中主神信仰です。それに対して太陽を主神として信仰するように神話体系を改変したわけです。

天之御中主神つまり北極星を主神とするような信仰が航海・水産や駱駝通商を主産業にする交易民族に多いと言えますし、太陽神信仰は農耕民族に多いといえます。従いまして、その民族の主産業が航海・水産、砂漠通商などから農耕中心に転換した民族は、主神を差し替えざるを得なくなると考え

られます。

この話は第一講で、第一回遣隋使についての『隋書』「俀国伝」で「天未明時出聴政」とあり、六世紀末までは大王は未明に星や月を祀っていたと考えられるところから、主神は太陽神でなかったという仰天の事実が分かりましたね。では主神は何だったかということで、『古事記』では最初に登場して、身を隠してしまう天之御中主神すなわち北極星ではなかったかと推論がつきます。

北極星信仰から太陽信仰への転換は、エジプトのピラミッドのトンネルからも窺えるということです。倭国の場合は、倭人は海人《あま》族を自称していたらしく、海洋民族だったと考えられます。倭人の独特な世界観で、天と海を同一視するところがあり、両方とも「あま、あめ」と呼ばれていたのです。ですから天孫族とか言って、天空から舞い降りてきたかに言っていますが、元々は「天降り」は「海下り」だったということです。

その海からやってきた倭人たちが大八洲つまり日本列島にいくつも倭人の国を作ったわけです。その代表的な国が、現人神の三貴神が作った三倭国であったということです。それが天照大神が作った河内・大和倭国（原日本国）、月讀命が作った筑紫倭国（夜の食国）、須佐之男命が作った出雲倭国です。三倭国とも主神は天之御中主神ですが、大王家の祖先神はそれぞれの建国神なのです。そしてその三倭国を宗主国としてコントロールしていたのが朝鮮半島南端部伽耶《かや》（加羅・任那）の高海原（高天原）であり、水運で結んでいたのが海原倭国つまり壱岐・対馬を中心にする津の連合体です。

磐余彦（神武）東征は、筑紫倭国の一豪族であり、かつ邇邇藝命の曾孫である磐余彦が、出雲帝国を崩壊させた武御雷神率いる奇襲軍を撃退して饒速日王国を再建したことに対する懲罰として高海原（高天原）の支援を受けて行ったものですから、そのことによって成立した大和政権は、主神を天之御中主神、大王家の祖先神を月讀命とする王朝であったのです。

未明に大王が祭祀して日中は摂政に丸投げという体制を隋の皇帝楊堅《ようけん》から改めるように忠告されて、祭祀のあり方を根本的に再検討することになったわけですが、それで畿内の農業中心の豊《とよ》秋津瑞穂《あきつみずほ》の国なので、思い切って主神も大王家の祖先神も天照大神に差し替えようという機運が盛り上がったわけです。

大王家の祖先神を月讀命から天照大神に差し替えるのは、実際に祖先を好みや都合で替えられるものではなく、とんでもない瀆神《とくしん》です。特に現人神の場合は祖先神を太陽にする方が月よりいいからという問題ではすみません、ご先祖の差し替えでもあるのです。でも万世一系についてはい木花咲耶姫の一夜妻ということもありますが、息長帯比売命（神功皇后）と住吉明神の不倫があり、誉田別命（応神）大王から血統が変わっていることは公然の秘密でもあり、月讀命が祖先神であることに固執する必要はあまりなかったかもしれませんね。

問題は主神の天之御中主神を天照大神に差し替えるということです。実際に農業国に於いては、太陽・水・大地・穀物神などを祭祀するのが中心です。それと台風や地震・疫病などの災害をもたらす神ですね。だから世論的には賛成が多かった筈ですが、恐れたのは差し替えられた天之御中主神が祟るのではないかということです。

もし祟るとしたら、天の中心がなくなることになりますから、天が崩れて世界が破滅することにもなりかねないということです。そんな大袈裟なと思われそうですが、信仰というのも、もし信仰を捨てたら神の怒りで滅ぼされると信仰することによって、固まるものです。ですから神を信じなかったら、あるいは神を裏切ったら、それこそ世界が破滅するぐらいに信じ込んでいることが前提です。

もちろん、渡来人もたくさん来ていて、世界は倭国だけではないので、倭国が主神から天之御中主神つまり北極星を降ろしたところで、世界に国は何百とあるから、北極星が天の中心から外れたりするわけがないと、笑って啓蒙したかもしれません。しかし数百年以上天之御中主神を主神として祭祀してきたので、倭国だけは滅びるかもしれないと怯えていたことは十分考えられます。

経済的な土台の上に宗教も続けていけるわけですから、主神の差し替えはそろそろ決断しなければならない時期にきていたわけです。天照大神の本当の直系は饒速日神であり、代々物部氏の族長として饒速日神の現人神が続いていましたが、蘇我・物部戦争で物部氏の本宗家が滅亡し、饒速日神も現人神としてはいなくなりました。そこで大王の娘が斎王として仕えている鏡をご神体にしている天照大神を主神にしようということになったわけです。

前回もいいましたように、厩戸王が摂政で実質的な最高責任者であり、しかも救世観音の生まれ変わりと信仰されていたので、神罰に関しては、厩戸王が一身に引き受けると神仏に誓い、公の場で宣言したわけです。それでなんとか人々はそこまでする厩戸王に感銘して、納得したわけです。

しかし、何と言っても主神天之御中主神の祟りは恐ろしいので、厩戸王だけに任せておけない、なんとか祟りを和らげる方法がないものかということで、主神からは降りてもらう代わりに、大王が天之御中主神の現人神になって、天之御中主神信仰を大王への現人神信仰の形で引き継ごうというアイデアが生まれたのです。

天之御中主神の実体は北極星なのです。北極星は道教では天皇大帝《てんこうだいてい》と呼ばれて最高神なのです。俗に天帝というのは天皇大帝のことです。伝説では、原人である盤古《ばんこ》が死んで、自然や人々が出来ましたが、魂は天に上って北極星として天の中心、つまり天帝になっているのです。この天帝の命《みこと》を天命《てんめい》といい、天下を支配せよとの天帝の命を享けたものが天子であり、皇帝として地上を支配するのです。

ですから天皇大帝は最高神であり、その権威のもとで天帝の子として皇帝は支配の正当性をもっています。倭国では、倭国の大王が皇帝ではなく、天之御中主神の意味で、北極星を意味する天皇を名乗ろうということです。それでは天皇は天皇大帝の言い換えなので、中国の皇帝よりも格が上になってしまったのです。

もっとも中国神話は一貫したものではないので、「天皇」は別の意味でもでてきます。天皇・地皇・人皇の天皇は、天の働きの神格化であって、北極星信仰ではありません。ですから私が倭国の神道大改革でいう天皇は、天之御中主神という北極星信仰ですから、天皇・地皇・人皇の天皇とは関係ありません。

ということは中国の最高神の天皇大帝を倭国の大王の称号にしてしまうわけですから、基本的には隋や唐に対しては名乗れません。倭国は隋や唐の冊封国《さくほうこく》ではないので、大王の称号に関して何を名乗ろうと干渉されることはないのですが、隋唐からみれば、無礼千万だし、無知蒙昧で野蛮な印象を受けるでしょう。

「令巻第七　儀制令　第十八」を引用します。「**天子。祭祀に称する所。天皇。詔書に称する所。皇帝。華夷に称する所。陛下。上表に称する所。太上天皇。譲位の帝に称する所。**」とあります。つまり隋唐や朝鮮三国などに対しては皇帝を称していたということです。

よく対外的な関係で、隋唐との対等性を示すために皇帝にしたいところが、皇帝を名乗るのは隋唐から生意気と思われるし、王号では冊封国と差別化ができないので、天皇にしたというようなことを、思いつきで言う人がいますが、どの国に対しても対外的には皇帝で通しているわけです。

約半世紀前一九六〇年代の後半は、東アジア史という観点が強調されて天皇の呼称の開始もその観点から評論されていたようですが、見当外れの議論なのです。天之御中主神＝北極星信仰＝天皇大帝＝天皇というつながりで、神道大改革に伴い、主神の地位を降ろされた天之御中主神信仰が、大王を現人神として代償的に継承されたとすれば、ちょうど時期的にも無理がないのです。

六〇四年の『憲法十七条』は神道改革での議論を円滑にするためとすれば、天皇号はそれ以降に限定されますし、法隆寺薬師如来像は六〇七年には光背銘に「大王天皇《おほきみてんのう》」が記されていたわけなので、神道改革つまり主神差し替えの時期に天皇号が開始されたということになるわけです。

鎌倉時代末期に伊勢神宮外宮から伊勢神道が起こり、外宮の豊受大神《とようけおほみかみ》を『古事記』に最初に出てくる天之御中主神や国常立神《くにのとこたちのかみ》と同一視して、内宮の天照大神よりも格上にしようとしたことがあります。ということは元々天之御中主神が格上だという意識があったわけで、主神差し替えという批判をもっていたわけですが、では天照大神の方が中心になったのはいつごろかということが明確でなかったので、天皇号成立の問題と結びつけて論じてこれなかったようです。

ただし、主神差し替えの代償としての「天皇」号成立の議論では不十分な点があります。それでは天皇は天帝と同じなので、隋の皇帝より格上になってしまい、外交的にまずいからです。それで隋からクレームが出たら、いや「天皇」には別の意味があって、元々そっちの意味で倭国では古来から使われていましたという弁解を用意していたのではないかと推測されるのです。

それが『隋書』「俀国伝」の「阿毎多利思比孤」です。「阿毎」は「あま」ですから「天」あるいは「海」ですね。倭人は「天族」「海族」なのです。

「たりしひこ」の「たりし」は「たらし」で徳や権威が足りている、あるいは及ぼしているということで「支配者」という意味なのです。ですから「天族(海族)の支配者」という意味です。これを漢語にし、最高統治者の稱號化したのが「天皇」です。

「天」は天族ということで、「皇」は「すめろぎ」つまり「支配者」という意味ですね。だから「天皇」は「天族(=倭人)の支配者」という意味でも使えるということです。

ですから天皇は天之御中主神の言い換えともとれますし、最高神の天帝ともとれますし、「倭人の支配者」の意味にも使えるので、隋から生意気と言われたら、元々は倭人の支配者の意味で使っていましたが、隋の皇帝に対して失礼にあたるのなら、外交では使いませんと言い訳したらいいということですね。天皇という言葉の多義性に気づけば、この時期に始用されたことも納得できるのではないでしょうか。

2 法隆寺薬師如来像光背銘をめぐって

☆天皇でなかりし君を天皇と記せば明かせり己が偽り

天皇号の使用が開始されたばかりの頃の遺物が、法隆寺薬師如来光背銘です。先ずその内容を紹介し、どういう点が疑わしいとされているのか検討しましょう。

「池辺の大宮に天の下、治しめしし天皇《すめらみこと》（用明天皇）の大御身労《いたつ》き賜ひし時、歳は丙午に次《やど》りし年（五八七年）に、大王天皇（推古天皇）と太子（聖徳太子）を召して誓願し賜ひて、「我が大御病太平《やすら》ならんと欲し坐《ま》すが故に、将に寺を造り薬師像作り仕へ奉《まつら》んとす」と詔《の》りたまひき」

ここでは池辺の大宮に天の下治《しろしめ》しし天皇《すめらみこと》つまり用明天皇と大王天皇《おほきみすめらみこと》つまり推古天皇の両方に天皇号を使っていますが、記紀同様神武以来の大王をすべて天皇と呼ぶことにしたからでしょう。推古天皇には大王を前につけまして「大王である天皇」ということで、大王が天皇を称することになったという過渡的表現を使っているのです。

仏教の伝来と疱瘡《ほうそう》の流行は因縁があると見えて、百済の聖明王が欽明天皇の時代に仏教を伝えたのですが、当時は廃仏派が多く、蘇我氏だけが試みに導入して祀ることにしたのです。ところが疱瘡《ほうそう》が流行したので、物部氏らが大八洲の神々が怒っているとして、廃仏運動を起こしまして、敏達天皇も「いやちこなり（当然だ）」と言って、廃仏したのですが、その敏達天皇も疱瘡で亡くなりました。それで今度は、廃仏運動のせいで仏が祟ったと思ったようです。それで用明天皇は崇仏派になって仏教に帰依しました。ところが用明天皇まで疱瘡で寝込んでしまったのです。

　用明天皇にすれば仏教を導入したから疱瘡に罹《かか》ったとは思いたくないので、もっぱら廃仏運動のせいや、仏教に対する帰依《きえ》が足りないせいだということで、なんとか治癒も仏教の力でと思ったのでしょう。そこで薬師如来を作ってくれるように、妹の額田部皇女と太子の厩戸王に頼んだわけです。ところが残念なことにすぐに用明天皇は崩御してしまわれたので、薬師如来づくりはとりやめになっていたのですが、衆生を疫病から守るために薬師如来をつくるという約束を約二十年後に実行したということです。

薬師如来像

法隆寺薬師如来像光背銘

池邊大宮治天下天皇大御身勞賜時歳
次丙午年召於大王天皇與太子而誓願賜我大
御病太平欲坐故將造寺藥師像作仕奉詔
然當時崩賜造不堪者小治田大宮治天下大王天
皇及東宮聖王大命受賜而歳次丁卯年仕奉

　これは実際にありそうな話なので、疑う必要はないのですが、まだ仏教が入ったばかりの時期ですので、薬師如来に対する信仰など本当にあったのかと疑問を抱く人もいます。問題の薬師如来坐像は薬師如来なのに薬壺をもっていません。釈迦如来と様式的な区別がないのです。それで本物の薬師如来かどうか怪しいという声が起きます。

　しかし当時まだ中国でも薬師如来像と釈迦如来像の

様式的な区別はないのです。それで仏像を病気を治していただこうということで、薬師如来に見立てたということらしいのです。薬師経というお経の漢訳は玄奘三蔵法師の漢訳が有名です。それなら初唐の頃なので、それで薬師信仰などなかったという人がいますが、それが最初の漢訳ではありません。四世紀には東晋の帛尸梨蜜多羅《はくしりみっだら》訳とされる『灌頂抜除過罪生死得度経《かんじょうばつじょかざいしょうじとくどきょう》』と呼ばれた漢訳の薬師経もあったので、渡来僧の中には薬師信仰に詳しい仏師もいた可能性は十分あります。

この薬師如来像光背銘に対して、偽物だと懐疑している研究者は「大王天皇」という文字を見て、そういう言い方は他に例がないうえ、天皇は天武天皇以降だとする立場から偽物だというわけです。しかしこれは推古天皇から天皇号が使用されはじめたとしたら解決します。

それから用明天皇や推古天皇、厩戸王が架空だからこの仏像は後世、実在した証拠にするために偽作したという解釈もありますが、ということは架空でなければこの仏像や光背銘も偽作ではないことになります。

架空説の論拠の一つに蘇我王朝論があります。蘇我馬子・蝦夷・入鹿は大王だったけれど、蘇我氏滅亡後、蘇我王朝が存在したことを否定するために架空の大王を作り上げたということです。しかしこれは蘇我王朝の実在を証明しなければならないわけですから、大変です。

元々豪族連合国家ですから、各豪族は君として一定の地域を支配していて、そこでは王のような存在ですので、蘇我氏のような有力豪族が大王家を凌ぐような館を構え、古墳を造営していたこともあったようです。その上、蘇我氏の場合、「冠位十二階」の外にあったようなことも言われており、たしかに特別扱いされていた節が窺えます。崇峻天皇が蘇我馬子を討ちたいと漏らしたのに対して、これを東漢直駒《やまとのあやのあたひこま》に暗殺させても、何の処置も取れなかったというのも、不自然な話で、それらの矛盾を一気に片付けようとして蘇我王朝説はあるようですが、蘇我王朝の歴史を抹殺したいほど、蘇我氏を憎んでいるのに、聖徳太子を架空だとしながらも、蘇我氏系皇族としているのも矛盾しています。

高句麗などでも有力豪族の勢力が王族を凌ぐようなことはあったようで、好太王も豪族と勢力争いをしています。まあ聖徳太子関連の遺跡となると斑鳩だけでなく、河内・大和全体に夥しくありますから、果たしてそれらと矛盾しない形で蘇我王朝説を展開できるかどうか、大変難しいのではないでしょうか？

それから銘文では厩戸王を「太子」としていますね。この時代まだ立太子の儀礼や皇太子という制度がなかったという見解が有力です。でも中国では漢代には皇帝や諸侯の長男を「太子」と呼んでいたようですから、世襲権者でなくても大王の長男を「太子」と称しても別に不思議はありません。ところで厩戸王は第二子ですね。異母兄に田目王《ためのみこ》がいます。ということはやはり厩戸王は優秀だったので、推古女帝の即位に伴い、摂政になった時に皇太子と呼ばれるようになったのかもしれません。

ただし、光背銘には書風問題があり、書道家の人が見ても明らかに初唐風だといいます。「天」や「大」の払いなどが伸びているのが特色です。画像虞世南「孔子廟堂碑」と比較してください。

初唐風は隋の時代には既に存在するようですが、倭国内では七世紀末のものだとされています。「大王天皇」という表現は過渡期だったから意味を持つので、七世紀末になってから偽作する場合は、そこまで思いつくとは思われません。

虞世南「孔子廟堂碑」

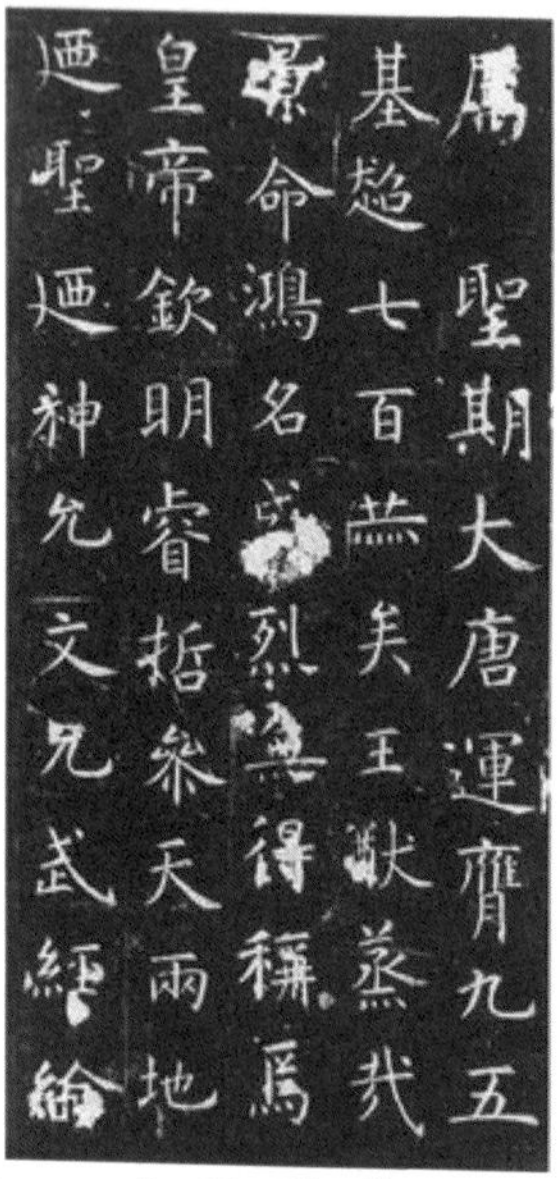

ですから私は書き直した公算が大きいと想像しています。法隆寺は火事で燃え落ちており、仏像を運び出す際などに光背部が傷んだ可能性もあります。それで元通りに書き直したとしたら説明はつきます。

書き直しがあったら、内容変更がなかったとはいえないので、「天皇」号は書き直しの際に直されたものである可能性もでてきますね。ですから書き直しがあったということになれば、百パーセントの証拠能力はないということになります。

とはいうものの、では何故、七世紀末に七世紀初頭の光背銘に「天皇号」を書き込むのかということを考察しますと、やはり七世紀初頭に天皇号が始用されていたからだということにならないでしょうか?

もし七世紀末に七世紀初めに作られたことにする仏像の光背銘を書く場合に、七世紀初めに天皇号がまだ存在していなかったのに書き込んだとしたら、それで偽作とばれてしまいますね。偽作説を唱えている研究者たちは、天皇号は七世紀末に始めて使われたという見解ですから、八世紀初めの人々は、みんなが七世紀初めには天皇号がなかったことを知っていたことになります。そうするとこれは偽作ですよと公言しているようなものです。

もし七世紀初頭に天皇号が始用されたとしたら、偽作で書き込む場合に天皇号を書き込んでおくのも納得できますね。ですから偽作説が正しいとしても、天皇号が七世紀初頭から始用されていたことの状況証拠に充分成り得るといえます。それにもし天皇号が七世紀初頭から始用されていたとすれば、光背銘の内容も否定する根拠がなくなりますから、やはりこれは元通り書き直したと捉えるのが一番説得力があるようです。

3 法隆寺釈迦三尊像光背銘をめぐって

☆偽りの碑文に記せる元号は真ならずや明かせぬ故に

厩戸王の病気平癒を願って作られ歿後完成した釈迦三尊像の光背銘には「法皇」という表記があり、大王に対して法王としたら、天皇に対しては法皇となるので、天皇号は書いてなくても、天皇号の成立を意味していることになるとして、天武・持統朝に天皇号を始用したとする人たちは、これも後世の偽作という説を唱えています。

政治の大王に対して仏教の法皇という組み合わせであっても別にあり得ない話ではないと思いますが、とにかく拘るのです。

『法隆寺金堂釈迦三尊像光背銘』

「法興の元《がん》より三十一年、歳《ほし》は辛巳《かのとみ》に次《やど》る十二月鬼、前太后、崩ず。明年正月二十二日、上宮法皇、病に枕し、悆《こころよ》からず。干食王后、よりて労疾《いたつき》を以て、ならびに床に著《つ》きたまふ。時に王后・王子等、及び諸臣と與《とも》に、深く愁毒を懐《いだ》きて、共に相ひ発願す。仰ぎて三宝に依

りて、当《まさ》に釈像の尺寸王身なるを造るべし。此の願力を蒙《こうむ》り、病を転じ寿《よわい》を延し、世間に安住す。若《も》し是れ定業にして、以て世に背かば、往《ゆ》きて浄土に登り、早く妙果に昇らむことを。二月二十一日癸酉の日、王后即世す。翌日法皇登遐す。癸未《みずのとみ》年の三月中、願の如く敬《つつし》みて釈迦の尊像ならびに侠侍、及び荘厳の具を造り竟《おわ》りぬ。斯《こ》の微福《みふく》に乗《よ》り、信道の知識、現在には安隠《あんのん》にして、生を出でて死に入らば、三主に随ひ奉り、三宝を紹隆して、共に彼岸を遂げ、六道に普遍する法界の含識も、苦縁を脱することを得て、同じく菩提に趣かむ。司馬鞍首止《しばくらつくりのおぶと》利《とり》仏師をして造らしむ。」

冒頭に「法興」という元号があります。常識では元号は「大化」からで通用していますが、蘇我王朝は存在してなかっても、蘇我氏が実権を握り、仏教中心の国造りを推進していた時代はあったわけですから、「法興」年号があって、それが「大化の改新」以降に忌まわしい年号としてなかったことにされたかもしれません。

「法興」という存在しない元号が書いてあるから、この光背銘の内容は信用できないとみなす人もいますが、もし聖徳太子信仰が生前からのものである事を示すために後世偽作したとしますと、存在しなかった元号を書き込みますと、偽作だと告白しているようなものですから、たとえ偽作としても「法興」年号は存在したことになります。

また内容が病の平癒を願いながら、もしこれが定めで避けられないなら、極楽浄土に成仏させてくださいともお願いしているのは縁起でもない、不自然だとして、偽作の理由にする人が居ます。梅原猛先生も『隠された十字架』では偽作説をとっていたのですが、『聖徳太子』では家族

法隆寺釈迦三尊像
(鞍作止利作　聖徳太子と生母穴穂部間人皇女，妃膳部菩岐々美郎女の菩提を弔っている)

の思いとしては、かえって病気平癒を願いながら、同時にこれが定めなら極楽浄土をと願うのはむしろ自然だと思い直しておられます。その方がリアリティがあるということですね。

生前は「聖徳太子」と呼ばれていなかった、太子信仰も死後しばらく経ってからではなかったかと捉え、「法皇」という称号は不自然だという解釈をする人もいるようです。薬師如来像光背銘の「聖王」という表現にも疑問視する研究者がいます。しかし、梅原猛先生も強調されていますが、菩薩天子になるように菩薩太子として育てられたというのが、当時東アジアの仏教国家の特色ですから、生前からのある程度の太子信仰はむしろ自然であると言えるでしょう。

特に神道大改革において、主神、皇祖神の差し替えに対する神罰を一身に背負うという宣言をされたとしますと、倭国と倭国の人民の贖罪を行った聖なる存在であるということが出来ます。その意味では釈迦三尊像光背銘の阿弥陀浄土への成仏の願いは切なるものがあったと言えるでしょう。

つまり、厩戸王は神罰を一身に背負われて、未来永劫無限地獄で苦しまれている可能性が高いと思われていたわけですね。しかしそのことは神道大改革自体が封印され、なかったコトにされているので、太子の贖罪も同時に封印されていて、語ることができません。太子は善の塊のように思われていたので、家族が極楽浄土への成仏を願う必要などさらさらないのです。病気平癒だけお願いしておけばよかった筈です。でも神罰を一身に引き受けるという宣言をされたのなら、遺族にすれば少々縁起でもなくても是非仏にお願いしておきたかったということですね。

4 封印された神道改革
☆千四百の星霜重ね今解けり日の本の国の始まりの謎

いよいよ大詰めです。この神道大改革は、大いに議論された末に、摂政である厩戸王が主神・皇祖神の差し替えという瀆神の罪を一身に背負う形で結着したのですが、しかしこれはとんでもない瀆神であったには違いないので、改革自体はなかったことにされた、つまり歴史の闇に封印されたのです。

改革していなかったことにするということは、改革をやめるのではありません。改革の内容が元々の伝承だったことに伝承を改変することを意味します。そして改変される前の伝承は誤った伝承だったことにして、今後一切伝承してはならないことにしたのです。

それには正しいとされる伝承は何で、正しくない伝承は何なのかはっきり示さなければならないということになります。これまでの神話や歴史伝承はすべて口誦伝承でした。それらの伝承を一本化して統制するためには、文字伝承にまとめて、文字伝承に合っているものは正しく、食い違っていれば間違いだということにしなければならないということです。

聖徳太子は晩年、閉じこもって仏教研究をしていたみたいにいう人がいますが、最晩年の仕事は蘇我馬子と共に『天皇記』『国記』の編纂を行ったとされています。もちろんその内容は、神道大改革の線に沿ったもので、造化三神は現れて直ぐに隠れ、天照大神は誕生して、しばらくして高天原に上げられたことにしています。そして宇気比は須佐之男命と天照大神の間で、天空の高天原で行われたことになっています。従って忍穂耳命は月讀命の御子ではなく、天照大神の御子だったことにされています。

建国は須佐之男命の出雲建国以外は、天照大神の孫にずらされています。つまり生駒山系哮峯に饒速日神が天降って、饒速日王国がつくられ、高千穂峯に邇邇藝命が天降って、筑紫倭国が作られたことに改変されたわけです。

そして磐余彦大王の東征は、あたかも筑紫倭国全体の東征であったかにみなされ、しかも磐余彦大王が天照大神の嫡流であるかにされたので、大和政権の成立が日本国の建国であるかに改変されてしまっています。実態は、饒速日王国という太陽神の国、その意味での日本国の滅亡だったということです。そして大和政権の主神は天之御中主神で、大王家の祖先神は月讀命だと六世紀末までされていたのです。

西日本の統合は四世紀大帯彦大王（景行天皇）の筑紫遠征によってであり、それまでは月讀命が建国した「月地国」である筑紫倭国が続いていたのです。それが四世紀に入って、熊曾に滅亡させられたので、大帯彦大王が遠征して統合したわけです。

このような神話や歴史伝承の改変は、口誦伝承を集めて、それらを神道大改革に沿った形で編纂して書き遺す形で進められました。それには口誦伝承から文字伝承というメディア革命を伴ったことで可能になったわけです。蘇我氏は豪族の中で最も文字文化に造詣が深かったでしょうね。仏教導入に積極的で、仏教経典を読もうとしたでしょうし、律令国家づくりを進めていた隋からの文化導入にも積極的だったと思われます。それで『天皇記』『国記』が蘇我馬子と厩戸王を中心に編纂されたとされています。

一旦文字化されてしまいますと、それと矛盾する口誦伝承は過ちだということになり、口誦が禁じられたということです。とはいえ、これは極端な言論統制でもありますので、蘇我氏の強権的な支配が目立つようになり、乙巳《いっし》の変《へん》による蘇我本宗家の滅亡を招いたのかもしれません。

実に千四百年間もの間、神道大改革は気づかれずにいたわけですが、それは天照大神を主神、皇祖神にしたことが、豊秋津瑞穂の国と呼ばれた農業国にふさわしい改革だったので、それ自体評判が良かったということがあるでしょうね。

『天寿国繍帳《てんじゅこくしゅうちょう》』に聖徳太子の言葉として「**世間虚仮《せけんこけ》、唯仏是真《ゆいぶつぜしん》（世の中は仮初《かりそめ》にすぎず、ただ仏の世界だけが滅びない真実です）**」という言葉が有ります。王朝文化とは言え、仏教的無常観が強かったのです。古代の貴族や僧侶たちは、天皇家の祖先神が差し替えられているとか、途中でまぎれているとか詮索することを潔しとしなかったのかもしれません。どうせ虚妄なのだから、虚妄であることをはっきりさせるのは野暮ではないか、虚妄であり、やがて滅び去るからこそ雅で美しいのであり、その虚妄を埋めるのは歌を詠み、楽を奏でて舞を舞い、きらびやかな文化を創造することであると考えたのかも。

さすがに紫式部の『源氏物語』は、王朝文化の虚妄性を見事にあぶり出しています。光源氏は生母桐壷の更衣と生き写しの藤壺の女御に執心して、遂に子を生ませますが、露見すると破滅なので、父帝の子だったことにした結果、その子が皇位に就いてしまいます。その報いか、自分の妃の女三の宮は、左大臣家の御曹司柏木から懸想《けそう》されて、子を成しますが、露見するのを憚《はばか》って光源氏の子薫大将として育つのです。

この話は、天皇家や摂関家は、好色によって縁故を作って権勢を保つ王朝文化なので、血統が紛れてしまうのは避けられないということで、天皇家も摂関家も紛れてしまって血統の神聖さは虚妄にすぎないことを暴いているわけです。その事は、光源氏の守り神が住吉明神になっていることからも明らかです。住吉明神こそ、息長帯比売命に自分の子を生ませて、その子を大王にした「もののまぎれの神」なのですから。

もちろん紫式部は権力の虚妄性を暴いているからといって、王朝文化を否定しているのではなくて、虚妄だからこそ、歌を詠み、楽を奏でて舞を舞い、きらびやかな文化を創造することで雅な王朝文化を花開かせることができると捉えているのです。

そうしているうちに武家に権力の中心が移り、記紀研究をする人はほとんどいなくなったわけです。江戸時代に国文学が盛んになりますが、国粋主義的に記紀の記述を信仰して、その矛盾から歴史の原像に迫ろうという問題意識に欠けていました。

その国粋主義が明治維新の原動力の一角を担いました。それで近代の前半は憲法で万世一系を宣言し、記紀の矛盾から、主神・皇祖神の七世紀での差し替えをあぶり出すような研究は、不敬罪や治安維持法に抵触するとして犯罪視されたことでしょう。

戦後は天皇自ら人間宣言をされ、現御神《あきつみかみ》つまり現人神であることを否定され、平和と民主主義のシンボルとなられたわけで、歴史研究も神話にとらわれない科学的、実証的なものが求められました。それがかえって仇となって、記紀に書かれていることのうち、考古学的な裏付けや中国の文献で確かめられないものはなかったことにしようとなったのです。

そうしますと六世紀まではほとんど確かなものはなく、七世紀のものも疑いだせばキリがない状態になってしまいました。聖徳太子のようにその史跡は挙げればキリがないほどの人物まで、業績はすべて剥ぎ取られ、居たかどうかわからないと言われる始末です。大化元号もあやしければ、乙巳の変もあったかどうか分からないという学者もいます。

そうなりますと、巨大古墳のある応神・仁徳の五世紀からは歴史に含めてもいいけれど、四世紀までは神話に過ぎないので歴史としては相手にしないでおこうというのが、実証史学の本音みたいなものです。それ以前の歴史は全部七世紀末の創作ではないかと疑っているわけですね。これでは真剣に記紀の矛盾から改変された前の口誦伝承を復元して、歴史の原像に迫ろうという問題意識が生まれてこないわけです。

そういう徹底した懐疑もある意味必要です。確かに七世紀末にすべて創作したかもしれないと、頭の片隅で懐疑精神を忘れないようにしておくべきです。でも他方で、倭人たちが海からやってきて国を各地に建て、興亡の歴史を繰り広げただろうことも確かですね。そしてその波乱万丈は必ず、口誦伝承され、必死で伝えようとしてきた筈です。そして歴史編纂にあたってそれらの伝承を時の権力の意向にできるだけ添う形に改変しつつまとめ上げたとも考えられますね。

そのためにどうしても無理や破綻がそこかしこに残っていて、記紀の矛盾や考古学的史料、中国文献との齟齬などを精査すれば元の姿がある程度再現できることも有り得ると考えられます。そういう問題意識から、見直した結果、聖徳太子の摂政期に大神道改革があり、その時に天照大神が主神、皇祖神になり、太陽神の国という意味で「日本国」になったこと、そして天之御中主神の現人神ということで大王の称号が天皇になったことが露見したのです。ついに、聖徳太子の封印が解かれたということなのです。

これは聖徳太子が主神・皇祖神を差し替えるというとんでもない大罪を犯したということでもありますが、それは農業国、豊秋津瑞穂の国にとって避けられない変革であり、しかも国家と人民の罪を一身に引き受けるという贖罪であったことが分かり、何故、聖徳太子が信仰の対象になったのかその理由がはっきりしたということでもあります。

もちろん私の議論は「歴史を見るメガネである」歴史知で見えてきた歴史の枠内であり、科学的に実証しきれていませんし、いくらでも欠陥を批判できるものですが、日本国の原点をはっきりさせるという意味で、これをたたき台にしていただいて、失われた七世紀までの歴史を論争を通して明らかにしていくきっかけになればと考えています。

最後に副題にした「万世一系の真相」についてですが、本書は途中で紛れているだけでなく、そもそも「天照大神からの万世一系」の端緒である天照大神自体が月讀命と七世紀初めに差し替えられているという極めて根源的な指摘になっています。これは戦後の科学的歴史学の万世一系批判とはアプローチが違いますね。

科学的歴史学では、天照大神とか月讀命とかいう神々は、後世の人間の創作であって、天皇が神々の子孫だという事自体ナンセンスだという捉え方です。しかしこの科学的歴史学には致命的な神観念についての誤解があります。神と人間は別で、神であれば人間でなく、人間であれば神でない、したがって現人神というのはそもそもインチキでしかないのだという発想です。

それは現代において、天皇が私は神であると人間宣言を撤回すると大問題になると思いますが、古代人の神観念から言えば、自然神と自己を一体視した人が儀礼を通してそれを人々に示し、その神威を認められることによって人間が人間のまま神であり、神であっても人間であるという現人神として通用したということです。

初期国家は、そういう宗教観に基づいて成立しているのですから、天照大神、月讀命、須佐之男命などの神観念は七世紀末の創作ではなく、現人神として初期国家の端緒から存在したと捉えるべきなのです。

ただし国家は産業に相応しい宗教体系を持たざるを得ず、主神や祖先神を差し替えざるを得なくなる場合もあります。そして祖先神の血統を引き継ぐということも、様々な事情で紛れてしまうことは避けられないので、実際には「天照大神からの万世一系」は虚妄にならざるを得ないわけです。

ただ虚妄だからなくしてしまえということなら、とっくになくなっていたわけで、今年（二〇一九年）の代替わりで一二六代目ということにはならなかったわけですね。

『源氏物語』は「もののまぎれ」をテーマにしていて、天皇家の血統は紛れざるを得ないので、実は虚妄なのだと言っているのです。しかし虚妄だからこそ、取り繕って雅な文化を創造せざるを得ないのです。だから光源氏は「もののまぎれ」の神である住吉明神を守り神にし、華麗で雅な貴族文化を花開かせて生きたわけです。

戦後日本は、天皇自身が、天皇家の血統や伝統が神話にもとづくものでないとして、現人神であることを否定して、国民の統合の象徴というあり方を選び取り、模索してきました。

代替わりに当たって本書をはなむけとしてささげることができれば光栄です。新天皇に言いたいのは、万世一系の虚妄を認識し、その虚妄を補填してきた営みを伝統として振り返りながら、そこから何を学び、何を否定して、新しい象徴のあり方を創造できるのか、模索してくださいということです。そのことに自覚的であった「平成天皇」には敬意をこめてご苦労さまでしたと言いたいですね。もし彼が戦没者慰霊をやめ、災害被災者に寄り添うという愚直なありかたを忘れ、A級戦犯を合祀した靖国神社に行幸し、自衛隊を慰問するなどしていたらとっくに改憲になっていたでしょうね。その意味では改めて「平成天皇」には感謝したいと思います。

もちろん天皇の地位は国民の総意にもとづくものですから、特定の血統の家族を象徴にするようなことは、その血統が虚妄であってもなくても、その意義を常に問い直すべきでしょう。その中で皇室としては伝統を守りたいのであれば、平和と民主主義の精神を体現して国民をまとめる生き方を模索され、創造され続けることを望みます。

関係年表

紀元前三世紀　中国戦国末から秦代の混乱により、沿海州の倭人と呼ばれていた海洋民が朝鮮半島の南端部に移動、伽倻（任那・加羅）に定住し、大八洲進出への根拠地にした。大八洲から見て海原の向こうなので高海原と呼ばれた。天之御中主神・高御産巣日神・神産巣日神の造化三神が仕切っていた。

紀元前二世紀中頃　三貴神でない須佐之男命が出雲を統一して建国したが、高志（越）の勢力に実権を奪われ追放された。

紀元前二世紀後半　伊邪那岐・伊邪那美の夫婦神が高海原を出て、海原（対馬・壱岐）を拠点として津の連合である海原倭国を形成し、高海原と大八洲をつなぐ水運を支配、大八洲に文明をもたらした。国生み・神生み説話。

紀元前一〇〇年頃　天照大神・月讀命・須佐之男命の三貴神の現人神が誕生。「御宇の珍子」なので大八洲に建国する神として育つ。

紀元前八〇年頃　天照大神―河内湖畔の草香宮を中心に河内・大和倭国を形成。原「日本国」の建国。月讀命―博多湾を中心に「夜の食国」である「月地（月本国）」を建国。

紀元前七〇年頃　筑紫北岸で須佐之男命と月讀命が宇気比。最初は宗像三女神が生まれた（実は一人）。数年後、二度目の宇気比で五男神が生まれた（実は天忍穂耳命のみ）。須佐之男命の狼藉が絶えず筑紫から「神逐ひ」される。

紀元前六〇年頃　三貴神の須佐之男命が出雲で八岐大蛇（高志の勢力）を撃退し、地元の豪族と縁戚関係を作って出雲を統合して、出雲倭国を建国した。

紀元前五〇年頃　天忍穂耳命が筑紫倭国で執政を始める。月讀命は祭祀のみ。栲幡千々姫が正后となり、その父高御産巣日神が外戚として実権を掌握。

紀元前五〇年頃　河内湖に巨大台風が襲い、草香宮が流され、天照大神は水難死した。生駒山洞窟で殯。出てきたのは息子の天照大神二世。その息子が饒速日一世は既に生まれていた。宮は大和の三輪山に遷す。

紀元前五〇年頃　出雲では外戚の間で世継ぎ争いが表面化し、須佐之男大王が巻き込まれて暗殺される。須勢理姫は父王の遺体を隠し、父の大八洲統合の遺志を継ぐ者を探す。

紀元前四〇年頃　須勢理姫は三貴神でない須佐之男命の六世の孫大穴牟遅を見出し、結婚。大穴牟遅命は出雲を統合する。

紀元前四〇年頃　大和倭国では天照大神二世が亡くなり、饒速日一世が即位？

紀元前三〇年頃　出雲倭国大穴牟遅大王が八千鉾神となって越に侵入、大八洲統合に乗り出す。

紀元前二五年頃　八千鉾神が畿内に侵攻、三輪山を囲み、饒速日一世が戦没？　原「日本国」滅亡。

紀元前二〇年頃　八千鉾神が四国九度山に陣営を構えるなど、大八洲の大部分を席捲し、筑紫倭国に迫る。高海原は「天菩比神」を大国主命の許に派遣。三年経っても戻らない。大国主命は、武力による筑紫併合を中止、平和で豊かな国づくり路線に転換。

紀元前一七年頃　高海原の使者天若日子が大国主命の許に派遣される。下照比売と結婚八年復奏せず。その間、筑紫倭国で武御雷神を中心に大国主命を奇襲するための訓練を重ねていた。

紀元前九年頃　高海原・海原・筑紫倭国の連合軍の奇襲部隊が三輪山を奇襲、各地の出雲帝国軍も襲われる。大国主命は出雲に脱出するも、出雲で国譲りを迫られる。筑紫倭国の忍穂耳命大王は、奇襲に対して猛反対、外戚として実権を握っていた高御産日神と険悪になる。忍穂耳命は幽閉されて、息子の邇邇芸命が大王になる。

紀元前五年頃　宇摩志麻遅命が出雲帝国軍の残党を糾合して、侵略軍を撃退し、饒速日王国を再建する。第二次「日本国」建国。饒速日二世大王。―連合軍は親の仇を討った恩を忘れた裏切り行為として饒速日王国を敵視する。

西暦紀元一〇年頃　邇邇芸命の一夜妻木花佐久夜比売が産屋に火を放ってその中で無事に三人の王子を生んだ？

西暦紀元三五年頃　火遠理命と豊玉毘売の間に鵜葺草葺不合命がうまれるが、正体を見られた豊玉毘売は海に戻り、玉依毘売に育てられる。

西暦紀元五七年　『後漢書東夷伝』建武中元二年（五七）、倭の奴国が貢を奉り朝賀した。使者は自ら大夫と称した。倭国の最南端にある。光武帝は印綬を賜った。倭国は後漢からみると伽倻から博多湾を中心にする筑紫北岸地域であり、筑紫倭国は那珂国（奴国）を中心に展開。高海原・海原・筑紫倭国を別国とは捉えていなかった。

七〇年頃　鵜葺草葺不合命と玉依毘売の間に四男若御毛沼命別名磐余彦命が生まれる。

九〇年頃　磐余彦が二〇歳頃に、磐余彦一族東征に動き出す。

一〇六年頃　浪速到達。紀元一一〇年頃までに饒速日四世（or五世）大王が帰順し、大和政権確立。「日の食国」から「夜の食国」になる。第二次「日本国」滅亡―筑紫倭国はそのまま続く。

一〇七年　『後漢書東夷伝』安帝永初元年（一〇七）、倭国王の帥升等が百六十人の捕虜を献じ、参内し天子にお目にかかることを願い出た。この倭国王は高海原（伽耶）の大王か筑紫倭国の大王か断定できないが、五七年の記事の延長上なら倭王は宗主国の伽耶の大王だったと思われる。

一八〇年頃　『魏志倭人伝』桓帝・霊帝の治世の間（一四六年・一八九年）、倭国（筑紫倭国？）は大いに乱れ、何年も主がいなかった。卑弥呼という巫女を王に立ててようやく治まった。中心は那珂国（奴国）から山門国（邪馬台国）へ遷っていた。

二四八年頃　女王卑弥呼没、径百余歩の墓に葬る。この頃大和纏向に箸墓古墳築造ただし伝承では大物主命の御杖代だった百々襲姫の墓。この頃邪馬台国は熊襲の狗奴国との対立を深め、高海原・海原が邪馬台国を支えたので、この三国は一体性を強めていた。

二六六年　邪馬台国女王台与が晋に朝貢。

三〇〇年頃　大和政権、御間城入彦大王（崇神天皇）即位するも祟り、疫病、内乱で人民の過半が死ぬ。どうすれば祟らないか問いただす。天照大神は倭大国魂を畏れたので、豊鍬入姫に託し笠縫邑に移される。

三〇五年頃　天照大神と倭大国魂神を宮中に祀り、どうすれば祟らないか問いただす。天照大神は倭大国魂を畏れたので、豊鍬入姫に託し笠縫邑に移される。それから各地を転々とし三三五年頃倭姫命が斎宮として伊勢神宮内宮に安置される。（天照大神は祟り神とされ、御杖代がつく男神なので、大和政権の主神・祖先神でなかった）百襲媛に大物主神が憑依し、大田田根子を祭祀にして三輪山を祀るように言い、三〇七年頃祟りが鎮まる。

三一二年　祟りがやっと静まり、国が治まったので御間城入彦大王は御肇国天皇（ハックニシラススメラミコト）と称せられる。

三三〇年代　筑紫倭国では熊襲が強盛となり、高海原、海原が支援するも、筑紫倭国は滅亡させられた。大和政権の大帯彦大王（景行天皇）は、救援に駆けつけたが既に滅亡していた。熊襲はだれが王位に就くかで内戦状態なので、巧みに分断作戦で七年かかって平定した。その余勢で出雲倭国も臣従させた。大和政権による大八洲統合の本格化。

三四五年頃　倭建命一五歳熊襲建兄弟を討伐、出雲建も殺す、さらに蝦夷平定へ

三六〇年頃　倭建命三〇歳伊吹山で氷雨に打たれ大和への帰途、能褒野で死んだとされる。その時息子帯中彦（仲哀天皇）は未成年、この頃息長帯比売命誕生。

三七六年頃　帯中彦と息長帯比売命の婚儀、海原倭国の謀略で武内宿禰と帯中彦による若帯彦大王に対する謀反疑惑が浮上。筑紫に逃れて香椎宮で倭国西朝を立ち上げる。倭国東西分裂。

三八五年頃　高海原と海原は新羅侵攻を計画し、倭国西朝に参戦を迫る。帯中彦大王はこれを拒否して住吉明神の祟りで死ぬ？　息長帯比売命は住吉明神と密事（聖

婚?）を行い参戦を誓う。新羅侵攻が臨月なので月延石でお産を引き伸ばした?新羅侵攻は成功し、戻ってから誉田別命を生む。新羅侵攻の余勢で、倭国東朝が自壊、倭国再統合。その過程で麛坂王・忍熊王を反乱に追い込み処分する。

三八八年頃　磐余若櫻宮を都とする。息長帯比売命が実質的に大王になる。

三九一年　高句麗好太王碑によればこの歳に倭は新羅に侵攻する。住吉明神が指揮か?

三九〇年代　新羅侵攻の功績を感謝して、住吉大社を創建し、天之御中主神と住吉三神を祭祀する。住吉大社周辺に海原倭国の海人を移住させ、住之江を水運の中心にして大八洲の統合を強める。

四〇〇年頃　海原倭国への支配権を失った高海原は衰退し、内紛のために現人神のほとんどが死滅し、河内王朝の属領になった。伝承の高海原は天空の高天原にファンタジー化される。

聖徳太子関係

五三八年　『上宮聖徳法王帝説』『元興寺伽藍縁起并流記資財帳』によればこの年に百済の聖明王が仏教を公伝、『日本書紀』では五五二年、蘇我氏だけが当面仏像と経典をもって信仰を許される。『隋書』によると倭国の文字の本格的な使用は仏教公伝から。

五七四年　敏達天皇三年一月一日（五七四年二月七日）厩戸王誕生。用明天皇の第二皇子、母は欽明天皇の皇女穴穂部間人皇女。天然痘が流行し、蘇我氏の崇仏が原因とされ敏達天皇は廃仏を命令。しかし天然痘は更に猛威を奮ったため、廃仏による祟りとされる。

五八五年　敏達天皇一四年　蘇我馬子が仏塔を建て仏教の儀礼をしたところ疫病が流行したので、神々の祟りだと物部守屋らの訴えで敏達天皇は、仏教信仰を停止させた。仏殿・仏像を焼いたり、堀に捨てた。しかし却って天然痘は猛威をふるったので今度は仏の祟りとされる。天皇も天然痘で崩御。橘豊日大王（用明天皇）即位。

五八六年　橘豊日大王も天然痘に罹り、仏教に帰依して病を治そうとするが五八七年に崩御。

五八七年　丁未の乱　蘇我・物部戦争　一三歳厩戸王も参戦　蘇我氏が勝利し、泊瀬部皇子が即位泊瀬部大王（崇峻天皇）

五九一年　法興元年　法興寺建立が始まる。すくなくとも厩戸王死去までは法興元号は使用されていた。

五九二年　泊瀬部大王（崇峻天皇）は蘇我馬子の命令で東漢駒に暗殺された。

五九三年　西暦正月（崇峻天皇五年一二月）敏達天皇の皇后だった豊御食炊屋媛が大王に即位、額田部大王

（推古天皇）。五ヶ月後、厩戸豊聰耳皇子を皇太子とし、仍録攝政（まつりごととりふさねかはらしむ）、以て萬機悉く委ねむ。実権は馬子が握っていたので、推古—厩戸—馬子のトロイカ体制

五九四年　仏教興隆の詔　諸豪族は競って寺院を造る

五九五年　高麗僧慧慈渡来し、皇太子の師となる。百濟僧慧聰も渡来。

六〇〇年　任那を救援するために新羅へ出兵した、新羅は降伏した。倭軍が撤退すると新羅は任那を再び侵攻した。

六〇〇年　第一回遣隋使　倭王阿毎多利思比孤、兄弟王、兄王が未明に祭祀、弟王が日中に政務をとる。「天未明時、出聴政」とあり、ここから六世紀末まで天照大神が主神や皇祖神ではなかったことが窺える。ただし『日本書紀』に記事なし。

六〇一年　斑鳩宮を造営した。

六〇二年　新羅征討計画頓挫　来目皇子征討将軍となるも筑紫で病没

六〇三年　冠位十二階制を制定、才能を基準に人材を登用

六〇四年　『十七条憲法』制定　和を貴び、話し合いで大切な問題を決めていくことを強調。神道改革を促進するためか？

六〇五年　厩戸皇子、斑鳩宮に移り住む。

六〇七年　法隆寺薬師如来像後背銘に「大王天皇」の文字がある。天皇号の使用が推古天皇からという物証か？　小野妹子ら遣隋使を派遣。「日出処の天子」—太陽中心の世界観。六〇〇年から六〇七年の間に天照大神を主神（前天之御中主神）、大王家の祖先神（前月讀命）に差し替えた。

六一四年　犬上御田鍬を最後の遣隋使に派遣。

六一五年　この年までに仏教の講経を行い、『三経義疏』を著したとされる。

六二〇年　厩戸皇子は馬子と議して『国記』、『天皇記』、『臣連伴造国造百八十部并公民等本記』を編纂した。神話伝承の初めての文字化であり、天照大神が元々、主神であり、皇祖神であったことに改変した。

六二一年　厩戸王の生母穴穂部間人皇女が亡くなる。

六二二年　法隆寺釈迦三尊像の光背銘の「上宮法皇」が厩戸王だとすると、厩戸王妃・膳大郎女が二月二一日に没し、翌二二日、厩戸王は亡くなった。

古代史研究というのは、驚きの連続です。それが魅力なのですが、自分の読み間違いに驚かされることもあります。毎日文化センターの講演「聖徳太子論争」の準備で『隋書』「俀《たい》国伝」の「阿毎多利思比孤」が厩戸王のことかどうかを調べようと大山誠一さんの『聖徳太子の誕生』を読み返してみて驚きました。

三四頁「**使者がいうには頭上高く広がる「天（あめ）」すなわち空を兄とし、そこを照らす太陽を弟としているというのである**」と解釈しているのです。この本を私は、十五年以上前に読んでいて、それについて書評もしているのに、この解釈には触れていませんでした。全く、私の目は節穴でした。

それにしても『隋書』「俀国伝」の内容が荒唐無稽でデタラメを書いているというのならともかく、大山さんによると本当にそういう報告を使者はしたので、隋の楊堅は「**太だ義理なし**」と改めさせたということなのです。

しかし倭王は自然の天を兄としたり、太陽を弟にしたりしていない筈で、そういう宗教観は全く記紀からも伺えません。とすると「**俀王以天爲兄以日爲弟**」は「**倭王は天を兄とし、日を弟とする**」ではなくて、「**倭王、天を兄とし、日を弟とする**」と解釈すべきです。とすると兄弟王というシステムになっていて、兄王は「天」と呼ばれ、弟王は「日」と呼ばれていたことになり、この兄弟王はいずれも人間であることになります。

大山さんは、倭王は未明に朝廷に出て、暗いうちに口頭だけで政治を行い、夜が明けると、後は太陽に任せると、朝廷を退くという解釈です。昼間は政治をしないのだから、文字を使った複雑な政治は一切なかったことになります。

つまり大山さんの解釈では倭王は一人で、日中に倭王の政治はないことになります。でも兄弟王と解釈すれば、未明に兄の祭祀王が天意を伺い、日中は弟の政務王が日常政務をこなすということで、当時の額田部大王、摂政厩戸王の兄弟王システムで解釈できます。女が兄でも兄媛・弟媛という用法からおかしくありません。叔母—甥だけど兄弟の契で政治に当たったと解釈できます。

ともかく大山さんは当時の倭国の体制をよほど未開のごとく捉えて、その上でだから『憲法十七条』など有り得ない、あれは奈良時代になってから藤原不比等らの偽作に違いないと決めつけているのです。でも既に世界最大規模の古墳時代も経験し、半島の伽倻まで領有した時期を経て、仏教を導入して新しい国家体制づくりに乗り出していますね。とても昼間は太陽に任せられるような時代ではありません。

しかしウェブでは大山さんのような解釈が実は蔓延しているようなので驚きます。私はまさかそんな解釈はしないだろうという思い込みが強すぎて、これまで気づかなかったのです。

これは「あとがき」で書くようなことではなく、本文で論じるべきなのですが、もはや本文の大幅な改訂は無理な時期なので、あとがきに入れました。

聖徳太子の実在に関しては、既に石渡信一郎、山崎仁礼男ら蘇我王朝説ではとっくに否定されていたのですが、民間の歴史研究者だったので広がりに限界があったのです。大山誠一さんは一応専門の日本史学の大学教授ということで、アカデミックな議論だと受け止められ、急速に聖徳太子架空説が広がったわけです。しかし実際には、全く初歩的な史料の誤読に基づいて、当時の倭国の文化水準を低く見て『憲法十七条』など無理だというような議論だったわけです。

戦後歴史学の「なかった」論もこれと五十歩百歩で、「大帯彦」は名前が単純過ぎるから架空だとか、四世紀の「たらし」という王号は七世紀の「たらし」から思いついてつけられたと決めつけて架空だったとし、似ても似つかない斉明天皇の新羅侵攻計画をモデルに四世紀の神功皇后の新羅侵攻の話を創作したとかいう全く根拠薄弱な学説が、直木孝次郎という権威ある学者から出されて、あまり反論されなかったからか、通説化するような有様だったわけです。

確かに戦前の軍国主義時代のように記紀神話をまるまる信じ込ませて、天皇の統治権を絶対視させ、侵略戦争に国民を動員するような皇国史観は論外ですが、だからといってなんの根拠もなしに神話を七世紀末の全くの作り話であるとみなしたのでは、かえって恣意的に歴史を幻視するやり方を野放しにすることになりかねません。むしろ建国以来の歴史伝承があって、それを後世の人々が権力の都合などで改変したとみなすべきなのです。

そうすれば、改変により様々な矛盾が生じた筈ですから、そこを精査することで、改変前の伝承を復元するのが、文字史料のほとんどない上古の歴史研究のあり方ではないでしょうか。このやり方は物証があるわけではないので、史実とは断定できないまでも、一応納得できる歴史像が再構成されるので、各研究成果を突き合わせることで、より説得力のあるものに仕上げていくことができます。それは科学知とは言えないまでも歴史知として了解できるわけです。

その歴史知的方法によって前著『千四百年の封印―聖徳太子の謎に迫る』と本著『天照の建てた国☆日本建国12の謎を解く　万世一系の真相』は、今まで全く想像だにできなかった建国史の姿を浮かび上がらすことができました。箇条書きにして示しておきます。

日本建国史に関する歴史知の二十二のテーゼ

1　高天原は四世紀までは大八洲からみて海原（壱岐・対馬）の向こうとして高海原であり、伽倻にあたり、倭人通商圏における宗主国であった。四世紀までは造化三神が仕切っていた。

2　伊邪那岐・伊邪那美の夫婦神は海原に拠点を置き、高海原と大八洲を結ぶとともに、大八洲の水運網を形成し、大八洲に文明をもたらした。

3　三貴神は大八洲に建国する建国神であり、天照大神は河内・大和に太陽神の国をつくり、これが「日本国」の端緒となる。月讀命は筑紫に「夜の食国」つくり筑紫倭国の始まりとなった。須佐之男命は出雲を高志の勢力から解放して出雲倭国を形成した。

4　造化三神にも三貴神にも現人神がいて、オカルト的な威力を示すためには三種の神器が必要だった。天照大神は鏡、月讀命は勾玉、須佐之男命は剣を神器とした。

5　天照大神は河内湖畔の草香宮にいたので、高天原での須佐之男命との宇気比はなく、宇気比は筑紫北岸で行われた。しかも須佐之男命と宇気比をしたのは月讀命である。だから天照大神は男神であり、月讀命が女神だった。

6　天照大神は、台風で河内湖が氾濫して草香宮は流されて、水難死した。生駒山の洞窟で殯され、出てきたのは息子の天照大神二世であり、宮は大和の三輪山に遷された。天照大神二世の子饒速日一世が大王位を引き継いだ。しかし大国主命の出雲帝国軍に侵攻されて、戦災死し、第一次「日本国」は滅亡した。

7　大国主命は三輪山に宮を置いて大八洲の統合を目指したが、高海原の干渉で平和で豊かな国造りに転換し、人民に敬愛されたが、倭人通商圏全体が経済的に出雲帝国に呑み込まれてしまうことを警戒した高海原・海原・筑紫倭国の奇襲軍によって倒された。

8　饒速日一世の遺児宇摩志麻治命は出雲帝国の残党を糾合して、奇襲軍を三輪山から撃退して、饒速日王国を再建して饒速日二世となった。これが第二次「日本国」建国である。

9　磐余彦は月讀命の子孫であって、彼が建てた大和政権は太陽神の国ではない。だから「日本国」ではない。したがって大義名分は天照大神の嫡流が大八洲を支配すべきだと考えたからではなかった。父の仇をとってもらった恩を仇で返したことに対する道義的制裁である。

10　皇統の万世一系を疑わせるような話を、七世紀末にわざわざ創作して入れるとは考え難いから、磐余彦一族の系図伝承は古くから在ったと思われる。東征も磐余彦一族のみの東征であり、大和政権成立後も、筑紫倭国は存続したとみられる。

11　四世紀初めに熊襲によって筑紫倭国が滅ぼされるまでは、筑紫倭国と大和政権は併存していたので、二世紀中頃から三世紀前半の邪馬台国は筑紫にあったと考えられる。卑弥呼伝承が残っていないのは、語り部が滅亡の際に皆殺しにあったからである。

12　前方後円墳や三角縁神獣鏡などの大和中心の分布から邪馬台国大和説で決まりではない。海原倭国が大八洲の水運を担っていて、倭人文化圏が形成されていたので、国家統合されていなくても同じ考古学的遺物は出土する。

13　磐余彦大王は東征王であり、御間城入彦大王（崇神天皇）は祟を鎮めた治政王であり、「ハックニシラススメラミコト」という呼び名の一致で同一視するのは間違い。天照大神の御神体は祟り神として倭大国魂命と共に祀られた。その後元伊勢と呼ばれる各地を放浪して伊勢に納まった。従って、朝廷の主神や大王家の祖先神ではなかった。

14　四世紀の英雄時代の伝承を七世紀をモデルにした創作とする論拠は薄弱。逆に景行天皇・倭建命・仲哀天皇・神功皇后が存在していたと考えたほうが、四世紀の歴史を了解しやすい。

15　倭建命の死後三十四年後に帯中彦大王（仲哀天皇）が生まれていることに成っているので、それを遡らせると、若帯彦大王（成務天皇）の高穴穂宮の倭国東朝と帯中彦大王の香椎宮の倭国西朝の東西分裂が浮かび上がる。

16　新羅侵攻は高海原と海原から強制されたもの、神功皇后は誉田別命を妊娠したまま参戦。新羅侵攻に成功した勢いで倭国再統合に成功する。誉田別命は住吉明神の子であり、ここで万世一系は紛れている。

17　住吉大社は海原倭国を捕獲する巨大な魚網で、海原倭国の海人たちを住吉大社周辺に移住させ、そこを河内王朝の水運の中心にした。そのことで高海原の倭人通商圏に対する宗主権は崩壊した。その後内紛で自壊した高海原は河内王朝の属領になり、伝承の高海原は高天原と改名されて、元々天空にあったことにされた。

18　『隋書』「倭国伝」で西暦六〇〇年の遣隋使は「天未明時出聴政」と語っており、天照大神が主神や祖先神でなかったことが分かる。西暦六〇七年には「日出処之天子」とあり、太陽中心の世界観が示されているので、その間に天照大神を主神、皇祖神にする大神道改革があり、その最高責任者は摂政厩戸王だった。

19　神道改革では神を差し替えることで祟りを畏れる意見が多く、菩薩太子の厩戸王が一身に祟りを引き受けることでまとめた。この話し合いが混迷したので『憲法十七条』で和の精神、知恵を集め力を合わせ話し合いで決めるというルールを明らかにした。

20　倭人は元々海洋民だったので、主神は天之御中主神だったが、農耕中心となり、太陽神中心に変換せざるを得なくなった。神話を改変して太陽神中心にした。しかしこの改革は神を差し替えるという瀆神的な面があり、元々そうだったことにして、改革したこと自体を封印した。

21　天之御中主神が祟らないように、大王を天之御中主神の現人神にした。天皇は天之御中主神を称号化したもの。従って推古天皇から天皇号がはじまった。ただし天之御中主神の称号化だと天帝の意味に解され、隋との関係に支障があるので、天皇は天族（海族《あまぞく》）の支配者の意味で元々使っていたという弁解を考えていた。

22　七世紀初頭の神道大改革は、太陽神の支配する国「日本国」の三度目の建国であり、大和政権は自らが倒した「日本国」を農業国にふさわしいものとして、自らの意志で選択したものである。二十一世紀において我々もクリーンな環境と自然エネルギーによる国造りを目指す意味で「日本国」を日々自覚的に選択すべきである。

本書の内容は毎日文化センター梅田校で二〇一六年七月から月一回の連続十二回講演に基づいています。毎日文化センターの内田勝久さんのお世話で実現しました。ここに改めて感謝申し上げます。また受講生の皆様の熱気に支えられました。ありがとうございます。

引き続き『女帝の時代を探訪する』も一年間担当させていただき、現在『日本古代史論争をたどる』を開講中です。また哲学思想関係では『今こそ学ぼう西田哲学』『日本の思想を学ぶ』『中国の思想を学ぶ』を担当してきました。全国の毎日文化センターの講師、受講生及び関係者の皆さんにもこの本が励みとなってくれたらありがたいと存じます。

私は学部は日本史学専攻だったのですが、主に近代史を勉強していました。大学院は哲学専攻に転専攻して、経済哲学、人間学を中心に哲学者として研究してきましたが、還暦前から梅原猛研究に打ち込みまして、『評伝梅原猛―哀しみのパトス』や『梅原猛　聖徳太子の夢―スーパー歌舞伎・狂言の世界』をミネルヴァ書店から出版しました。それがきっかけで日本古代史研究にコミットするようになりました。その意味で梅原猛先生の学恩には感謝しております。本書出版直前の一月一二日に突然梅原先生の訃報に接しました。それ以来私自身まだ深い哀しみに包まれたまま、心中ひたすら黙祷しています。

実は私が日本古代史について本格的に論じるようになったきっかけは心の友であった古田武彦先生関係の『市民の古代』会長だった藤田友治さんが還暦前に早逝されたことです。日本古代史研究にのめり込むことでその喪失感を埋めようとしている気持があります。もっとも古田史学と私の歴史知にはかなり溝がありますが。

「歴史知」は石塚正英さんの用語を私なりに援用したもので、科学的に実証できなくても、史料間の矛盾や史料と遺物との矛盾などから元の姿を浮かび上がらせ、自分なりに納得いく歴史像を作り上げる作業やその成果のことを指します。研究者同士の歴史知をぶつけ合ってより誰もが納得できる歴史知に近づける作業が、確実な文献資料が殆ど無い日本建国史のような場合には、学問の主要な内容になるということです。

前著に続き本書の出版を快諾していただいた社会評論社の松田健二代表には、この厳しい出版業界状況の中でまことにありがたいことで、その勇断に感謝の他ありません。また本書の制作にあたっていただいた板垣誠一郎さんにもお世話になりました。お礼申し上げます。

著　者

著者紹介

やすいゆたか

1945年生まれ。立命館大学文学部史学科日本史学専攻卒業。同大学院文学研究科哲学専攻修士課程修了。予備校講師、立命館大・大阪経済大学などの非常勤講師を歴任。毎日文化センター講師、あすと市民大学学長、『ウェブマガジンプロメテウス』編集長。

主要著作　『人間観の転換―マルクス物神性論批判』（青弓社　1986年）『歴史の危機 ― 歴史終焉論を超えて』（三一書房　1995年）。『キリスト教とカニバリズム―キリスト教成立の謎を精神分析する 』（三一書房　1999年）『イエスは食べられて復活した―バイブルの精神分析新約篇』（社会評論社 2000年）『評伝　梅原猛―哀しみのパトス』（ミネルヴァ書房　2005年）『千四百年の封印　聖徳太子の謎に迫る』（社会評論社　2015年）『フェティシズム論のブティック 』（石塚正英と共著　論創社　1998年）。

主要テキスト
『やすいゆたか著作集』に収録
http://yutakayasui.html.xdomain.jp/shoin/index.html
『長編哲学ファンタジー鉄腕アトムは人間か?』『長編哲学ファンタジーヤマトタケルの大冒険』『中国思想史講座』『西田哲学入門講座』『ビジネスマンのための西田哲学入門』『閻魔裁判―聖徳太子の封印』『日本誕生』など

ホームページ『やすいゆたかの部屋』http://yutakayasui.html.xdomain.jp/
『ウェブマガジンプロメテウス』https://mzprometheus.wordpress.com/

SQ選書16

天照《アマテラス》の建てた国☆日本建国12の謎を解く

万世一系の真相

2019年3月8日初版第1刷発行

著／やすいゆたか

発行者／松田健二

発行所／株式会社　社会評論社

〒113-0033　東京都文京区本郷2-3-10　お茶の水ビル
電話　03（3814）3861　FAX　03（3818）2808

装　丁／中野多恵子

印刷製本／倉敷印刷株式会社

社会評論社　SQ選書

01 **帝国か民主か**■中国と東アジア問題
子安宣邦／著 ……………………………………………本体1800円＋税

02 **左遷を楽しむ**■日本道路公団四国支社の一年
片桐幸雄／著 ……………………………………………本体1800円＋税

03 **今日一日だけ**　アル中教師の挑戦
中本新一／著 ……………………………………………本体2000円＋税

04 **障害者が労働力商品を止揚したいわけ**■きらない　わけない　ともにはたらく
堀利和／編著 ……………………………………………本体2300円＋税

05 **柳宗悦・河井寛次郎・濱田庄司の民芸なくらし**
丸山茂樹／著 ……………………………………………本体1800円＋税

06 **千四百年の封印聖徳太子の謎に迫る**
やすいゆたか／著 ……………………………………………本体2200円＋税

07 **「人文学」という思考法**■〈思考〉を深く読み込むために
真野俊和／著 ……………………………………………本体2200円＋税

08 **樺太〈サハリン〉が宝の島と呼ばれていたころ**■海を渡った出稼ぎ日本人
野添憲治／著 ……………………………………………本体2100円＋税

09 **自閉症とこどもの心の研究**
黒川新二／著 ……………………………………………本体1800円＋税

10 **アソシエーションの政治・経済学**■人間学としての障害者問題と社会システム
堀利和／著 ……………………………………………本体1800円＋税

11 **ヘーゲル哲学入門**
滝口清榮／著 ……………………………………………本体1800円＋税

12 **ヤバすぎる酒飲みたち！**■歴史にあらわれた底なしの酒客列伝
中本新一／著 ……………………………………………本体1800円＋税

13 **コトバニキヲツケロ！現代日本語読本**
佐々木健悦／著 ……………………………………………本体2300円＋税

14 **「創共協定」とは何だったのか**■社会主義と宗教との共振
村岡到／著 ……………………………………………本体1700円＋税

15 **まちに暮らしの種子を蒔く**■いま、この時代を生き抜くために
野本三吉／著 ……………………………………………本体1700円＋税

16 **天照の建てた国☆日本建国12の謎を解く**　万世一系の真相
やすいゆたか／著 ……………………………………………本体2300円＋税